국제환경협약의 이해

Understanding International Environmental Agreements

나태준 · 윤이숙 · 윤경준 · 구민교 ·
조윤직 · 정장훈 · 노성민 지음

도서출판 대영문화사

이 책은 2011년도 정부 재원(교육과학기술부 사회과학연구지원사업비)으로
한국연구재단의 지원을 받아 출간되었다(NRF-2011-330-B00200).

머리말

경제활동은 환경문제를 수반한다. 현대 사회의 눈부신 경제 발전과 인구 증가는 막대한 환경문제를 초래했고 급기야는 인간의 생명과 안전, 복지를 크게 위협하는 수준에 이르렀다. 더구나 환경문제는 인간이 자의적으로 정해둔 경계를 초월하는 특성을 가지며, 비가역적이고 장기적 효과를 지닌다. 개별 국가의 노력만으로는 이러한 난제를 해결하기 불가능하다는 사실을 깨닫게 되면서 국제사회는 전지구적으로 환경문제에 대응하기에 이르렀다. 국제환경협약은 이와같이 국제적 공동 노력을 통해 환경문제를 해결하고자 하는 국가 간 약속이자 규범이다.

그러나 현실적으로 국가 간 협력 여부는 철저히 각국의 이해 관계에 의해 결정된다. 예를 들어 환경 선진국은 전지구적 기후 변화 패러다임이 개도국의 경제 성장을 돕는 방향으로 설정되어 있다고 주장하는 반면, 개도국은 선진국의 기득권을 유지하기 위한 수단으로 활용되고 있다고 맞선다. 국제 정치경제에서 개도국의 목소리가 높아지고 있어 이러한 의견 대립은 국제 환경 협력의 미래를 어둡게 하고 있다. 더구나, 기든스(Anthony Giddens)의 지적과 같이 국제협약은 형식적 합의에 대한 강제 수단을 결여하고 있다. 즉, 협약의 효과성이 의문이라는 것이다. 그러나 일반적으로 국제환경협약은 참여 국가의 관련 정책 수립에 큰 영향을 미치며, 시민들의 환경적 행동양식을 규정하는 막대한 효력을 가지는 것이 사실이다.

이와같이 엇갈린 평가를 받는 국제 환경 레짐을 거시적 시각에서 분석하고자, 평소 이 분야에 관심을 가진 다양한 전공의 학자들이 의기투합했다. 한국연구재단의 지원을 받아 2011년 9월부터 국제환경협약의 본질과 거시적 기본틀을 파악하는 작업에 착수했다. 이 책은 10년의 장기 과제 중 초기 2년에 걸친 정리 작업의 결실이다. 현재 우리나라가 속해 있는 국제환경협약은 총 56개인데, 그 중 각 분야에서 가장 대표적인 협약들을 선정했다.

제1장에서는 국제환경협약의 특징을 진단한다. 14세기 어업 분야에서 시작된 국제환경협약의 추세를 분석하여 2000년대부터는 다자협약이 양자협약보다 증가하고 있음을 보여주며, 분절적 구조를 지닌 협약의 한계를 극복하기 위한 국제 환경 거버넌스 개선책을 소개했다.

제2장 오존층보호협약은 비엔나협약과 몬트리올의정서를 포함한다. 오존층 보호 레짐은 유엔 가입국 모두가 가입한 최초의 협약으로 평가된다. 그러나 오존층 보호 레짐이 오히려 기후 변화 문제를 악화시키는 결과를 초래할 수도 있음을 보여준다.

제3장은 기후변화협약과 교토의정서를 다루고 있다. 기후변화협약은 1992년 리우회의에서 채택된 이후 일반인에게 가장 널리 알려진 협약이다. 온실가스 감축분 설정을 위한 교토의정서는 국가 간 첨예한 이해 관계 대립과 갈등으로 점철되어 있다. 이 한계를 극복하기 위한 유연성 체제가 교토 메커니즘이다. 그 밖에 포스트 교토의정서 체제 이후와 우리나라의 대응에 대해서도 비중 있게 다루었다.

제4장은 가장 오래된 국제 협력 분야인 해양보호협약에 관한 것으로, 런던협약과 런던의정서를 포함한다. 런던협약은 폐기물의 해양 투기를 방지하고자 하는데서 비롯되었다. 런던의정서는 런던협약을 해석하고 이행하는 데 혼란이 야기되어 이를 극복하고자 하는 성격이 강하다. 즉, 런던협약의 금지 품목 적시 방식에서 탈피하여 런던의정서에서는 허용물질 적시 방식으로 전환하게 되었다. 이 장에서는 현재 우리나라에서도 활발하게 논의되는 탄소 지중 저장과 해양 시비, 후쿠시마 원전사태에 대해 다루었다.

제5장은 지구온난화와 기후 변화와 밀접한 관계를 가지고 있기도 한 유엔사막화방지협약에 초점을 맞춘다. 사막화에 의한 피해가 범세계적 이슈로 확장되어 경제적 문제와 지역 갈등이 야기됨에 따라 국제사회는 사막화방지협약을 제정했다. 이 협약은 사막화 방지를 통한 식량 생산 증가, 기아와 빈곤의 퇴치와 정치적 불안정 해소 및 환경 보호를 포괄하는 지속 가능 발전을 궁극적 목표로 추구하고 있다. 그럼에도 불구하고 과학적 표준이나 가이드라인 결여로 인한 협약 이행상 어려움과 당사국 간 입장 차이란 문제점도 나타난다.

재6장에서는 습지 보호를 위한 람사르협약을 소개한다. 2008년에는 창원에서 당사국총회가 개최되기도 했다. 람사르협약은 습지라는 단일 형태의 보전을 위한 협약이라는 점에서 독특하다. 그러나 생태계 전체를 보호하기에는 다소 역부족이며 구체성을 결여하고 있다는 평가가 우세하다. 람사르협약의 한계는 20년 후 생태계 보호 관련 협약이 등장하는 배경이 되기도 한다.

제7장에서는 멸종 위기에 처한 야생 동식물의 국제 거래에 관한 보호협약(CITES)과 생물다양성협약(CBD)을 다룬다. CITES는 종종 실효성이 지적되는데, 협약에 멸종 위기 해당 종을 지정하는 지침이 없기 때문에 여전히 거래가 증가하고 있는 추세이다. 생물다양성협약은 기후변화협약, 사막화방지협약과 함께 유엔 3대 협약으로 불린다. 생물다양성협약 내용은 생물다양성의 보존, 이용, 이익 배분이 핵심인데, 이 중 가장 이해 관계가 첨예하게 대립되는 이익의 공정하고 공평한 분배를 실현하기 위한 구체적 합의서가 나고야의정서이다. 그 밖에 바이오 안전성에 관한 카르타헤나의정서도 다루었다.

제8장에서는 크게 핵무기 실험 금지와 핵안전 관련 협약으로 구분해 다루고 있다. 우선 핵무기 실험 금지 관련 조약으로는 흔히 부분적 핵실험 금지조약(PTBT)으로 불리는 대기권, 외기권 및 수중에서 핵무기 실험을 금지하는 조약으로 지하 핵실험을 포함한 모든 종류의 핵실험 금지조약인 CTBT와 구별된다. 군축을 목적으로 하는 핵무기 및 기타 대량 파괴 무기의 설치 금지 조약도 다루고 있다. 핵안전과 관련된 협약은 환경문제에 좀 더 밀접하게 연관된다. 핵물질 방호, 핵사고 조기 통보, 핵사고 시 긴급 지원, 핵안전 협약, 사용 후 핵연료 및 폐기물 관리 등의 내용이 포함된다.

제9장의 주제인 유해 폐기물에 관한 국제 협력은 바젤협약으로 대표된다. 환경 분야에서는 하나의 중대한 사건이 협약으로까지 발전하는 촉매가 되기도 하는데, 세베소 사건은 국가 간 폐기물 이동에 제동을 거는 촉발 기제가 되었고, 결국 바젤협약으로 발전했다. 이 협약을 통해 유해 폐기물의 국가 간 교역 최소화 원칙이 천명되었다. 일반적으로 환경협약 당사국은 WTO 참여국이기도 한데, 환경 규범과 무역 규범 사이에 종종 충돌이 일어나기도 한다. 바젤협약도 제품의 정의에서 WTO의 규정과 상충되는 문제가 발생한다. 그 밖에 이 장에서는 최혜국 대우 원칙 논란 등에 대해서도 다루고 있다.

제10장은 유해 화학물질에 관한 내용으로 로테르담협약과 스톡홀름협약을 포함한다. 로테르담협약은 사전 통보 승인(PIC)을 통해 유해 화학물질과 농약의 거래 시 상

대국에 사전 정보를 제공해 수입 여부를 판단할 수 있도록 하는 내용이 골자이다. 스톡홀름협약은 DDT를 비롯한 12개의 잔류성 유기오염물질을 규제하려는 목적을 지니고 있다. 최근 9개의 물질이 추가되어 흔히 Dirty Dozen+9 체제로 불린다. 로테르담협약과 스톡홀름협약은 모두 상대방에 대한 배려를 중시하고 사전주의적 접근 방식을 택한 모델 협약으로 평가된다.

이 책에서 모든 환경협약을 다루지 못한 한계는 있으나, 국제환경협약에 대한 체계적 정리가 부족한 국내 상황을 고려할 때 나름대로의 의의를 지닌다. 이 책이 국제환경 분야 연구와 교육에 조금이나 도움이 되기를 기대한다. 이 책이 나오기까지 도움을 주신 많은 분을 모두 거명할 수는 없으나, 내용을 풍부하고 정확하게 다듬는 데 아낌없는 조언을 해주신 연세대 박덕영 교수님과 환경부 유제철 국장님께 특히 감사드린다. 어려운 감수 작업을 선뜻 수락하신 정회성 전 환경정책·평가연구원 원장님께도 깊이 감사드린다. 편집을 맡아준 노성민 박사와 박여울 원생이 없었다면 이 책은 빛을 보기 어려웠을 것이다. SSK 연구 작업을 위해 두루 헌신해 준 연세대 이성희, 박기일, 조강식, 문승민, 남지현, 김영나 원생과 서울대 서단비, 오유정, 장아름, 전승종 원생께도 깊은 고마움을 전한다. 마지막으로, 좋은 책을 만들어 주신 대영문화사 임춘환 사장님께도 감사의 마음을 전하는 바이다.

2013년 8월
한국연구재단 SSK 국제환경레짐연구사업단을 대표하여
나태준

추천사

2100년 우리 지구 그리고 우리 인류는 어떤 모습을 하고 있을까? 환경에 관심을 가지게 되면서 종종 던져보는 질문이다. 물론 이것은 나만의 의문이 아니고 대부분 환경문제나 인류 장래를 걱정하는 사람들이 갖는 의문일 것이다. 그런데 케인스의 말처럼 "장기에는 우리 모두 죽어 없어지기(In the long-run, we are all dead)" 때문에 그러한 의문은 부질없는 짓일지도 모르겠다. 어떻게 보면 부질없다고 생각할 수 있는 미래에 대한 걱정은 어쩌면 지구상에서 유일하게 인간만이 할 것이다. 우리가 자기가 겪지 않을 그리고 자신의 통제가 미치지 못하는 문제에 대해 근심하고 우려하는 것은 우리의 분신이라고 할 수 있는 우리 후손에 대한 사랑 때문일 것이다. 지구상에 있는 모든 생명은 자신의 생존과 종족 번식을 지상 과제로 삼는다. 하지만 인간처럼 한편에서는 자신이 주변 환경을 무분별하게 파괴하면서, 다른 한편에서는 그 여파가 주변과 미래에 미치는 것을 걱정하는 생명체는 없을 것이다.

기후 변화, 오존층 고갈, 생물다양성 상실, 사막화 등 환경문제는 현세대를 살아가는 우리에게도 위협이지만 태어날 우리 후손에게는 더욱 큰 위협이다. 그런데 이러한 환경문제는 그 종류와 내용이 다양하고 복잡하다. 그뿐만 아니라 이의 발생과 해결에 관련된 국가, 집단, 개인 등 행위자들도 매우 많다. 그리고 환경 이용의 편익과 비용 부담 관계도 복잡하다. 때로는 기술적인 불확실성도 심각하다. 대부분의 환경문제는 환경을 파괴하는 자에게 환경 파괴의 결과가 직접 돌아가지 않는다. 환경문제가 외부효과를 가진 공공재적인 성격을 지니고 있기 때문이다. 그리고 그 때문에 어느 누구도 자발적으로는 이 문제 해결에 선뜻 나서지 않는다. 대가 없이 환경을 누리려는 것, 즉 무임 승차자를 없애기 위해 강력한 환경 규제가 필요한 이유이다. 이러한 환경문제 중에서도 특히 지구적인 영향을 지닌 환경문제는 무임승차 욕구가 매우 강하고 이것을 막기가 쉽지 않다.

지구 환경문제는 그 광범위성과 불가역성으로 인류 문명의 미래를 어둡게 하고 있다. 세계의 많은 전문가는 기후 변화 등 지구 환경문제를 이대로 방치하면 우리 인류와 문명의 장래는 보장될 수 없다고 한다. 다행히 그동안 국제 사회는 이러한 환경문제에 대해 양자간 협약 또는 다자간 협약의 형태로 협력을 모색해 왔다. 국제환경협약의 역사는 멀리 14세기까지 더듬어 볼 수 있으며 그 숫자도 2,400여 개에 이른다. 하지만 인류 사회가 본격적으로 환경문제에 관심을 가지고 협력을 추진하기 시작한 것은 1972년 스톡홀름회의 전후이다. 스톡홀름회의에서 지구 환경문제가 본격적으로 거론되면서 다양한 국제 환경 레짐이 등장하고 그 레짐을 운영하기 위한 국제 환경기구와 국제환경협약도 등장했다.

우리나라도 이들 국제 환경기구 및 국제환경협약에도 적극적으로 가입하고 있다. 현재 우리나라가 가입하고 있는 국제환경협약은 총 56개로 국제 환경문제의 심각성을 잘 인식하고 국제 사회의 일원으로서의 역할에 충실하고자 하고 있다. 최근에는 지구 환경 개선을 위한 대외 원조도 녹색ODA란 개념으로 크게 늘리고 있는 중이다. 하지만 우리나라가 가입한 국제환경협약 등 환경 협력에 대해 종합적으로 정리된 자료나 간행물은 찾기가 쉽지 않다. 물론 정부와 전문가 사이에서는 잘 정리된 자료가 존재하겠지만 이 분야를 공부하고자 하는 학생이나 관심을 가지는 일반인들은 국제환경협약에 대한 자료를 접하는 것이 쉽지 않았을 것이다.

이러한 관점에서 이번에 나태준 교수를 비롯한 일곱 분의 전문가가 엮은 『국제환경협약의 이해』의 출간은 남다른 의미가 있는 것 같다. 이 책에서는 우리나라가 가입한 국제환경협약 중에서 가장 대표적인 협약으로 오존층 보호, 기후 변화 방지, 해양생태계 보호, 사막화 방지, 습지 보호, 생물다양성과 생태계 보호, 핵 실험 금지 및 안전, 유해 폐기물의 국제 유통, 유해 화학물질 관리 등의 분야를 선정했다. 이들은 지구 환경 관점에서는 물론 우리나라 관점에서도 매우 중요한 환경정책 분야이다. 그리고 그 협약의 배경과 필요성, 협약의 원칙과 구조, 구체적인 협약 내용을 분석하고 이들 협약에 부응하기 위한 우리나라의 정책에 대해 잘 설명하고 있다. 이 책은 국제환경협약을 이해하는 데는 물론 기후 변화 등 주요한 지구 환경문제에 대응하는 우리나라 정책을 살펴보는 데도 도움이 된다. 그리고 그 협약의 필요성과 배경에 대한 분석을 통해 해당 분야의 지구 환경 실태를 아는데도 유익하다. 그리하여 지구 환경 문제에 대한 새로운 관점과 시각 형성에도 기여할 것으로 기대된다.

끝으로 이처럼 우수한 저술을 하여준 나태준 교수를 포함한 저자들에게 환경인의 한 사람으로서 깊은 감사와 치하의 말을 전하며, 환경문제와 우리 후손의 안위를 걱정하는 많은 독자에게 일독을 권하고 싶다.

2013년 9월
정회성
(사)환경과문명 대표
전 한국환경정책·평가연구원 원장

차 례

제 1 장 국제환경협약의 전개와 전망

1 머리말

20세기 후반부터 각 국가들과 지구촌의 주요 관심사로 등장한 환경문제는 이제 보전이나 오염의 문제를 넘어 인류의 생존과 지속 가능 개발의 문제로 확산되었다. 인류는 환경이 제공하는 편익을 향유하고 환경을 파괴하면서 살아왔지만, 인류가 환경에 대해 가지고 있는 지식은 많지 않다. 환경이 감내할 수 있는 인류 문명의 한계는 어디까지인지, 언제 어느 곳에서 어떤 환경문제가 생겨날 것인지는 여전히 불확실성의 영역에 속한다. 하지만 이러한 불확실성 속에서도 인류는 환경문제가 지닌 불가역성과 광범위성, 그리고 그에 따른 위기의 도래를 점차 깨달아 왔다. 무엇보다 지구는 우주 공간에 떠 있는 우주선과 같이 그 경계와 자원이 유한한 실체라는 사실을 깨달아 왔다. 유한한 지구 속에서 불가역성과 광범위성을 지닌 환경 위기에 대처하기 위해서는 어떻게 해야 하는지도 분명해졌다.

이러한 인식 속에서 등장한 것이 환경문제에 대한 국제 협력이다. 환경문제가 지닌 고유의 특성과 경제의 세계화가 맞물려 특정 국가들의 노력만으로는 해결될 수 없는 환경문제를 양산해 왔다. 만일 지금과 같은 추세로 개발이 지속된다면 우리가 사는 지구에는 미래가 없을 것이라는 점에 대부분의 사람이 동의한다. 그러나 환경은 공공재이고 공동체의 비극이 올 것을 알면서도 착취를 멈추지 않는 대상이다. 주지하다시피 이런 대상의 활용에는 규제가 필요하다. 이러한 규제를 위해 지난 40여 년간 다양한 국제 환경 레짐이 등장했고, 레짐을 운영하기 위해 국제 환경기구와 국제환경 협약이 등장했다.[1] 이 책은 이 중 국제환경협약에 초점을 맞추고 있다.

국제환경협약은 1972년 스톡홀름회의(유엔인간환경회의: UNCHE) 이후 본격적으로 확산되어 왔다. 개별적인 사안의 해결을 위해 분절적인 방식으로 체결되어 왔기 때문에 협약의 종류도 많고 협약 간 중복도 많아 효율화를 위한 개혁 대상으로 꼽히기도 한다. 그럼에도 불구하고 세계적 환경문제를 해결하기 위한 해법으로서 국제환경협약이 지니는 중요성은 아무리 강조해도 지나치지 않을 것이다. 현안이 되는 환경문제를 해결하는 과정에서 보여준 효과성은 별도로 평가되어야 하겠지만, 일반적으로 국제 사회의 환경 규범은 국제환경협약을 통해 확산되었고, 이것이 개별 국가의 환경 인식과 관련 행동을 고양시켜 왔음은 자명하다. 국가들은 국제환경협약 참여를 통해 경험, 정보, 기술을 교류·학습하고, 이를 바탕으로 국제 환경 규범을 국내법 속에 내재화했다(Yang & Percival, 2009: 615). 오늘날 각국의 환경법과 환경정책은 대부분 국제환경협약과 무관하지 않을 정도로 국제환경협약은 우리 가까이에 존재한다. 이 책에서는 국제환경협약 중에서도 그 영향이나 중요도가 높은 협약을 선정해 장별로 논의하게 될 것이다. 여기서는 이러한 각 장의 논의에 앞서 국제환경협약 전반에 대해 개괄적으로 설명하기로 한다. 국제환경협약의 의의와 현황을 정리한 후, 현재 드러나 있는 문제점과 이에 대한 개혁 논의와 방안들이 차례로 논의될 것이다.

2 국제환경협약의 의의

1) 국제환경협약의 개념과 특징

환경문제 해결을 위해 국가 간 협력이 긴요해지면서 20세기 중반 이후 국제법의

---

1) 다우니(Downie, 2011: 70)는 국제 레짐이 다섯 가지 요소로 구성된다고 정의한다. 그에 의하면, 국제 레짐은 "국제 관계의 특정 이슈 영역에서 해당 주체들의 행위를 규제 및 조정하기 위해 산출 또는 수용하는 원칙, 규범, 규칙, 운영 절차, 및 제도의 시스템"이다. 따라서 국제 레짐은 특정한 협약이나 조직 이상의 것이다. 하지만 레짐을 구성하는 이러한 요소들은 관련 협약에 반영되기 마련이고, 협약의 효과적 이행을 위해서는 국제기구의 역할이 핵심적인 것이라 할 수 있다.

한 분야로 국제환경법 체계가 본격적으로 형성되기 시작했다. 따라서 국제 환경 분야에서 개별 국가는 다음과 같은 방식으로 전통적인 국제법에서 상정하는 것과 동일한 주권과 평등권을 지닌다고 할 수 있다(한국환경정책·평가연구원, 2004: 6). 첫째, 자국의 영토와 그 항상적 주민에 대한 배타적 권할권을 가지고, 둘째, 타국의 배타적 관할권에 복종하는 지역에 간섭하지 않을 의무를 지니며, 셋째, 자신의 동의를 조건으로 조약과 국제관습법에 대한 의무를 진다.

국제환경법의 법원은 여타 국제법과 마찬가지로 경성법(hard law)과 연성법(soft law)으로 구분될 수 있다. 경성법은 구속력을 갖춘 전통적 법원으로서 조약과 국제관습법 등으로 구성되며, 연성법은 그 자체로는 법적 구속력이 없는 선언, 규칙, 지침, 기준, 권고적 성격의 원칙 등으로 구성된다. 일반적으로 조약은 여러 형태의 국제적 외교문서를 통칭하는 말로 사용되며,[2] 조약에는 조약, 규약·헌장·규정, 협정, 협약, 의정서, 교환각서, 양해각서 등이 포함된다(외교통상부, 2006). 따라서 국제환경협약은 조약의 한 형태이며, 국제 환경문제는 대부분 국제환경협약을 바탕으로 다루어지는 것이 현실이다.

국제환경협약(International Environmental Agreements: IEA)은 "자연자원에 대한 인간 영향의 방지 또는 관리라는 목적을 달성하기 위한 법적 구속력을 지닌 정부 간 문서"(iea.uoregon.edu) 내지는 "자연자원에 대한 인간 영향의 예방 또는 관리라는 일차적 목적이 언급된, 법적 구속력을 부여할 목적으로 작성된 정부 간 문서"(Kanie, 2007: 68)로 정의된다. 따라서 협약은 법적 구속력을 지니며, 협약에 서명하는 국가는 자국 내 또는 자국 외에서 협약의 주어진 목표에 부합하는 정책이나 제도에 적응하기 위해 노력할 의무가 있다고 하겠다(InfoResources Focus, 2005).

국제환경협약이 지니는 주요 특징은 다음과 같이 정리할 수 있다(노명준, 2003:

---

2) 국제조약을 규율하는 조약으로 두 개의 비엔나협약이 있다. 국가 간 조약의 체결에 대한 원칙과 규칙은 기본적으로 1969년 채택된 '조약법에 관한 비엔나협약(The Vienna Convention on the Law of Treaties)'에 담겨 있다. 이는 국가 간에 체결되는 조약이 어떻게 체결, 적용, 해석되어야 하는지에 관한 통일된 규칙을 마련한 것이라 할 수 있다. 이후 국제기구가 조약의 중요한 주체로 등장함에 따라 1986년 '국가와 국제기구 간 또는 국제기구 상호 간의 조약법에 관한 비엔나협약(The Vienna Convention on the Law of Treaties concluded between States and International Organizations and between International Organizations)'이 체결되었다. 이들은 국제조약을 규율하는 것으로 이 책에서 자주 등장하는 오존층 파괴물질에 관한 비엔나협약과는 엄연히 다른 것이다. 특별한 설명이 없는 한 이 책에서 비엔나협약이라 함은 오존층 파괴물질에 관한 비엔나협약을 의미한다.

27-33; 한국환경정책·평가연구원, 2004: 12-15; DeSombre, 2005; UNEP, 2006: 9-13).[3)]

첫째, 일단 일반적 의무만 당사국에 부과하는 골격 협약(framework convention)의 형태로 체결되는 경우가 많다. 이는 일단 합의를 성사시키고 가능한 한 많은 당사국, 특히 해당 환경문제의 주요 당사국의 참여를 유도하기 위한 전략적 고려에 따른 것이다. 골격 협약 속에는 후속 작업을 통해 세부적인 의무 이행에 관한 사항을 다룰 것을 명기하는 것이 일반적이며, 대체로 의무 이행에 관한 사항은 협약에 대한 의정서(protocol)에 담기는 것이 오늘날의 추세이다. 비엔나협약과 몬트리올의정서, 기후변화협약과 교토의정서, 생물다양성협약과 카르타헤나의정서 등이 그 전형적인 예이다.

둘째, 골격 협약이나 의정서는 하나 또는 그 이상의 부속서(appendix)를 수반하는 경우가 많다. 부속서는 과학적·기술적 규정이나 기타 분쟁 해결 또는 정보 교환 등에 관한 절차 등이 규정되기도 하고, 규제가 적용되는 생물종이나 물질 또는 대상 행위가 규정되기도 하며, 실질적 의무가 부과되는 당사국의 이름이 열거되기도 한다. 이처럼 부속서가 많이 활용되는 이유는 정치적·경제적·과학적 상황 변화에 신축적으로 대응하기 위한 것이다. 기본적인 조건이나 전제가 변화하지 않는 한 골격 협약은 그대로 두고 부속서만 개정하는 방식으로 상황 변화에 대처할 수 있기 때문이다. 과학적 지식의 변화와 이에 대한 고려가 특히 중요한 환경 분야의 경우 이러한 접근이 특히 유용할 수 있다.

셋째, 국제조약은 일정 수 이상의 당사국이 비준함으로써 정식 발효하게 되는데, 환경협약의 경우 대체로 효력 발생을 위해 요구되는 비준국의 수를 비교적 적게 설정하는 경향이 있다. 또한 경우에 따라서는 특정 국가 또는 특정 활동의 일정 비율을 담당하고 있는 국가의 참여를 조건으로 발효되도록 규정하기도 한다. 결국 환경협약의 효력 발생은 해당 환경 분야에서 중대한 영향을 끼치는 핵심 국가들의(비록 소수라 하더라도) 참여를 전제로 이루어지는 경우가 많다는 것이다. 예를 들어 비엔나협약이나 바젤협약은 발효를 위한 비준국의 수를 20개국으로 규정하고 있다. 몬트리올의정서는 1986년 기준으로 의정서에 의해 규제되는 오존층 파괴물질의 전 세계 소비량 중 최소 2/3 이상을 소비하는 11개 이상 국가의 비준을 효력 발생 요건으로 규정

3) 여기서는 다자협약의 특징을 중심으로 정리했다.

하고 있다. 교토의정서는 55개국의 비준, 그리고 온실가스 의무 감축 대상이 되는 국가들(부속서 I 국가)의 온실가스 배출량이 세계 총 배출량의 55% 이상이 될 것을 효력 발생 요건으로 하고 있다.

넷째, 소수의 협약(CITES, 유엔해양법협약 등)을 제외하고 대부분의 환경협약은 효과적인 집행 수단이나 구속력 있는 분쟁 해결 절차가 없는 것이 보통이다. 조약의 이행을 돕기 위해 국제기구를 설치하는 경우에도 집행 기능은 없는 경우가 대부분이며, 그나마 상설 사무국을 두지 않고 UNEP 등 기존의 국제기구에 사무국 기능을 위임하는 경우도 많다. 또한 환경협약에 따라 당사국들은 보전 조치를 취할 의무를 부여받게 되지만 세부적인 조치는 당사국이 국내 입법을 통해 실행하도록 하고 있기 때문에 그 집행이 담보되지는 못한다. 협약의 이행에 대해서도 강제할 수 있는 수단은 거의 없으며, 대체로 당사국들의 자발적 준수 및 보고 제도에 대한 의존도가 크다고 볼 수 있다. 이러한 점은 국제환경협약이 지니는 최대의 한계이자 극복 과제라 할 수 있다.

다섯째, 환경협약은 당사국총회(Conference of Parties: COP), 사무국(Secretariat), 보조기구(subsidiary bodies)를 두어 협약을 관리해 나가는 것이 보통이다. 당사국총회는 최고 의사결정 기구로서 대체로 매년 또는 격년으로 개최되며 협약의 이행 상황을 점검하고 필요에 따라 협약이나 의정서의 개정을 논의하게 된다. 사무국은 당사국총회를 보조하며, 당사국 간의 정보 교환, 당사국총회 준비, 여타 국제환경협약이나 사무국과의 업무 조정 등 일상적인 관리 업무를 수행한다. 보조기구의 주된 역할은 과학기술 보고서를 주기적으로 제출하는 것이며, 이를 위해 해당 분야 전문가로 구성되는 것이 보통이다. 환경 분야는 의사 결정에서 과학기술적 지식의 활용이 특히 강조된다는 점에서 이러한 부속기구의 역할과 전문성이 매우 중요한 의미를 지닌다.

여섯째, 국제환경협약은 협약 대상이 되는 부문을 둘러싼 인센티브의 구조, 시점, 불확실성, 참여 대상 국가의 광범위성 등에 따라 그 체결의 용이성 정도가 달라진다.[4] 협약 체결의 이익이 궁극적으로 누구에게 돌아갈지 불확실하거나 나아가 특정 국가들에게 손해를 가져올 것으로 예견되는 경우 성사되기 어렵다.[5] 또한 문제 해결

---

4) 드솜버(DeSombre, 2005: 86)는 이와 같은 네 가지 조건이 모두 열악했음에도 불구하고 성공한 대표적 국제환경협약 사례로 오존층 보호를 위한 비엔나협약과 몬트리올의정서를 들고 있다.

5) 어족이나 산림과 같은 자연자원을 둘러싼 협약이 상대적으로 용이했던 것은 협약이 체결될 경우 해

을 위해 행동에 나서더라도 그 효과가 나타나기까지 오랜 시간이 걸릴 것으로 예상되는 경우 또는 아예 해당 문제의 존재 여부나 심각성 정도 및 해결책과 관련하여 불확실성이 큰 경우라면 협약의 체결이 어려울 수밖에 없다. 아울러 많은 국가가 참여해야 협약의 실익이 있는 경우 역시 그 체결이 어렵다. 현재 기후변화협약과 교토의정서와 같은 여러 국제환경협약이 이렇다 할 진전을 보지 못하고 있는 것은 이러한 요인들과 관련이 깊기 때문이다.

2) 국제환경협약의 기본 원칙

다른 국제법이나 조약에서도 마찬가지이겠지만 국제환경협약들에 내재하는 원칙들을 정리하는 것은 또 다른 의미가 있다. 왜냐하면 국제환경협약들은 일정한 원칙과 구조에 따라 구성된 것이 아니라, 그때그때 현안으로 떠오른 환경문제에 개별적으로 대응하는 와중에서 형성된 것이기 때문에, 협약의 수도 많을 뿐 아니라 각 협약에 내재된 원칙들의 체계화 정도도 약하기 때문이다. UNEP(2006: 23-37)는 1972년 스톡홀름선언과 1992년 리우선언의 내용을 중심으로 다음과 같은 원칙을 정리하고 있다.[6]

첫째, 지속 가능 개발, 통합 및 상호의존성 원칙이다. 지속 가능 개발은 "미래 세대의 욕구 충족 능력을 저해하지 않으면서 현재의 욕구를 충족시키는 방식의 개발"을 의미하며, 1987년 「브룬틀란트보고서(Our Common Future)」에서 제시되어 리우회의에서 채택된 개념이다. 리우선언에서는 "지속 가능 개발을 달성하기 위해서는 환경 보호가 개발 과정의 주된 요소로 통합되어야 하며, 양자가 별개의 사안이 되어서는 안 된다는 것"(원칙 4), 그리고 "평화, 개발 및 환경 보호는 상호의존적이며 분리될 수 없다는 것"(원칙 25)을 명확히 하고 있다. 나아가 같은 맥락에서 2002년 요하네스버그선언에서는 "우리는 상호의존적이고 서로를 보강하는 관계에 있는 지속 가능 개발의 요소들(경제 개발, 사회 개발 및 환경 보호)을 지방, 국가, 지역, 세계 차원에서 진전 및 강화시킬 집합적 책임을 가지고 있음"을 명시하고 있다.

둘째, 세대 간 및 세대 내 형평성 원칙이다. 리우선언 원칙 3은 "개발에 대한 권리

당 자원의 고갈을 예방해 당사국들에게 이익이 올 것이 확실시되었기 때문이다(DeSombre, 2005: 76-77).

6) 한편 랭(Lang, 1999)은 스톡홀름선언, 리우선언 외에 UNEP 원칙과 CSD 원칙을 함께 검토한 후 국제환경협약(법)의 원칙을 현존하는 원칙, 등장하고 있는 원칙, 잠재적인 원칙 등 세 가지로 구분한다.

는 현재 세대와 미래 세대의 개발 및 환경 욕구를 균형있게 충족할 수 있도록 행사되어야 함"을, 원칙 5는 "모든 국가와 인류는 지속 가능 개발의 필수 요소인 빈곤 퇴치를 위해 협력해야 하며, 생활 수준의 불평등을 감소시키고 대다수 사람의 욕구가 더 잘 충족될 수 있도록 협력해야 함"을 각각 명시하고 있다. 즉, 지속 가능 개발에서 추구하는 형평성은 미래 세대와 현재 세대 간의 형평성뿐만 아니라, 현 세대 내에서의 형평성(부자와 빈자, 부국과 빈국 간)을 함께 포함하고 있는 것이다.

셋째, 초국경적 피해에 대한 책임 원칙이다. 스톡홀름선언 원칙 21에서는 "국가는 자신의 환경정책 추구를 위해 자체 자원을 활용할 주권을 지니며, 자국 내에서의 활동이나 규제가 타국이나 자국 밖의 영역에 해악을 끼치지 않도록 할 의무가 있음"을 명시하고 있다. 이 원칙은 리우선언 원칙 2에도 그대로 반영되었다. 자국 내에서 자원 사용의 주권적 권리가 있다는 것은 국제법상의 오랜 원칙에 속하지만, 그렇다고 해서 자국의 행위가 자국 밖의 영역에 해악을 가져와서는 안 된다는 것을 분명히 한 것이다. 이러한 행위는 기업 등 민간 부문의 활동도 포함하는 것이며, 자국 밖의 영역에는 타국뿐만 아니라 공해(公海), 우주, 극지방, 달 등도 포함된다.

넷째, 투명성, 그리고 정보와 처방책에 대한 대중의 참여 및 접근 허용이다. 리우선언 원칙 10은 "…국가는 정보 제공을 통해 대중의 인식과 참여가 촉진될 수 있도록 해야 하며, 치유 및 처방책을 포함한 제반 사법적 및 행정적 과정에의 효과적 접근이 부여되어야 함"을 명시하고 있다. 리우선언의 행동계획이라 할 수 있는 의제 21에서는 모든 주요 집단[7]의 참여가 지속 가능 발전의 기본 조건임을 분명히 하고 있다. 투명성과 대중의 참여, 그리고 정보 접근은 좋은 거버넌스 형성의 핵심 요건이라는 점에서 지속 가능 개발은 좋은 거버넌스 하에서 가능하다는 점을 명시하고 있는 셈이다.

다섯째, 협력 그리고 '공통의 차별화된 책임'이다. 리우선언 원칙 7에서는 "국가들은 지구생태계의 건강과 통합성을 보호 및 회복하기 위한 지구적 파트너십 정신에 입각하여 협력해야 한다. 지구 환경 파괴에 미친 상이한 영향을 감안하여 국가들은 공통의 차별화된 책임을 진다"는 점을 명시하고 있다. 여기서의 협력에는 국가뿐만 아니라 전 세계의 NGO, 시민사회, 기업 등의 협력도 포함된다. 공통의 차별화된 책

---

7) 의제 21에서는 제23~32장에 걸쳐 9개 주요 집단(major groups)의 참여를 강조하고 있다. 여성, 어린이 및 청소년, 원주민, 비정부조직, 지방자치단체, 노동조합, 기업 및 산업, 과학기술 공동체, 농업인 등이다.

임은 선진국이 상대적으로 무거운 책임이 있다는 점을 분명히 함으로써 개도국의 참여를 확보하기 위한 것으로, 이러한 책임의 크기에 따라 규제 정도나 일정, 비용 분담, 기술 지원 등에서 선진국과 개도국 간에 현실적인 차이가 발생하게 된다.[8]

여섯째, 사전 조치 원칙이다. 사전 조치 원칙은 환경 분야에서 가장 기본적인 동시에 가장 논쟁거리가 되는 원칙이다. 사전 조치의 정확한 의미를 둘러싸고 이견이 존재할 뿐만 아니라 자칫하면 이 원칙이 보호무역주의에 악용될 수 있기 때문이다. 사전 조치 원칙과 관련해 가장 폭넓게 수용되는 표현으로 리우선언 제15조가 꼽힌다. 이에 따르면 "환경 보호를 위해 국가는 자신의 능력에 부합하는 선에서 사전적 접근을 폭넓게 적용해야 한다. 심각하거나 불가역적인 위협이 존재하는 경우라면, 과학적 불확실성이 존재한다는 이유로 환경 파괴를 예방할 수 있는 비용 효과적인 수단 사용을 지연시켜서는 안 된다." 이 원칙의 중심에는 환경 관련 의사결정을 할 때 본질적으로 정보의 한계가 존재한다는 인식이 존재한다. 누구도 완벽한 정보를 바탕으로 환경 관련 의사결정을 할 수는 없는데, 그렇다고 해서 이러한 불확실성 때문에 심각한 피해를 가져올 수 있는 상황을 방치하는 것은 바람직하지 않다는 것이다.

일곱째, 사전 예방 원칙이다. 환경문제는 비가역성, 광범위성, 불확실성 등을 특징으로 하기 때문에 한번 발생하면 돌이키기 어렵고, 혹여 돌이킬 수 있다 해도 천문학적 비용을 수반하는 것이 보통이다. 따라서 문제가 발생하기 진에 예방하는 것이 가장 비용 효과적인 수단으로 인식되어 왔다. 예방은 다소 복잡한 개념이라 할 수 있는데, 이 개념으로부터 매우 다양한 법적 장치들이 파생되기 때문이다. 따라서 예방은 다양한 법적 장치(예를 들면 환경영향평가, 각종 인증 제도, 규제 및 표준, 가용한 최신기술 활용 등)가 공통적으로 표방하는 목표 정도로 이해될 수 있을 것이다.

여덟째, 오염자 부담 원칙이다.[9] 리우선언 원칙 16에서 "국가기관은 오염자가 원칙

---

8) 공통의 차별화된 책임 원칙이 1992년 리우회의에서 본격화되었다고 해서 이 원칙이 1992년 이후에 비로소 추구되었다고 생각하는 것은 옳지 않다. 1985년 비엔나협약과 1987년의 몬트리올의정서에서 이미 선진국과 개도국의 오존층 파괴물질 규제에서 차별화된 조치를 규정함으로써 이 원칙이 활용되고 있었다.

9) 오염자 부담 원칙(Polluter Pays Principle: PPP)은 1970년대에 OECD가 개발한 개념이다. 한정된 자원의 효율적 활용을 위한 경제 원칙으로 원래 국내 경제정책 집행과 관련된 것이었으나, 추후 다양한 국제환경협약에 이 원칙이 포함되면서 국제환경협약에서도 대표적인 원칙이 되었다(UNEP, 2006: 33-34).

적으로 오염의 비용을 부담해야 한다는 접근에 입각하여 환경 비용의 내부화와 경제적 수단의 이용을 증진시키도록 노력해야 한다. 이에 공공의 이익을 적절히 고려해야 하며 국제 무역과 투자를 왜곡시키지 않아야 한다."고 규정하고 있다. 하지만 누가 오염자이고 따라서 비용을 부담해야 하는지는 상황에 따라 달리 해석될 수 있다.[10] 물품을 제조하는 기업이 될 수도 있고 소비자가 될 수도 있다. 소비자는 물품의 최종 소비 주체로서 오염자인 동시에, 기업의 오염 예방 기술 적용에 따라 증가된 물품가격의 지불자이고, 오염 예방이나 복원에 소요되는 정부 예산을 충당하는 납세자이기도 하다.

아홉째, 지역 토착사회 중시의 원칙이다. 지역사회는 오랫동안 주변 환경과 지속 가능한 방식으로 공존해 왔기 때문에 지역의 환경관리와 지속 가능한 개발을 위해 중요한 역할을 수행하는 주체가 되어야 한다. 리우선언 원칙 22에서는 "토착민과 그 지역사회 및 기타 지역사회는 그들의 지식과 전통적 관행으로 인해 환경관리와 개발에서 중요한 역할을 수행한다. 각 국가는 그들의 정체성, 문화 및 이익을 인정하고 적절히 지원해야 하며, 또한 지속 가능한 개발을 성취하기 위해 그들의 효과적인 참여가 가능하도록 해야 한다."고 명시하고 있다. 나아가 1992년 체결된 생물다양성협약 제8조에서는 "…이와 같은 지식, 혁신, 관행의 활용으로 인해 발생하는 편익은 공평하게 향유되어야 함"을 명시하고 있다.[11]

열째, 인류의 공동 유산 및 인류에 대한 공동 관심 원칙이다. 이 원칙은 생태계와 환경문제의 상호의존성, 환경문제의 지구적 속성, 그리고 심각성 등에 대한 점증하는 인식을 반영하는 것으로, 환경문제에 대한 인류 공동의 관심과 대처의 중요성을 강조하는 것이다.

끝으로, 좋은 거버넌스 원칙이다. 지속 가능한 개발과 좋은 거버넌스(good governance)의 관련성은 비교적 최근 조명되었으나 점차 그 중요성이 강조되고 있다. 좋은 거버넌스를 위해 국가와 국제기구들은 ① 민주적이고 투명한 의사결정 과정 및 재정적

10) 따라서 오염자 부담 원칙은 환경 분야의 가장 대표적인 원칙이면서도 모호성이 공존하는 원칙이라 할 수 있다.

11) UNEP(2006: 35-36)에서는 이 원칙을 '자연자원에 대한 접근 및 편익 공유 원칙'으로 설정하고 있는데 이것은 아마도 위의 생물다양성협약에 명시된 편익 향유(특히 유전자원 활용에 따른 편익) 부분에 초점을 맞춘 것으로 보인다. 여기서는 좀 더 포괄적으로 국제 환경 협력 전반의 원칙에 부합할 수 있도록 지역사회의 역할에 초점을 맞추어 '지역 토착사회 중시의 원칙'으로 명명했음을 밝힌다.

책임성을 확보해야 하며, ② 공직자 및 여타 부문의 부패를 척결하기 위해 효과적인 수단을 채택해야 하고, ③ 업무 처리 시에 적절한 절차를 존중하고 법치주의를 확산해야 하며, ④ 인권을 보호해야 하고, ⑤ 공공 구매 시에는 투명하고 반부패적 방식을 활용해야 한다. 이와 같은 좋은 거버넌스는 지속 가능한 개발을 추구하는 각종 법과 정책을 효과적으로 추진하는 데 필수적인 요소로 간주된다.

3 국제환경협약의 현황

간헐적이나마 19세기에도 해양, 특정 생물종 등과 관련하여 국가 간 협력은 존재했다. 심지어 14세기에도 국제환경협약이 체결된 바 있다. 하지만 현대적 의미의 국제환경협약은 1972년 스톡홀름회의를 전후에 본격적으로 등장했다(UNEP, 2006).

표 1-1 국제환경협약의 형성과 발전

단계	기간	특징과 내용
제1기	19세기 양자 간 어업조약의 체결 ~ 1945년 유엔 창설	• 산업화와 경제 발전의 부작용이 인식됨에 따라, 특정 천연자원의 이용과 개발에는 일정한 제약이 가해져야 하며, 그에 대한 적절한 법규범의 창설이 필요하다는 점이 이해되기 시작함
제2기	유엔 창설~UNCHE (1945~1972)	• 지구환경 보호를 다루기 위해 다수의 국제기구가 창설되었으며, 다수의 지역적·국제적 환경보호협약이 채택됨 • 이들 국제 규범은 기름에 의한 오염, 핵실험, 습지, 해양과 해양생물자원, 청정 수질, 해양에 대한 폐기물 투기 등 특정의 오염원 규제와 일반적인 환경자원의 보존을 주요 대상으로 함
제3기	UNCHE~UNCED (1972~1992)	• 유엔이 국제 환경문제에 대해 다자간 협력 체계를 구축하기 시작하고 다수의 국제환경협약이 체결됨 • 환경 보호를 위해 최초로 세계적인 차원에서 특정 제품의 생산, 소비, 국제 거래 등이 금지되기 시작함
제4기	UNCED~현재 (1992년 이후)	• 지구환경문제가 국제법 및 국제정치의 핵심으로 등장하여 모든 국제활동에 통합되기 시작함 • 국제환경 의무의 이행과 준수에 대한 관심이 증가함으로써 의무 이행 확보를 위한 다양한 법 체제에 대한 관심이 증대함

출처: 한국환경정책·평가연구원(2004).

국제환경협약의 기본 구조와 내용은 과학 지식의 발전, 신기술의 적용과 그 영향, 국제정치 질서, 국제법 질서 및 제도의 구조 변화에 따라 발전해 왔으며, <표 1-1>과 같이 4단계로 구분할 수 있다.

미국 오리건대학교에서 운영하는 IEA데이터베이스 프로젝트(iea.uoregon.edu)를 보면 최근까지의 국제환경협약 현황을 파악할 수 있다.[12] 2011년 말 현재 국제환경협약은 협약, 의정서, 수정협약(의정서) 등을 포함해 양자협약(Bilateral Environmental Agreement: BEA)이 1,354개, 다자협약(Multilateral Environmental Agreement: MEA)이 1,076개에 달한다. 양자 및 다자협약 이외에 국제기구나 비국가기구가 협약 당사자로 참여한 협약도 200여 개에 달하며, 협약 형태가 아닌 환경 관련 문서(선언, MOU 등)도 현재까지 400여 건이 작성된 바 있다. 이하에서는 이 중에서 다자 및 양자협약을 중심으로 그 현황을 시기별 및 분야별로 나누어 살펴보기로 한다.

1) 국제환경협약의 시기별 현황

[그림 1-1]은 1950년부터 2011년까지의 다자 및 양자 간 국제환경협약의 연도별 체결 건수를 나타낸 것이며, [그림 1-2]는 같은 기간 동안의 누적 건수를 나타낸 것이다. 양자협약과 다자협약을 합한 누적 건수는 2,430건에 달한다. 두 개의 그림을 바탕으로 국제환경협약 현황의 특징을 요약하면 다음과 같다.

첫째, 양자협약과 다자협약 모두 매년 증가해 왔으며, 전체적으로는 양자협약의 건수가 다자협약의 건수보다 많다. 따라서 그동안의 국제 환경문제 해결이 다자협약보다는 양자협약에 상대적으로 더 의존해 온 것으로 일단 해석할 수 있다. 그러나 2000년대에는 연간 체결 건수를 볼 때 다자협약이 양자협약보다 훨씬 많다는 점에서, 최근에는 국제 환경문제의 해결 방식에서 다자협약이 중시되고 있음을 알 수 있다.

둘째, 1970년대와 1990년대는 국제환경협약이 급증한 시기였다. 1970년대에는 양자협약이 급증했으며, 1990년대에는 양자협약과 다자협약 모두 급증하는 모습을 보였다. 1972년 스톡홀름회의(UNCHE)와 1992년 리우회의(UNCED) 등 유엔 차원에서

---

12) 이 데이터베이스는 오리건대학교 정치학과 미첼(Ronald Mitchell) 교수가 2002년부터 구축해 온 것으로 날짜 및 분야별로 국제환경협약들이 정리되어 있다. 협약의 이름 및 원문 검색이 가능하고, 협약별 가입 국가 확인이 가능하며, 개별 협약에 관한 참고 문헌까지 검색할 수 있다. 이 장에서 제시된 자료는 2012년 10월 현재 방문한 결과를 바탕으로 한 것이다.

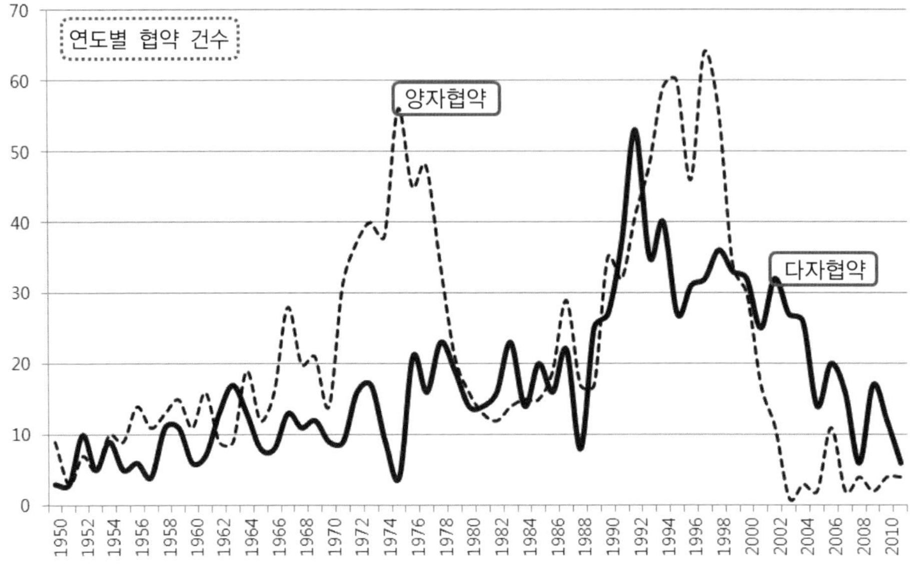

그림 1-1 연도별 협약 건수의 추이(건)

출처: iea.uoregon.edu

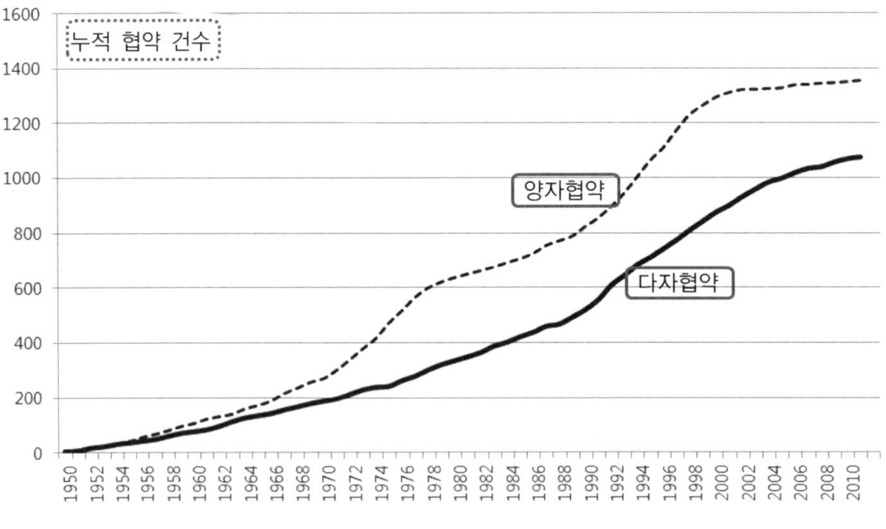

그림 1-2 연도별 누적 협약 건수의 추이(건)

출처: iea.uoregon.edu

국제 환경문제 대응의 새로운 전기를 마련한 시기와 맞물려 이러한 협약도 함께 증가한 것으로 볼 수 있다. 특히 권역별 자연자원의 보전과 관리가 주된 관심사였기 때문에 양자협약이 대거 체결되었던 1970년대와는 달리, 1990년대에는 오존층 파괴, 기후 변화, 사막화 등과 같이 범세계적으로 공동 대응이 필요한 환경문제가 두드러지면서 다자협약도 급증한 것으로 해석할 수 있다.

셋째, 2000년대에 들면서 양자협약 및 다자협약 모두 연도별 체결 건수가 크게 줄어드는 모습을 볼 수 있다. 특히 이 시기에 양자협약 체결은 극히 미미해서 심지어 1950년대의 체결 건수보다도 저조한 모습을 보였다. 2000년대 이후 환경협약 체결이 저조한 것은 경제 위기와 연관이 있을 수 있다. 녹색경제나 녹색 성장에 대한 최근의 관심과 그 가능성에도 불구하고 전통적으로 경제와 환경은 상쇄 관계에 있는 것으로 볼 수 있기 때문이다. 아울러 2000년대 이후 세계의 사회경제적 상황이 1990년대와는 판이하게 달라졌다는 점도 이처럼 저조한 국제환경협약 체결 현상을 설명하는 요인이라 할 수 있다.[13)]

2) 국제환경협약의 분야별 현황

국제환경협약의 분야는 <표 1-2>에서와 같이 구분되며, 그 특징은 다음과 같다.

첫째, 지금까지 가장 많은 환경협약이 체결된 분야는 어업(fish) 분야로 모두 764건의 협약이 체결되었다(190건의 다자협약과 574건의 양자협약). 사실 어업 분야는 가장 오래전부터 협약이 체결되어 온 분야이다. 양자협약은 14세기부터 체결되어 왔고,[14)] 20세기 이전에 이미 수십 건의 양자협약이 체결된 바 있다. 다자협약도 20세기 이전에 다수 체결되었다.[15)] 어업 분야 다음으로 협약이 많이 체결된 분야로는 대양

---

13) 볼리키(Bollyki, 2012)는 2012년 리우+20(Rio+20) 회의의 실망스러운 결과에 대해, 1992년 이후 폭발적인 인구 증가, 도시화, 중국이나 인도와 같은 신흥 개발도상국의 개발 수요 및 이에 따른 에너지와 수자원 이용의 증가 등에 따라 이러한 결과는 어차피 예상된 것이었으며, 거기에 협상 피로(negotiation fatigue)도 있었다고 논평하고 있다.

14) 예를 들면, Treaty between England and Castile(1351년 8월 1일 체결), Treaty between England and Portugal(1353년 10월 20일 체결) 등이 있다.

15) 예를 들면, Convention between Alsace-Lorraine and The Two Initial Parties to The Convention between Baden and Switzerland Concerning Fishing in The Rhine and Its Influxes as well as In Lake Constance(1887년 7월 14일 체결), Convention for Regulating the Police of the North Sea Fisheries(1882년 5월 6일 체결) 등이 있다.

(ocean) 582건, 자연생태(nature) 531건, 담수자원(freshwater resources) 463건 등인 것으로 나타났다. 이렇게 보면 그동안 국제 환경 협력이 상대적으로 많이 필요했던 것은 주로 물과 관련된 분야였다고 이야기할 수 있을 것이다. 이들 분야에서는 19세기부터 환경 협력이 이루어지고 있었다.

둘째, 토양오염(land pollution), 무기와 환경(weapons & environment), 폐기물(waste), 조류(bird) 보호 등의 분야에서 국제 환경 협력은 제한적이라고 할 수 있다. 토양이나 폐기물의 경우는 대부분 국지적인 문제라는 특성이 있기 때문이고, 무기와 환경 분야의 협약들은 그 내용을 보면 주로 원자력을 다루고 있는데, 원자력은 환경 관점보다는 과학기술이나 에너지 분야에서 더 많이 다루어지고 있기 때문인 것으로 풀이된다.

셋째, 전체적으로는 양자협약의 건수가 더 많은 가운데 대양, 해양오염, 대기오염, 포유류, 정주지, 무기와 환경 등의 분야에서는 다자협약의 건수가 압도적으로 많은 것으로 나타났다. 대양, 해양오염, 대기오염은 원래 월경성(越境性) 환경문제라는 점에서 다자협약이 많은 것으로 볼 수 있으며, 포유류와 정주지 등의 분야에 있는 협약들은 대부분 포경(whaling) 문제를 다루고 있다는 점에서 다자협약이 많은 것으로 풀이된다.

표 1-2 분야별 환경협약 건수

(단위: 건)

분야		협약 (Agreement)	수정안 (Amendment)	의정서 (Protocol)	소계	합계
에너지 (energy)	다자	44	12	23	79	274
	양자	189	3	3	195	
수자원 (freshwater resources)	다자	106	23	19	148	463
	양자	286	7	22	315	
정주지 (habitat)	다자	31	16	20	67	87
	양자	19	1		20	
자연생태 (nature)	다자	158	97	40	295	531
	양자	224	6	6	236	

대양 (ocean)	다자	134	150	58	342	582
	양자	212	17	11	240	
대기오염 (pollution-air)	다자	7	35	17	59	72
	양자	12		1	13	
토양오염 (pollution-land)	다자	1			1	1
	양자				0	
해양오염 (pollution-marine)	다자	30	90	26	146	161
	양자	11	4		15	
폐기물 (pollution-wastes)	다자	8	3	4	15	26
	양자	9	2		11	
종-농업 (species-agriculture)	다자	44	18	11	73	270
	양자	187	1	9	197	
종-조류 (species-bird)	다자	4	6	1	11	32
	양자	16	2	3	21	
종-어류 (species-fish)	다자	114	46	30	190	764
	양자	522	23	29	574	
종-포유류 (species-mammals)	다자	40	89	13	142	181
	양자	30	6	3	39	
무기와 환경 (weapons & environment)	다자	6	3	10	19	21
	양자	2			2	
합 계		1,389	495	226	2,110	4,220

주) 여기서 제시된 협약 건수의 수치가 앞서 제시한 2011년까지의 누적 협약 건수 2,430건보다 훨씬 많은 것은 두 가지 이유 때문이다. 첫째, 특정 협약들이 두 개 이상의 분야에 포함된 경우가 다수 있다는 것이다. 예를 들어 다자협약인 Agreement on The Use of Water and Energy Resources of The Syr Darya Basin은 에너지 분야와 수자원 분야에 각각 포함되었다. 둘째, <표 1-2>의 수치는 1950년 이전에 체결된 협약들까지 합산된 것이다.

출처: iea.uoregon.edu

3) 우리나라의 국제환경협약 대응 현황

한 국가의 국제환경협약 참여 방식은 당시의 사회경제적 상황과 밀접하게 연관되기 마련이다. 통상 이러한 상황 속에서 국익과 지구환경 보전이라는 두 가지 충돌하는 목표를 추구하게 된다. 특히 환경 보호와 무역의 연계가 강화되면서 경제 개발의 압력 하에 놓여 있는 개도국들은 협약의 이행에 큰 부담을 느끼면서도 가입하지 않을 수 없는 경우도 많다. 우리나라도 지구적 환경 보호에 동행하면서 경제 발전을 염두에 두는 방식으로 국제환경협약 가입 문제에 대처해 왔으며, 사회경제적 상황 변화에 따라 국제환경협약에 대한 대응도 달라져 왔다.16) 2011년 현재 우리나라가 가입하고 있는 국제환경협약은 <표 1-3>에서 보는 바와 같이 56개이다. 해양・어업 분야가 가장 많으며, 대기・기후, 자연 및 생물 보호 분야, 핵안전, 유해물질・폐기물 분야 순으로 많은 협약에 가입하고 있다.

표 1-3 우리나라의 국제환경협약 가입 현황(2011년 12월 기준)

분야	협약 명칭	가입 연도
대기・기후 (8개)	기후 변화에 관한 국제연합 기본협약(기후변화협약)	1993
	기후 변화에 관한 국제연합 기본협약에 대한 교토의정서	2002
	오존층 보호를 위한 비엔나협약	1992
	오존층 파괴물질에 관한 몬트리올의정서	1992
	몬트리올의정서 런던개정서	1992
	몬트리올의정서 코펜하겐개정서	1994
	몬트리올의정서 몬트리올개정서	1998
	몬트리올의정서 베이징개정서	2004
해양・어업 (23개)	국제포경규제협약	1978
	대서양 참치의 보존에 관한 국제협약	1970
	동남대서양 생물자원 보존협약	1981
	남극 해양생물자원 보존에 관한 협약	1985
	1954년 유류에 의한 해양오염 방지를 위한 국제협약(1962년 및 1969년 개정 포함)	1978
	폐기물 및 그 밖의 물질의 투기에 의한 해양오염 방지에 관한 협약(런던협약)	1993
	유류오염 손해에 대한 민사 책임에 관한 국제협약	1978
	유류오염 손해에 대한 민사 책임에 관한 1969년 국제협약의 의정서	1992
	1971년 유류오염 손해배상을 위한 국제기금 설치에 관한 국제협약	1992
	1973년 선박으로부터의 오염 방지를 위한 국제협약 및 1978년 의정서	1984
	북서대서양 다자간 장래 어업 협력에 관한 협약	1993
	해양법에 관한 국제연합협약	1996

16) 김영호(2010)는 이러한 환경외교의 변화를 관망적 참여기(1972~1987), 수동적 대응기(1988~1996), 능동적 대응기(1997~2007), 적극적 주도기(2008~현재) 등 4시기로 구분해 제시한다.

	1982년 12월 10일 해양법에 관한 국제연합협약 제11부 이행에 관한 협정	1996
	1969년 유류오염 손해에 대한 민사책임에 관한 국제협약을 개정하는 1992년 의정서	1997
	1971년 유류오염 손해 배상을 위한 국제기금의 설치에 관한 국제협약을 개정하는 1992년 의정서	1997
	1990년 유류오염의 대비, 대응 및 협력에 관한 국제협약	1999
	인도양 참치위원회 설립 협정	1996
	중부 베링해 명태자원의 보존과 관리에 관한 협약	1995
	남방 참다랑어 보존협약	2001
	북태평양소하성자원보전협약	2003
	공해상 어선의 국제적 보존관리 조치 이행 증진을 위한 협정	2003
	중서부 태평양 고도 회유성 어족의 보존과 관리에 관한 협약	2004
	폐기물 및 그 밖의 물질의 투기에 의한 해양오염 방지에 관한 1972년 협약에 대한 1996년 의정서	2009
자연 및 생물 보호 (8개)	멸종 위기에 처한 야생 동식물의 국제 거래에 관한 협약	1993
	생물다양성협약	1994
	물새 서식처로서 국제적으로 주요한 습지에 관한 협약(1982년 및 1987년 개정 포함)	1997
	국제식물보호협약	1953
	아시아태평양지역 식물보호협정	1981
	1983년 국제열대목재협정	1985
	1994년 국제열대목재협정	1995
	바이오 안전성에 관한 생물다양성협약 카르타헤나의정서	2007
핵안전 (7개)	대기권, 외기권 및 수중에서의 핵무기 실험 금지조약	1964
	핵물질의 방호에 관한 협약	1982
	핵사고의 조기 통보에 관한 협약	1990
	핵사고 또는 방사능 긴급사태 시 지원에 관한 협약	1990
	핵안전에 관한 협약	1995
	핵무기 및 기타 대량 파괴무기의 해저, 해상 및 그 하층토에 있어서의 설치 금지에 관한 조약	1987
	사용 후 핵연료 및 방사성 폐기물 관리의 안전에 관한 공동협약	2002
유해물질·폐기물 (3개)	유해 폐기물의 국가 간 이동 및 그 처리의 통제에 관한 바젤협약	1994
	특정 유해 화학물질 및 농약의 국제 교역 시 사전 통보 승인 절차에 관한 로테르담협약	2003
	잔류성 유기오염물질에 관한 스톡홀름협약	2001

기타(7)	남극조약	1986
	환경 보호에 관한 남극조약의정서	1996
	심각한 한발 또는 사막화를 겪고 있는 아프리카지역 국가 등 일부 국가들의 사막화 방지를 위한 국제연합협약(사막화방지협약)	1999
	세계문화유산 및 자연유산의 보호에 관한 협약	1988
	달과 기타 천체를 포함한 외기권의 탐색과 이용에서 국가활동을 규율하는 원칙에 관한 조약	1967
	환경 변경 기술의 군사적 또는 기타 적대적 사용의 금지에 관한 협약	1986
	세균무기(생물무기) 및 독소무기의 개발, 생산, 비축의 금지와 그 폐기에 관한 협약	1987

출처: 환경부(2012).

4 국제환경협약의 평가 및 개혁 논의

지구 환경문제에 대해 국제사회는 다양한 분야에서 협약을 체결하고, 이를 통해 국가들의 행동 변화를 추구하는 방식으로 대응해 왔다. 그동안 국제환경협약을 통해 달성한 성과는 결코 적지 않다. 대부분의 국가에서 정부에 환경부서를 신설했고, 환경과 지속 가능 개발을 위한 정부 지출이 획기적으로 증가했으며, 이전에는 거의 존재하지도 않았던 천문학적 규모의 환경기술 시장이 새로 생겨났다. 아울러 많은 환경협약이 소기의 목표를 실제로 달성했다. 예를 들면, 경제와 교역의 확대에도 불구하고 해양 기름 누출의 횟수와 규모가 줄어들었고, 오존층 파괴물질은 효과적으로 통제되어 조만간 성층권 오존의 회복이 예상되고 있다. 비록 가시적 개선의 증거를 보이지 못하고 있는 여타의 환경협약도 해당 분야에서 문제가 악화되는 것을 지연시키고 있다는 측면에서 적절하게 평가될 필요가 있다. 하지만 이러한 성과와는 별도로 국제환경협약의 구조가 지니는 분절성으로 인해 발생하는 집행상의 여러 가지 문제점도 꾸준히 제기되어 왔다. 여기서는 이러한 구조의 특징을 논의한 후, 개선을 위한 시도와 대안적 관점을 소개하기로 한다.

1) 국제환경협약의 구조적 특징: 분절성

앞서 살펴본 바와 같이 국제환경협약은 그 종류도 수도 대단히 많다. 유형별, 분야별, 권역별로 수많은 독자적인 협약이 분절적으로 존재한다. 국제환경협약이 이와 같은 분절적 형태로 발전해 온 것은 그 역사적 맥락이 지니는 특성 때문이다(Kaine, 2007: 68-70). 국제환경협약이 본격적으로 등장한 것은 1970년대부터라 할 수 있고, 당시에만 해도 지구 환경문제의 주된 관심사는 자연자원의 보전과 관리였다. 지구 환경문제가 지금처럼 단기간 내에 심각하고 다양해질 것을 예상하지 못함으로써 중장기적 틀을 만들지 못했고, 이러한 상태에서 오존층 파괴, 기후 변화, 사막화 등 이후 새롭게 등장하는 지구 환경문제에 대한 대응은 그때그때 임시적 및 분절적 방식에 의존할 수밖에 없었다. 제2차 세계대전 이후 재정, 농업, 무역 등의 국제 레짐들이 상대적으로 명료한 규범과 규칙에 따라 소수의 공식 제도를 중심으로 조직화된 것과는 달리 환경 레짐은 지난 40년 동안 점증적으로 그리고 각 부문별로 확대됨으로써 지금과 같은 분절적 구조를 지니게 된 것이다. 아울러 조직적 요인들이 이러한 분절성을 강화시켜 왔는데, 그 핵심에 유엔환경계획(UNEP)의 역할 문제가 있다. UNEP를 매개로 무려 500여 개의 국제환경협약이 체결되었지만 UNEP 스스로 이러한 조정을 감당할 인적·물적 기반을 갖추지 못하고 있는 실정이다.[17] 게다가 UNDP, WMO, WHO, FAO, ADB, OECD, World Bank, GEF 등 여타 주요 국제기구들이 외연을 넓혀 지구 환경문제를 다루기 시작했는데, 이들 국제기구와 UNEP 간에 조정이 취약하다는 점도 분절성을 강화시키는 요인이 되고 있다(Simon, 2011: 5).

이러한 분절적 구조는 다음과 같은 장점들을 가지고 있다(Kanin, 2007: 73-74).

첫째, 분절적 구조는 요소들 간의 네트워크만 잘 설정된다면 지구 환경문제와 같이 복잡하게 얽혀 있는 문제를 관리하기에 적합할 수 있다. 다양한 분야의 환경협약들이 서로 느슨하게 연계되고 분산적으로 존재하기 때문에 특정 분야에서의 실패나 오작동이 전체 시스템의 붕괴를 가져오지는 않는다.

둘째, 다양한 협약 및 이와 관련한 논의의 장들이 존재함으로써 환경 규범의 지구적 확산에 도움이 된다.

셋째, 분야별로 협약이 존재한다는 것은 그만큼 해당 분야에서의 전문성이 높아진

---

17) 유엔환경계획(UNEP) 사무국의 직원은 600여 명 수준인데 이는 유엔기후변화협약(UNFCCC)의 400여 명보다 약간 많으며, 세계식량계획(WFP, 약 9,100명) 및 세계보건기구(WHO, 약 9,000명)보다 훨씬 적은 수준이다. 예산으로 따지면 2011년 예산은 4억 3천 4백만 USD로 유엔개발계획(UNDP)의 2008년 예산인 41억 달러의 10분의 1 수준에 불과하다(Simon, 2011: 8).

다는 것이고, 이것은 정교한 문제 해결 수단의 채택에 도움이 될 뿐 아니라, 해당 문제를 대중에게 인식시키는 데에도 도움이 된다.

넷째, 다양한 환경협약의 존재는 시민사회가 지구 환경문제 논의에 참여할 기회를 확대할 수 있다. 이것은 절차적 관점에서 지속 가능 개발을 달성하는 데 매우 중요한 요소이다.

다섯째, 분산된 구조 하에서 환경협약 및 사무국은 상대적으로 독자성을 가지고 있기 때문에 스스로 혁신하기에 용이할 수 있다. 또한 협약 간 경쟁이 부정적인 측면도 있지만 어쩌면 성과를 높이는 동기로 작용할 수도 있다.[18)]

하지만 국제환경협약의 분절적 구조를 둘러싼 비판과 개선의 목소리는 이와 같은 장점들을 압도하는 것 같다. 현재의 분절적 구조는 다음과 같은 현상과 부작용을 수반하고 있다는 것이다(InfoResources Focus, 2005: 3-8; Kanie, 2007: 74-75; Simon, 2011: 10-12).

첫째, 병렬적 구조와 경쟁이다. 부문별로 국제협약이 체결되다 보니 협약들 간에 병렬적 구조가 생겨났고, 재정 확보와 영향력 행사 등에서 경쟁이 발생하게 되었다. 협약(및 사무국)마다 자신의 관할 영역을 수호하고 확대하려는 경쟁에 돌입하면서 이른바 칸막이 효과라는 제도적 장애 요인이 인위적으로 조성되고 있다. 이러한 구조와 경쟁은 협력을 저해할 수 있다. 게다가 각 협약에 따라 상이한 사고 방식과 상이한 용어 사용이 확산되면서 공동 행동과 시너지 창출을 어렵게 만드는 경향도 나타났다.

둘째, 갈등과 불일치이다. 환경협약들이 부문적 관점을 견지하다 보니 협약이 추구하는 조치들 간에 갈등과 불일치 문제도 발생한다. 기후변화협약과 생물다양성협약을 예로 들어보자. 산림 조성사업에서 이산화탄소를 저감하기 위해 외래종 단종재배방식(monoculture)이 선호된다면 이는 생물다양성을 해치는 결과를 초래할 수 있다. 또한 이산화탄소 저감을 위해 수력발전소가 건설된다면 이 또한 생물환경에 부정적

---

18) 분절적 구조가 지니는 이와 같은 장점들은 환경 부문 이외의 분산적 체제를 옹호할 때도 제시되는 것들이다. 예컨대 정치 체제에서 지방자치 체제는 중앙집권 체제에 비해 위에 제시한 것과 유사한 장점들을 지니는 것으로 설명된다. 지방정부 하나의 실패가 전체 체제(국가)의 실패로 연결되지 않으며, 민주주의 규범을 확산할 수 있고(지방자치는 민주주의의 학교), 각 지역 특성에 부합하는 효과적인 정책 수행이 가능하고, 시민과 각종 이해관계자의 참여를 가능하게 하고(풀뿌리 민주주의), 지역 수준에서의 혁신을 좀 더 용이하게 한다는 것이다.

영향을 끼친다. 이러한 갈등과 불일치는 오존층보호협약과 기후변화협약에서도 나타나고 있다. 몬트리올의정서의 성과에 따라 오존층 파괴물질은 대부분 통제되고 있지만 그 대체물질로 등장한 HFCs는 기후 체계를 위협하는 강력한 온실가스로 판명되어 현재 교토의정서에 규제 대상으로 되어 있다. 현재는 HFCs에 대한 규제를 몬트리올의정서에 따라 해야 한다는 선진국들과 교토의정서에 따라 해야 한다는 주요 개도국(중국, 인도, 브라질) 간에 뜨거운 논란이 존재하는 형국이다.

셋째, 상반된 규제 프레임의 중첩이다. 환경협약 당사자들은 동시에 세계무역기구(WTO)의 구성원이기도 하다. 경제 성장은 대체로 환경 파괴의 주된 원인이며, 지구적 차원의 협상에도 불구하고 경제적 다자 규제 시스템과 환경적 다자 규제 시스템 간의 간극은 넓어지고 있다. 이러한 현상이 반드시 국제환경협약의 분절적 구조에서만 기인하는 것은 아니지만, 국제환경협약 내에서의 분절적 구조가 규제 틀의 다양화와 복잡성을 증가시키는 것은 자명하다. 무역, 환경, 빈곤 퇴치 등의 각종 협약이 지속 가능 발전이라는 일관된 전략 속으로 통합되지 않는 한 상반된 규제 틀의 중첩 현상은 지속될 수밖에 없을 것이다.

넷째, 거시적 차원과 미시적 차원 간의 연결고리 부재이다. 국제환경협약들은 지구 차원의 일관된 행동을 요하지만 이와 동시에 각 지역의 사회적 현실에 대한 고려 속에서 집행되어야 한다. 그래야만 성과를 기대할 수 있다. 하향적(top-down) 접근과 상향적(bottom-up) 접근이 동시에 고려되어야 하는 이유가 여기에 있다. 그러나 대부분의 환경협약에서 상향적 과정과 하향적 과정의 접점이 어디인지는 불분명하다. 지구적·국가적·지방적 차원이 서로 어떻게 협력해야 하는지, 각 차원이 서로 어떤 영향을 주고받는지에 대한 지식은 결핍되어 있는 상태이다. 다양한 분야에서 수많은 국제환경협약이 체결되어 왔지만 그 효과적 실천을 위해 행위 주체들을 연계하는 전략은 충분히 논의되지 못하고 있다.

다섯째, 비용의 증대이다. 1992년에서 2007년까지 18개의 주요 다자간 환경협약과 관련해 모두 540번의 회의를 개최했고, 여기서 5,084개의 의사 결정이 도출되었다. 이처럼 세계 도처에서 열리는 다양하고 잦은 회의는 개발도상국이 감당하기 힘든 행정 및 여행 경비를 초래할 뿐만 아니라 NGO의 참여를 가로막는 결과를 가져온다. 실제로 이러한 비용 문제는 많은 개발도상국이 추가적인 환경협약에의 참여를 꺼리는 이유 중 하나가 되고 있다.

2) 국제 환경 거버넌스 개선 논의의 전개

국제 환경문제는 주로 다자간 환경협약을 기반으로 한 다수의 레짐을 통해 그 해결이 모색되어 왔으며, 이러한 거버넌스의 중심에 UNEP가 존재한다. 따라서 현재의 국제환경협약과 이를 바탕으로 한 환경 거버넌스가 지니는 한계의 극복은 필연적으로 UNEP의 개혁에 초점을 맞추게 된다. 1972년 스톡홀름회의의 결과물로 등장한 UNEP는 국제환경 분야에서 주도적 역할을 수행해 왔음에도 불구하고 그 위상과 역할의 한계를 드러냄에 따라 1990년대 이후 그 개혁에 대한 논의가 본격화되었다. 사이먼(Simon, 2011: 16-19)은 이러한 시도들을 3단계로 구분하고 있다.

첫째, 1992년부터 2000년까지의 시기로 국제환경 거버넌스(International Environmental Governance: IEG)의 확장에 따라 드러난 문제점들을 개선하기 위한 노력이다. 1992년 리우회의는 기후변화협약, 생물다양성협약, 사막화방지협약 등 중요한 협약이 체결된 장이었지만, 주요 협약은 조정의 어려움을 가중시켰을 뿐 아니라 UNEP와의 연계가 취약한 상태에서 운영되었다. 문제의 해결을 위해 UN은 1997년 UNEP의 역할 강화를 골자로 하는 나이로비선언을 채택했으며, 1999년 환경관리그룹(Environmental Management Group: EMG)과[19] 지구환경장관포럼(Global Ministerial Environmental Forum: GMEF)을 각각 창설했다. 그러나 이러한 노력들이 구체적인 결실을 가져오지는 못했다.

둘째, 2001년부터 2008년까지 IEG 개선을 위한 다양한 계획이 제시되었지만 특정 국가들의 정치적 반대를 극복하지 못한 단계이다.[20] 2002에는 GMEF에게 강력한 정치적 리더십을 부여하는 것을 골자로 하는 카르타헤나 패키지, 유엔기구 및 국제기구들의 활동 속에 지속 가능 개발 관점이 더욱 강화되어야 한다는 내용을 담은 2002년 요하네스버그 집행계획이 나왔다. 2005년에는 개도국의 기술 및 역량 개발에서 UNEP

---

19) EMG는 UNEP, UNDP, 여타 유엔기구 간의 환경 관련 활동 조정을 위해 설치된 것으로, UNEP 사무총장이 의장을 맡는다. 하지만 현재까지 그 조정 효과는 크지 않은 것으로 평가되는데, 이렇게 된 이유는 첫째, EMG 활동에 대해 고위 수준의 관심이 적었고, 둘째, EMG를 UNEP가 여타 기구를 통제하는 수단으로 보는 부정적 시각이 존재했으며, 셋째, EMG 역할에 대한 명확성이 부족했기 때문이다(Kaine, 2007: 77).

20) 주로 EU 국가들에 의한 개혁 주도 및 미국(부시 행정부)에 의한 반대로 특징지을 수 있다(Simon, 2011).

를 통한 공동 지원을 골자로 하는 발리전략계획(Bali Strategic Plan for Technology Support and Capacity-Building: BSP)이 나왔고, 2005년 개최된 유엔지구정상회의(World Summit) 결과 문서에도 환경 부문에서 일관성 있는 제도적 구조를 만들기 위해 각국의 정치적 관심이 필요하다는 점이 명문화되었다(169항). 2006년에는 프랑스 주도로 유엔환경기구(United Nations Environment Organization: UNEO) 신설 및 UNEP 집행이사회 개혁 방안이 논의되었다. 그러나 이러한 노력들 역시 구체적인 성과를 보이지는 못했는데, 그 주된 두 가지 이유로는 현 시스템의 약점이 사전에 충분히 분석 및 토의되지 못했다는 점, 그리고 IEG가 수행해야 할 기능이 궁극적으로 무엇인지에 대한 국제 사회의 합의가 부재했다는 점을 들 수 있다. 2006년부터 2008년까지 이러한 문제들(현 체제의 약점과 IEG의 역할)을 다루기 위해 유엔 지원 하에 논의 작업이 진행되었고,[21] 2007년 그 결과물인 대안보고서(Co-Chairs Options Paper)에서는 IEG 개선 전략으로 '야심찬 점증주의(ambitious incrementalism)'[22]가 제안되었다.

셋째, 2009년부터 현재까지의 시기이다. 현 체제의 문제점과 향후 IEG의 역할 등에 대해 그동안 논의가 축적되어 왔고, 또한 국제 사회의 정치사회적 상황에도 변화가 있었다는 점에서 과거 어느 때보다도 개혁에 대한 기대가 높은 시기라 할 수 있으며, 실제로 2012년 리우+20을 통해 어느 정도의 결실을 맺기도 한 시기이다. 여러 가지 논의 중에서도 IEG와 가장 직접적으로 연관된 두 가지는 베오그라드 프로세스(Beograd Process)와 나이로비-헬싱키 결과보고서(Nairobi-Helsinki Outcome)라 할 수 있다.[23] 베오그라드 프로세스(UNEP, 2009)는 "형식은 기능에 따라 도출되어

---

21) 2006년에 유엔 총회의 위임에 따라 '유엔의 환경활동을 위한 제도적 틀에 관한 비공식 자문 과정(Informal Consultative Process on the Institutional Framework for the United Nations' Environmental activities)'이 신설되고, 공동 의장으로 멕시코의 베루가(Enrique Berruga)와 스위스의 마우러(Peter Maurer)가 임명되었다.

22) '야심찬 점증주의'는 급속하고 근본적인 개혁보다는 현 상태로부터의 점진적 개선을 중시하는 입장이다.

23) 이 두 가지 문건은 UNEP가 설치한 자문회의의 작업 결과이다. 2009년 2월 20일 UNEP 집행이사회는 '국제환경 거버넌스에 관한 장관·고위급 대표 자문회의(Consultative Group of Ministers or High-level Representatives on International Environmental Governance)' 설치를 결정했다. 이 자문회의는 IEG의 목표 및 기능을 밝히고 이를 개선하기 위한 대안을 구체화해서 UNEP 총회에 보고하는 것을 목적으로 하고 있었다. 2009년 6월 베오그라드에서 개최된 1차 자문회의의 결과물이 베오그라드 프로세스이며, 2010년 7월 및 11월에 나이로비와 헬싱키에서 각각 개최된 2차 자문회의

야 한다."는 원칙에 따라, 먼저 국제환경 거버넌스가 추구하는 목표를 여섯 가지로 규명하고, 각 목표를 달성하기 위해 수행해야 하는 기능을 열일곱 가지로 분류한 후, 이러한 기능을 제대로 수행하기 위한 다섯 가지 대안적 개혁 방안을 제시하는 방식을 취하고 있다. 베오그라드 프로세스를 바탕으로 작성된 나이로비-헬싱키 결과보고서는 2010년 작성되어 2011년 2월에 UNEP 집행이사회에 보고되었고, UNEP는 이를 발전시켜 2012년 리우+20 회의에 제출하게 된 것이다. 나이로비-헬싱키 결과보고서에서 제시된 개혁 방안들을 좀 더 구체적으로 살펴보면 다음과 같다.

나이로비-헬싱키 결과보고서(UNEP, 2010b)에서는 다음과 같은 다섯 가지 개혁 방안을 제시하고 있다. ① UNEP 강화, ② 지속 가능 개발을 위해 새로운 통합 기구 설립, ③ 세계환경기구와 같은 전문기관 설립, ④ 유엔 경제사회이사회 및 유엔지속가능개발위원회 개혁, ⑤ 제도 개선 촉진 및 기존 구조의 효율화 등이다.[24] 이 중에서 그동안 가장 유력하게 검토되어 온 대안은 첫 번째와 세 번째 대안이며, 2012년 리우+20 회의에서도 이러한 두 가지 대안을 중심으로 논의가 진행되었다. 이 두 가지 대안의 주요 내용과 장점은 <표 1-4>와 같다.

표 1-4 IEG 개혁을 위한 주요 대안의 내용 및 장점

UNEP 강화 방안	• UNEP 집행이사회(Governing Council)에 보편적 멤버십 도입을 통해 환경적 지속성에 대한 반응성 강화 및 국제적 권능 부여 - 집행이사회에 회원국의 참여 확대를 위해 보편적 멤버십을 도입, 거버넌스 강화(기존 집행이사회는 58개 이사국으로 구성되어 있으며, GMEF도 법적 권능이 없는 상태임) • 유엔 체제 내에서의 효과성, 효율성, 일관성 확보 - 다자환경협약들과의 역할 관계 재정립 및 통합 조정력 확보 필요 등 - 유엔 체제 내에서의 내부 역할 강화 • 강력하고 신뢰할 수 있는 과학-정책 상호 연계 구축 • 다자환경협약의 의무 이행 평가 및 새로운 협력 시스템 구축, 시너지 제고 • 충분하고 예측 가능한 안정된 재정 기반 구축 • 회원국의 수요를 충족시키기 위한 반응성 및 밀착 서비스 강화 - 개도국의 능력 개발(capacity building) 지원을 위한 다양한 프로그램 운영 • 유엔총회 결정을 통해 UNEP에 강화된 제도적 권능 부여

의 결과물이 나이로비-헬싱키 결과보고서이다.

24) 이러한 다섯 가지 대안의 내용 및 장단점 등에 대한 포괄적 설명은 UNEP(2010a)를 참조할 수 있다.

전문기관 설립 방안	• 보편적 멤버십과 강화된 권능, 재정 기반을 갖춘 환경에 관한 새로운 전문기관을 설립(가칭 WEO)하여 현재의 UNEP를 대체 - 보편적 멤버십을 기초로 환경에 관한 강력한 리더십 발휘 - 독자적 의사결정 권한 및 조약 제정 권한 보유 - 특정 이슈에 관해 보조기구 및 위원회 창설 기능 보유 • 유엔 체제 내에서의 효과성, 효율성, 일관성 확보 - 전문기관으로서의 강력한 권능을 바탕으로 다자환경협약의 통솔력 강화를 통한 시너지 극대화 - 협약 권한 보유를 통한 유엔 체제 내에서 영향력 확대 • 강력하고 신뢰할 수 있는 과학-정책 상호 연계 구축 - 과학자문기구 설립 권한 보유, 과학계로부터 정보 지원 획득 • 다자환경협약의 의무 이행 평가 및 새로운 협력 시스템 구축, 시너지 제고 • 충분하고 예측 가능한 안정된 재정기반 구축(GEF 이사회 참여 권한 등 보유) • 회원국의 수요를 충족시키기 위한 반응성 및 밀착 서비스 강화 - 개도국의 능력 개발(capacity building) 지원을 위한 다양한 프로그램 운영 - 지역적 차원의 권한 강화를 통해 다양한 지역기구와의 협력 및 지원 역량 확보 - 다양한 유엔 기구와의 정책 연대를 통한 공동 협력 시스템 구축으로 정책 역량 강화

출처: 한국환경정책·평가연구원(2012). 필자에 의해 약간의 문구 수정이 이루어짐.

한편 위의 두 가지 대안이 지니는 단점을 보면 다음과 같다. 먼저 UNEP 강화 방안의 단점으로는 ① UNEP 체제를 유지하는 한 유엔 체제 내에서 독자적 의사결정은 제약될 수밖에 없다는 점(집행이사회의 결정에 대해 유엔 총회 승인이 필요), ② 다른 유엔 전문기관들과의 관계가 여전히 명확하지 않다는 점, ③ 조약제정권을 갖지 못한다는 점 등이 지적되었다. 또한 전문기관 설립 방안의 단점으로는 ① 유엔 정규예산 지원(기존의 4% 수준) 수혜를 상실함으로써 전적으로 회원국 재정 기여에 의존하게 된다는 점, ② 독립적인 운영 규정 등을 마련할 때 회원국의 인준이 필요하게 된다는 점 등이 지적되었다(한국환경정책·평가연구원, 2012). 이러한 대안 중에서 2012년 리우+20회의에서 최종적으로 선택된 것은 'UNEP 강화 방안'이다.

5 맺음말

2012년 6월 20일에서 23일까지 브라질 리우에서 개최된 리우+20회의(제3차 지속가능개발 정상회의)는 결과 문서인 'The Future We Want'를 도출하고 폐막했다. 비록 20년 전 '리우선언문'이나 '의제 21'과 같은 역사적 결과를 도출하지는 못했지만, 지구적 차원에서의 녹색경제로의 전환 문제를 다루었다는 점, IEG 개혁 논의에서 진전을 보였다는 점, 그리고 지속 가능 개발목표(Sustainable Development Goals: SDGs)[25] 도입에 합의했다는 점 등은 차별화된 성과로 볼 수 있다. 회의의 결과 문서인 'The Future We Want'는 총 5개 장, 283항으로 이루어져 있다.[26] 이 중에서 제4장에는 국제환경 거버넌스 개혁과 관련하여 유엔경제사회이사회(ECOSOC), 유엔지속가능개발위원회(UNCSD), 유엔환경계획(UNEP)의 개혁 방안이 담겨 있다(정지원·박수경, 2012).

첫째, ECOSOC의 경제·사회 개발에 관한 정책 검토 및 대화 주도 기능을 재확인하고, 지속 가능 개발의 3대 분야, 즉 경제, 사회, 환경에 대한 균형적인 접근을[27] 위해 ECOSOC 강화에 합의했다.

둘째, UNCSD를 대체하는 정부 간 고위급 포럼을 구성하기로 결정했으며, 고위급 포럼은 유엔 체제 내 다양한 지속 가능 개발 프로그램 간 협력과 조정을 강화하고 일관성을 제고하는 데 정치적인 리더십을 발휘하도록 했다.

셋째, 제67차 유엔 총회에서 UNEP 강화를 위한 사항들이 결정될 것을 촉구했다. 이러한 사항에는 집행이사회의 보편적 회원제(universal membership) 도입, 정규 예산 및 자발적 기여금을 통한 UNEP 재원 증가 방안, 국제 환경 분야에서 UNEP의 역할 강화 방안 등이 포함되어 있다.

2012년 12월 21일 제67차 유엔 총회에서는 이와 같은 UNEP 강화안을 의결함으로

---

25) 지속 가능 개발목표(SDGs)는 2015년까지를 시한으로 하는 새천년 개발목표(Millennium Development Goals: MDGs)의 달성 기한이 다가옴에 따라 그 이후의 장기개발 프레임워크의 기초가 될 새로운 개발 목표라는 의의가 있다(정지원·박수경, 2012).

26) 1장 공동의 비전(Out Common Vision), 2장 정치적 관심의 갱신(Renewing Political Commitment), 3장 지속 가능 개발과 빈곤 퇴치 맥락에서의 녹색경제(Green Economy in the Context of Sustainable Development and Poverty Eradication), 4장 지속 가능 개발을 위한 제도적 틀(Institutional Framework for Sustainable Development), 5장 이행을 위한 틀(Framework for Action and Follow-up) 등이다(United Nations, 2012).

27) 이는 특히 세 분야 중 환경 분야 거버넌스가 취약하다는 인식에 따른 것이다. EU는 환경 분야 거버넌스 강화를 위해 세계무역기구(WTO)와 같은 위상의 환경전문기구(WEO)를 창설하고 UNCSD를 이사회로 승격하는 방안을 제안했다. 하지만 환경 전문기구를 창설하는 안은 기존 구조의 강화를 주장하는 미국·캐나다·러시아 등이, UNCSD를 이사회로 승격하는 안은 일본이 각각 반대했다(정지원·박수경, 2012).

써 UNEP는 1972년에 설립된 지 40년 만에 새로운 제도적 기반을 마련한 것으로 평가할 수 있다. UNEP는 이제 모든 유엔 가입국이 참여하는 집행이사회를 갖춤으로써 향후 정통성과 추진력을 강화하는 동시에 조직과 재원의 확충도 이루어질 것으로 판단된다. 이러한 UNEP 강화가 국제환경협약을 중심으로 구축된 국제 환경 거버넌스의 분절성과 취약성을 개선하는 데 도움이 될 것임은 분명하다. 또한 지난 20여 년간의 개혁 논의가 일단락된 것도 환영할 만한 일이다. 하지만 이 정도의 개혁으로 근본적인 문제 해결이 가능할 것으로 보는 시각은 많지 않은 것 같다. 여전히 환경 레짐들은 다변화되어 있고, 이들 간의 강력한 조정과 협력의 필요성이 존재하며, 환경 부문은 여전히 지속가능성의 다른 두 축인 경제와 사회 부문에 비해 취약한 거버넌스를 가지고 있기 때문이다. 전문기구로의 전환 내지는 산하(umbrella) 조직 신설과 같은 좀 더 근본적이고 급진적인 대안들이 언제고 다시 대두될 수 있다는 점에서 국제환경협약 및 거버넌스 개혁 논의는 여전히 현재진행형이라 할 것이다.

제 2 장 오존층보호협약

〈비엔나협약(Vienna Convention for the Protection of the Ozone Layer)〉

- 채택일: 1985. 3. 22
- 발효일: 1988. 9. 22
- 우리나라 가입일: 1992. 2. 27
- 우리나라 발효일: 1992. 5. 27

〈몬트리올의정서(Montreal Protocol on Substances that Delete the Ozone Layer)〉

- 채택일: 1987. 9. 16
- 발효일: 1989. 1. 1
- 우리나라 가입일: 1992. 2. 27
- 우리나라 발효일: 1992. 5. 27

1 머리말

20세기 후반부터 나타나기 시작한 다양한 국제 환경 보호 레짐 중에서도 가장 성공적인 것 중 하나로 평가받는 것이 오존층 보호 레짐이라 할 수 있다. 오존층 보호 레짐은 무엇보다 국제사회에 의한 최초의 "미래 세대 보호를 위한 의식적·예방적인 방식의 대응"(Benedick, 1988)이었다는 점에서 그 의미가 크다. 오존층 보호 레짐은 기본적으로 1985년 체결된 비엔나협약과 그에 따른 1987년의 몬트리올의정서 및 일련의 개정서들로 이루어져 있다. 오존층 보호 레짐은 그 확산과 성공에 따라 이후 기후 변화 레짐을 비롯한 여러 국제 환경문제 논의에서 하나의 공식 내지 모델을 제시해 온 것으로 평가된다. 2012년 몬트리올의정서 체결 25주년을 맞아 그 성공에 대한 평가가 이루어진 가운데, 다른 한편으로는 오존층 보호 레짐의 한계와 향후의 방향성을 놓고 뜨거운 논의가 이루어지고 있는 실정이다. 역사상 가장 성공한 환경 레짐이라는 평가 이면에는 역설적으로 오존층 보호 노력에 따라 등장한 대체물질이 강력한 온실 효과를 초래하게 되었다는 평가가 공존하기 때문이다. 이 장에서는 오존층 보호 레짐의 배경, 오존층 보호를 위한 조치의 내용, 우리나라의 대응, 그리고 향후 오존층 보호 레짐의 방향에 대해 살펴보기로 한다.

2 오존층 보호 레짐의 배경

1) 오존층 파괴의 과학적 근거

오존(O_3)은 산소원자 3개로 구성되어 있는 기체로 분포하는 위치에 따라 두 개의 얼굴을 가지고 있다.[1] 우리가 호흡하는 지표면 가까이 존재하는 오존은 사람의 건강을 해치고 스모그의 주성분이 되는 환경오염물질이지만, 성층권에 있는 오존은 태양으로부터 오는 유해한 자외선(UV)을 막아주는 고마운 존재이다. 따라서 오존이 가지는 환경문제의 핵심은 지표상 오존이 증가하는 반면 성층권 오존은 감소하고 있다는 점이다. 오존의 존재는 1840년 스위스 과학자인 쇤바인(Christian Friedrich Schönbein)이 최초로 발견했다. 쇤바인(Schönbein, 1840)은 불꽃 방전 때 생성되는 푸른 색깔의 기체를 발견하고 이것이 강한 냄새가 난다는 점을 착안하여 '냄새나다'라는 뜻의 희랍어(ozein)를 원용하여 ozone이라는 명칭을 붙였다. 1865년 프랑스 과학자인 소레(Jacques-Louis Soret)는 오존이 산소원자 3개로 이루어져 있음을 밝혔고, 이후 오존이 여러 파장의 빛을 흡수한다는 사실이 점차 밝혀졌다. 그 중에서도 오존과 자외선의 관계가 예측된 것은 1881년 아일랜드 과학자인 하틀리(W. N. Hartley)에 의해서이다. 그는 오존이 200~300nm 사이의 자외선을 흡수하며,[2] 255nm대의 자외선에

1) 과학적 근거에 대한 설명은 주로 김경렬(2010, 2011a, 2011b, 2011c), EPA(2010), 그리고 wikipedia 관련 페이지를 참고하여 작성했다.

대해 흡수력이 가장 크다는 점을 밝혔다. 나아가 지상에서 300nm 이하의 자외선이 발견되지 않는다는 점에 주목해 대기 상공에 자외선을 흡수하는 오존층이 존재할 것임을 예측했다. 그의 예측대로 실제 오존층의 존재가 확인된 것은 1940년대 후반의 일이다.

오존의 양은 대기권 전체 분자 중 극소량만 존재하며 대부분 성층권에 분포되어 있다.[3] 성층권은 지표에서 10~50km 상공에 존재한다. 오존의 생성 과정, 그리고 오존의 대부분이 이와 같은 고도의 성층권에 분포하게 된 이유는 기본적으로 1930년 영국의 과학자 채프먼(Sydney Chapman)에 의해 설명된 바 있다. 이러한 화학작용은 흔히 '채프먼 순환'으로 명명되는 두 단계로 구성된다. 첫 단계에서는 하나의 오존분자가 240~310nm 사이의 파장을 지닌 자외선을 흡수하면서 하나의 산소분자와 하나의 산소원자로 분리된다.[4] 다음 단계에서는 여기서 만들어진 산소원자가 다른 산소분자와 결합하여 오존분자를 생성하게 되는 것이다.[5] 이러한 과정을 통해 오존 손실 없이 유해 자외선이 열에너지로 전환하게 되고 지표면에 도달하지 않게 되는 것이다. 첫 번째 단계에서는 강한 에너지를 가진 자외선 영역의 태양광이 필요하므로 고도가 높을수록 그 진행이 유리하다. 반면 두 번째 단계에서는 산소원자 자신이 가진 과량의 에너지를 충돌 등을 통해 적절히 낮추기 위한 제3의 완충제(질소, 산소 등 각주5에서 M으로 표시된)가 필요하므로 고도가 낮아 압력이 높아질수록 유리하다. 결국 이러한 두 가지 상반된 조건이 타협을 이룬 지점, 즉 성층권의 중간쯤인 20~40km 상공에서 오존층이 생성되었으며, 성층권에는 대기권 오존 총량의 90% 정도가 존재하게 된 것이다. 이 과정을 통해 오존의 양은 자연적으로 일정한 수준을 유지하게 된다. 문제는 인위적인 화학물질이 이러한 자연적 균형을 저해할 만큼 오존을

---

2) 이처럼 오존에 의해 흡수되는 자외선의 파장 영역을 하틀리 영역(Hartley Band)이라고 한다.

3) 오존의 총량을 나타내는 단위로는 돕슨(Dobson Unit: DU)을 사용한다. 오존의 분포는 고도에 따라 다르기 때문에 대기 맨 위로부터 지표까지의 오존 총량을 따지게 되는데, 대기 중의 오존을 표준 상태(1기압, 0도)의 지표상에 모두 모았을 때 1mm 두께로 쌓일 수 있는 만큼의 오존량을 100 DU로 정의한다. 계절에 따른 변화는 있지만 대기 중에는 약 300 DU 정도의 오존이 존재하며 이는 오존을 모두 모아서 지표에 쌓으면 3mm 정도밖에 되지 않는다는 뜻이다. 이는 같은 방식으로 모든 공기분자를 쌓았을 때의 두께가 7.5km 정도임을 고려하면, 오존의 양은 전체 공기 중에서 200만분의 1도 되지 않는다.

4) O_3 + (240 nm < radiation < 310 nm) → O_2 + O

5) O_2 + O + M → O_3 + M

파괴하게 되었다는 데 있다.

인간에 의해 성층권 오존이 파괴될 수 있다는 사실은 1970년에 네덜란드 과학자인 크루첸(Paul J. Krutzen)에 의해 처음 밝혀졌다. 크루첸은 질소비료 성분의 일부가 토양 세균에 의해 산화이질소(N_2O)로 변환되어 성층권에 올라가면, 이것이 자외선에 의해 산화질소(NO)와 이산화질소(NO_2) 분리되는데, 이 중 산화질소가 오존층을 파괴하는 촉매반응을 할 수 있음을 밝혔다. 오존층 보호 레짐을 촉발시킨 염화불화탄소(CFCs)의 오존 파괴 문제는 1974년 롤랜드(F. S. Rowland)와 몰리나(Morio J. Molina)에 의해 제기되었다.[6] 이들은 CFCs 분자가 대류권에서는 안정적이지만 성층권 중간쯤으로 올라가면 자외선에 의해 쪼개지면서 염소원자를 방출하게 되는데,[7] 이 염소원자가 막대한 양의 오존을 파괴한다는 것을 발견했다.[8] 염소원자 하나가 10만 개의 오존분자를 파괴함으로써 오존량의 자연적 균형을 파괴하게 된 것이다. 이후의 연구들에 따르면, 지표로부터 성층권으로 진입하는 이러한 염소원자의 84% 정도가 CFCs를 비롯한 인공 화학물질에 의한 것이며, 자연발생적인 것(수중 생물에 의한 발산 등)은 16%에 불과한 것으로 알려져 있다. 롤랜드와 몰리나 연구의 핵심은 성층권에서의 오존 파괴는 지구환경에 대단히 심각한 영향을 줄 수 있다는 것이다. 성층권 오존이 줄어들면 중범위 유해 자외선(UVB, 280~315nm 파장 영역)의 지표 도달량이 많아지고 이것이 인간의 건강이나 생태계에 부정적 영향을 주게 될 것이기 때문이다. 이들의 주장은 관련 산업계의 큰 반발을 가져왔지만, 1974년 말 미국 상원 청문회에서의 이들의 증언을 계기로 이 분야 연구기금이 마련될 수 있었고, 1976년 미국국립과학원(National Academy of Sciences: NAS)은 이들의 가설을 입증하는

---

6) 염화불화탄소(Chlorofluorocarbon: CFCs)는 1890년대에 벨기에 과학자인 슈바르츠(Frédéric Swarts)에 의해 처음 합성되었다. 1920년대 말 GM의 비독성·비가연성 냉매 개발팀에 속해 있던 미국 발명가 미즐리(Thomas Midgley)는 CFCs의 합성 과정을 개선한 연구 결과를 통해 상용화의 길을 열었고, 이에 따라 1930년부터 CFCs는 듀퐁(DuPont)에 의해 프레온(Freon)이라는 이름으로 생산되어 냉매, 발포제, 분사제, 세정제 등의 분야에서 대량 소비의 길을 걷게 되었다.

7) CFCs는 매우 안정적인 분자이기 때문에 지표상에서는 비 등에 의해 분해되지 않고 시간이 경과됨에 따라 성층권까지 올라가게 된다. 성층권의 강력한 자외선을 만나고 나서야 비로소 분해되는 것이다.

8) 이것은 크루첸의 설명 방식과 유사한 것이다. 크루첸 이후 많은 과학자들이 그의 설명 방식을 차용하여 염소가 오존을 파괴한다는 것을 주장했지만, 그 염소의 연원이 CFCs임을 밝힌 것은 롤랜드와 몰리나였다. 이에 따라 크루첸, 몰리나, 롤랜드 세 사람이 1995년 노벨화학상을 공동 수상하게 되었다.

보고서를 제출하게 되었다.

성층권에서 오존층이 파괴되고 있다는 경험적 검증은 위와 같은 관련 연구들이 발표된 지 약 10년 정도 경과된 이후에 나타나기 시작했다. 최초의 획기적인 발견은 1985년 영국 남극조사팀에 의한 것이었다. 이들은 1957년부터 남극에서 오존 관측을 해 오던 중, 1980년대에 들어서면서 남극 상공의 오존 밀도가 현저히 낮아졌으며, 1980년대 중반에는 오존 밀도가 평소보다 40%나 낮아졌다는 사실을 『네이처(*Nature*)』에 발표했다. 같은 해 미국 NASA는 남극 상공의 오존 구멍 사진을 대중에게 공개했다. 현재도 오존 관측은 여러 국가에서 계속되고 있다. 이러한 오존 구멍은 대개 남반구의 봄(9월~12월 초)에 남극 상공 성층권에서 나타난다. 남극에서 그것도 특정 기간 동안에 유독 오존 구멍이 관찰되는 이유는 남극이 지니는 기후적 특성 때문이다. 하지만 2011년에는 남극에서와 유사한 이유로 북극 지방에도 작은 규모이기는 하지만 오존 구멍이 발견된 바 있고, 오존층 파괴물질 통제가 시작된 이후에도 그 잔류 효과로 인해 오존은 지속적으로 파괴되어 왔다. 비교적 최근인 2006년에 남극에서 역사상 가장 큰 오존 구멍이 관찰될 만큼 오존층 파괴는 현재 진행중인 사안이라 할 것이다.

2) 오존층 보호를 위한 국제사회의 대응

인간이 만든 화학물질이 성층권 오존을 파괴할 수 있다는 과학적 연구 결과가 제시된 이후 국제사회의 대처 노력이 나타났다. 사실 이 문제에 대한 국제사회의 대응은 이례적으로 신속하게 나타났다고 볼 수 있다. 1985년에 영국 남극조사팀과 NASA에 의해 오존 구멍에 대한 경험적 증거가 제시되기 훨씬 이전인 1977년에 유엔환경계획(UNEP)은 '오존층에 관한 세계 행동계획(World Plan of Action on the Ozone Layer)'을 통해 오존층에 대한 국제 사회의 밀도 있는 연구 및 감시 필요성을 제기했다. 1981년 5월 26일 UNEP는 성층권 오존 보호를 위한 국제협약 작성 작업 추진을 결의하는데(의사결정 9/13B), 이것이 1985년 3월 22일 체결된 비엔나협약(Vienna Convention for the Protection of the Ozone Layer)으로 결실을 맺게 된 것이다.[9] 비엔나협약 직후 UNEP 작업반이 규제 수단을 담은 의정서 도출 협상을 다

9) UNEP는 협약서 작성 임시작업반(Ad Hoc Working Group of Legal and Technical Experts for

시 전개했고, 1986년 12월부터 공식적인 협상이 이루어졌으며, 이에 따라 1987년 9월 16일에 24개국의 서명을 통해 몬트리올의정서가 체결되었다.[10] 몬트리올의정서는 1989년 1월 1일부터 발효되었으며,[11] 비엔나협약 가입을 전제로 가입할 수 있도록 만들어졌다. 이러한 '선(先)협약-후(後)의정서' 방식은 레짐의 성공 공식처럼 여겨져 이후 기후 변화 레짐(기후변화협약-교토의정서), 생물다양성 레짐(생물다양성협약-카르타헤나의정서) 등에도 적용되었다(Weiss, 2008).

비엔나협약은 원칙을 규정하는 틀 차원의 협약(framework convention)으로 구체적인 규제 조치는 담겨 있지 않았다. 비엔나협약 논의 과정에서 구체적인 규제 수단을 담은 의정서에 대한 논의가 없었던 것은 아니지만 실제로는 이와 관련한 어떤 합의도 도출되지 못했다. 규제 수단은 약 18개월 뒤에 체결된 몬트리올의정서에서 규정하게 되었다. 비엔나협약에서 규제 수단을 규정하지 못한 것은 주로 협상 과정에 참여한 두 집단, 즉 토론토(Toronto)그룹과 EC의 이해 관계 불일치 때문이었다(Vorlat, 1993). 당시 미국, 캐나다, 노르딕(Nordic) 국가들[12]로 구성된 토론토그룹은 CFCs 생산 및 사용을 4년 내지 6년에 걸쳐 단계적으로 감축하는 안을 주장했다. 반면 EC는 모든 부문에서 즉각적으로 CFC-11 및 CFC-12 생산 능력을 제한하고 비필수적인 사용의 30%를 감축하는 안을 주장했다. 토론토그룹은 자신들의 주장이 관철

---

the Elaboration of a Global Framework Convention for the Protection of the Ozone Layer)을 설치했다. 임시작업반은 1982년에 향후 협약 체결을 위한 일정을 제시했고, 1982년에서 1985년까지 여러 차례 수정보고서를 제출했다. 이러한 작업을 거쳐 도출된 제5차 수정본이 비엔나협약이 된 것이다(Weiss, 2008). 눈여겨볼 것은 당초 목적으로 한 협약의 명칭에 '틀(framework)'이라는 단어가 포함되어 있다는 점이다. 기후변화협약과 마찬가지로 추후의 의정서 작업을 염두에 둔 계획이었다는 뜻이다.

10) 몬트리올의정서 역시 비엔나협약에서와 유사한 준비 작업을 거쳤다. 비엔나협약 체결 후인 1985년 5월 24일 별도의 의정서 작성 임시작업반(Ad Hoc Working Group of Legal and Technical Experts for the preparation of a protocol on Chlorofluorocarbons to the Vienna Convention for the Protection of the Ozone Layer) 설치가 결정되었으며, 그 작업 결과에 따라 몬트리올에서 회의가 개최되고 몬트리올의정서가 체결된 것이다(Weiss, 2008).

11) 몬트리올의정서 제16조에 규정된 발효 요건은 '11개국 이상이 비준할 것'과 '비준 국가들의 ODS 사용량이 세계 사용량의 3분의 2 이상일 것' 등 두 가지였다. 당시만 해도 ODS는 주로 선진국에서 사용되던 물질이었다.

12) 노르딕 국가들이란 북구유럽과 북대서양에 동시에 면한 국가들, 즉 덴마크, 핀란드, 아이슬란드, 노르웨이, 스웨덴과 그 부속 영토들을 의미한다. 종종 스칸디나비아 국가들과 유사어로 사용되지만, 스칸디나비아 국가라 함은 통상 덴마크, 노르웨이, 스웨덴 3개 국가만을 의미한다.

될 경우 자국 내에서 이미 가지고 있는 규제 수단만 가지고도 대응해 나갈 수 있다는 계산을 하고 있었고, EC는 실제 생산량이 설비 능력 이하를 밑돌고 있었기 때문에 즉각 생산 능력을 제한하고 소비를 줄인다 해도 국내 수요를 충족하는 데 어려움이 없다는 계산을 하고 있었다. 이러한 입장 차이로 인해 결국 규제 수단은 몬트리올의정서에 담기게 된 것이다. 여하튼 이렇게 해서 만들어진 협약-의정서 공식이 성공을 거둠에 따라 이후의 국제환경협약 진행의 주된 방식이 되었다고 하겠다.

몬트리올의정서는 CFCs와 할론을 오존층 파괴물질(Ozone Depleting Substances: ODS)로 지정하고 감축 일정을 제시했다. 하지만 1987년 이후 수차례의 변경을 통해 규제물질의 종류도 많아지고 감축 일정 목표도 계속 강화되어 왔다. 이러한 변경 절차는 조정(adjustment)과 개정(amendment)으로 구분된다. 조정은 감축 목표와 일정을 조정하되 공식적인 의정서 개정 과정은 거치지 않으며, 다만 조정된 내용을 당사국들에 공식적으로 통보한 지 6개월 지난 후 발효된다. 하지만 특정 물질을 새롭게 규제 대상으로 포함하거나 제외하려면 공식적인 의정서 개정이 요구된다(Weiss, 2008). 지금까지 조정은 모두 여섯 차례(2, 4, 7, 9, 11, 19차 당사국총회), 개정은 모두 네 차례(1990년 런던, 1992년 코펜하겐, 1997년 몬트리올, 1999년 베이징 개정서) 이루어졌다.

3 오존층 보호 레짐의 주요 내용

1) 오존층 보호 레짐의 제도적 특성

(1) 당사국총회

비엔나협약과 몬트리올의정서는 각각 최고 의사결정기구인 당사국총회를 개최한다. 통상 비엔나협약 당사국총회(Conference of Parties to Vienna Convention: COP)는 2~3년에 한 번씩 2012년까지 모두 9차례 열렸다. 몬트리올의정서 당사국회의(Meetings of Parties to Montreal Protocol: MOP)는 매년 개최되어 2012년까지 24차례 열렸다. 비엔나협약과 달리 몬트리올의정서의 경우 당사국총회의 의사 결정에 따라 규제의 중요 내용이 변경되고 의정서 개정도 수차례 이루어진 바 있다. 몬트리올의정서 당사국총회의 기능은 의정서 제11조에 다음과 같이 명시되어 있다. ① 의정서 이행 상황의 검토, ② 제2조 제9항에 언급된 조정 또는 감축에 관한 결정, ③ 제2조 제10항에 따른 규제물질의 부속서 추가·삽입·삭제에 관한 결정 및 관련 규제조치에 관한 결정, ④ 필요한 경우 제7조 및 제9조 제3항에 규정된 자료 보고를 위한 지침 또는 절차의 제정, ⑤ 제10조 제2항에 따라 제출된 기술 지원 요청서의 검토, ⑥ 제12조의 (c)에 따라 사무국이 준비한 보고서의 검토, ⑦ 제6조에 따라, 제2조에 규정

표 2-1 비엔나협약 및 몬트리올의정서의 당사국총회 개최 일지

비엔나협약 당사국총회(COP)			몬트리올의정서 당사국총회(MOP)		
차수	장소	연도	차수	장소	일시
1차	Helsinki	1989. 4. 26~28	1차	Helsinki	1989. 5. 2~5
			2차	London	1990. 6. 27~29
2차	Nairobi	1991. 6. 17~19	3차	Nairobi	1991. 6. 19~21
			4차	Copenhagen	1992. 11. 23~25
3차	Bangkok	1993. 11. 23	5차	Bankok	1993. 11. 17~19
			6차	Nairobi	1994. 10. 6~7
			7차	Vienna	1995. 12. 5~7
4차	San Jose	1996. 11. 25~27	8차	San Jose	1996. 11. 25~27
			9차	Montreal	1997. 9. 15~17
			10차	Cairo	1998. 11. 23~24
5차	Beijing	1999. 11. 29~12. 3	11차	Beijing	1999. 11. 29~12. 3
			12차	Ouagadougou	2000. 12. 11~14
			13차	Colombo	2001. 10. 16~19
6차	Rome	2002. 11. 25~29	14차	Rome	2002. 11. 25~29
			15차	Nairobi	2003. 11. 10~14
			16차	Prague	2004. 11. 22~26
7차	Dakar	2005. 12. 12~16	17차	Dakar	2005. 12. 12~16
			18차	New Delhi	2006. 10. 30~11. 3
			19차	Montreal	2007. 9. 17~21
8차	Doha	2008. 11. 16~20	20차	Doha	2008. 11. 16~20
			21차	Port Ghalib	2009. 11. 4~9
			22차	Bangkok	2010. 11. 8~12
9차	Bali	2011. 11. 21~25	23차	Bali	2011. 11. 21~25
			24차	Geneva	2012. 11. 12~16

출처: www.ozone.unep.org

된 규제 조치의 평가, ⑧ 필요한 경우 의정서 또는 부속서의 개정 제안 및 새로운 부속서 제정 제안의 심의·채택, ⑨ 의정서 이행을 위한 예산안의 심의·채택, ⑩ 의정서의 목적 달성에 필요한 추가 조치의 심의·수행 등이다.

(2) 사무국

비엔나협약과 몬트리올의정서는 별도의 당사국총회를 가지고 있지만 사무국은 하나이며(Ozone Secretariat), 나이로비에 있는 유엔환경계획(UNEP)에 소재한다. 몬트리올의정서 제12조에 따라 사무국은 다음과 같은 기능을 수행한다. ① 제11조에 규정된 당사국총회의 준비·지원, ② 특정 당사국의 요청 시 제7조에 따라 제출된 자료의 접수·제공, ③ 제7조 및 제9조에 따라 접수된 자료에 기초한 정기적인 보고서 작성 및 당사국 배포, ④ 기술 지원 제공을 촉진하기 위해 제10조에 따라 접수된 기술 지원 요청서의 당사국에 대한 통보, ⑤ 비당사국들이 옵서버로서 당사국총회에 참석하고 의정서 규정을 준수하도록 장려, ⑥ 적절한 경우 비당사국 옵서버에 대해 ③호 ④호에 언급된 자료와 요청서 제공, ⑦ 의정서의 목적 달성을 위해 당사국총회가 부여하는 여타 기능의 수행 등이다.

(3) 평가단

오존층 보호 레짐에서 중요한 역할을 수행하는 또 다른 주체로 평가단(Assessment Panels)이 있다. 몬트리올의정서 제6조에서는 제2조에서 정하는 규제 조치를 최소한 4년에 한 번씩 평가하도록 규정하고 있고, 평가 실시 최소한 1년 전에 해당 분야 전문가들로 패널을 구성하도록 하고 있다. 평가단은 현재 3개가 설치되어 있는데, 기술·경제평가단(Technology and Economic Effects Assessment Panel: TEAP), 과학평가단(Scientific Assessment Panel: SAP), 환경영향평가단(Environmental Effects Assessment Panel: EEAP) 등이다.[13] 몬트리올의정서는 과학적 사실에 입각한 규제를 가장 중요한 원칙으로 설정하고 있다는 점에서, 평가단의 보고서는 당사국총회 의사 결정에 중요한 영향을 끼친다.

---

13) 평가단 설치 작업은 1988년에 시작되어 1989년 몬트리올의정서 제1차 당사국총회에서 설치되었다. 처음에는 과학, 환경영향, 기술, 경제 분야의 4개가 설치되었으나, 1990년 제2차 당사국총회에서 기술 분야와 경제 분야가 통합되어 현재와 같은 3개 평가단이 된 것이다(www.ozone.unep.org). 각 평가단의 보고서는 1989, 1991, 1994, 1998, 2002, 2006, 2010년에 각각 제출되었다.

(4) 다자기금

개도국은 ODS 대체물질을 자체 생산할 능력을 갖춘 선진국들과 입장이 다르기 때문에 몬트리올의정서에서 정하는 규제 조치를 이행하는 것이 쉽지 않을 수 있다. 이들의 이행을 지원하기 위해 몬트리올의정서 제10조에서는 다자기금(Multilateral Fund for the Implementation of the Montreal Protocol: MLF) 설치를 규정하고 있다. 실제로 다자기금은 개도국들의 몬트리올의정서 가입을 유도하고 이를 준수하도록 설득하는 데 중요한 도구가 되었다(UNEP, 2012c).[14] 다자기금은 1990년 제2차 당사국총회에서 설치되어 1991년부터 운용되고 있으며, 집행위원회(Executive Committee)에 의해 관리되는데 집행위원회는 선진국과 개도국이 동수로 구성한다. 선진국(Non-Article 5) 7개국(벨기에, 불가리아, 캐나다, 핀란드, 일본, 영국, 미국)과 개도국(Article 5) 7개국(인도, 쿠웨이트, 말리, 니카라과, 세르비아, 우간다, 우루과이)이다. 다자기금은 1인당 ODS(CFCs와 Halons) 소비량이 연간 0.3kg 미만인 개도국(Article 5 국가)을 지원하는 것을 목적으로 하는데, 현재 197개 당사국 중 148개 국가가 여기에 해당한다. 1991년부터 2012년까지 모두 145개 국가의 6,500여 개 사업에 28억 달러 정도가 지원되었다(UNEP, 2012c).

기금 조성 책임은 선진국에 있지만 다른 국가들도 동참할 수 있다. 기금 사무국은 몬트리올에 소재하고, 기금의 운용(집행)은 UNEP, UNDP, UNIDO, World Bank 등 4개 국제기구에 의해 이루어진다. 2012년까지 모두 8차례에 걸쳐 기금이 확충되었고, 45개국에 의해 기금이 적립 및 지출되었으며, 그 규모는 지금까지 약 29억 달러 수준이다. 기금 조성에서 특정 국가의 기여도는 총액의 22%를 넘지 못하게 되어 있다. 현재까지의 기여도를 보면, 미국(21.7%), 일본(12.5%), 독일(8%), 영국(6.6%), 프랑스(6.1%), 이탈리아(5%) 등의 순이다. 한국은 개도국으로 분류되어 부담 의무는 없는 상태이지만 기여도 순으로는 12위에 해당하는 2.3% 정도의 기여를 하고 있다(UNEP, 2012a).

---

14) ODS 감축사업임에도 불구하고 MLF 지원 대상이 되지 못한 사업들은 1991년부터 지구환경기금(Global Environment Fund: GEF)에 의해 지원받기도 했다(UNEP, 2012c).

2) 오존층 보호 국제협약의 원칙과 규제 조치

(1) 원칙

1987년 체결된 당시 몬트리올의정서는 전문(Preamble), 20개 조(Articles), 1개의 부속서(Appendix A)로 구성되어 있었다. 하지만 이후 여러 번의 개정을 거치면서 2012년 현재 전문, 32개의 조, 5개의 부속서(A, B, C, D, E)로 확장되었고, 세부 내용에서도 변화가 있었다. 몬트리올의정서의 원칙은 전문에 잘 드러나 있으며, 이러한 원칙은 오존층 보호 레짐 성공의 초석이 되었을 뿐 아니라, 기후 변화 등 이후의 국제환경 레짐 형성에도 적지 않은 영향을 준 것으로 볼 수 있다. 이러한 원칙들은 다음과 같다(UNEP, 2012a).

첫째, 각국은 오존층을 변화시키거나 변화시킬 수 있는 인간 활동으로 인해 초래되거나 초래될 수 있는 부정적 효과로부터 인간의 건강과 환경을 보호하기 위해 적절한 조치를 취해야 할 의무가 있다.

둘째, 특정 물질의 범세계적 배출이 인간의 건강과 환경에 부정적 효과를 초래할 정도로 오존층을 현저히 파괴하거나 변화시킬 수 있음을 인식해야 한다.

셋째, 이러한 물질의 배출이 기후에 미치는 잠재적 영향을 의식해야 한다.

넷째, 오존층을 파괴로부터 보호하기 위해 취하는 조치들은 기술적·경제적 요소를 고려해 적절한 과학적 지식에 기초해야 한다.

다섯째, 기술적·경제적 요소를 고려하고 개발도상국의 개발 수요를 감안해, 과학적 지식 발전의 기초 위에서 오존층 파괴물질의 궁극적 제거를 목표로 오존층 파괴물질의 범세계적 배출 총량을 공평하게 규제할 예방 조치를 취해야 한다.

여섯째, 부가적 재정 지원 내지 유관 기술에 대한 접근을 포함하는 개발도상국 수요 충족을 위한 특별 규정이 필요하며, 필요한 기금 규모의 예측 가능성 및 오존층 파괴 및 그 해악에 관해 과학적으로 입증된 문제의 해결을 위한 능력을 증진시켜야 한다.

일곱째, 국가적 및 지역적 차원에서 취해진 특정 염화불화탄소의 배출을 규제하기 위한 예방 조치에 주목해야 한다.

여덟째, 개발도상국의 특별한 수요를 유념하여, 오존층 파괴물질의 배출 규제 및 감축 관련 연구, 개발, 기술 이전을 위한 국제 협력을 증진해야 한다는 것 등이다.

(2) 규제 조치의 내용

몬트리올의정서는 240여 산업 분야에 적용되는 96개 화학물질을 대상으로 폐지 또는 감축 목표와 일정을 제시하고 있다. 이를 요약하면 <표 2-2>와 같다. 몬트리올의

표 2-2 몬트리올의정서에 의한 오존층 파괴물질의 종류 및 폐기 및 감축 일정

오존층 파괴물질(ODS)	선진국(Non-Article 5)	개도국(Article 5)
CFCs(Chlorofluorocarbons)	1995년 폐기[a]	2010년 폐기
Halons	1993년 폐기	2010년 폐기
CCl4(Carbon tetrachloride)	1995년 폐기[a]	2010년 폐기
CH3CCl3(Methyl chloroform)	1995년 폐기[a]	2015년 폐기
HCFCs(Hydrochloroflourocarbons)	1996년 동결b	2013년 동결 (2009년 및 2010년 소비의 평균 수준)
	2004년까지 35% 감축	2015년까지 10% 감축
	2010년까지 75% 감축	2020년까지 35% 감축
	2015년까지 90% 감축	2025년까지 67.5% 감축
	2020년 폐기[c]	2030년 폐기[d]
HBFCs(Hydrobromofluorocarbons)	1995년 폐기	1995년 폐기
CH3Br(Methyl bromide)(원예 용도)	1995년부터 동결[e] (1991년 수준)	2002년부터 동결[e] (1995-1998 평균 수준)
	1995년까지 25% 감축	2005년까지 20% 감축
	2001년까지 50% 감축	2015년 폐기
	2003년까지 70% 감축	
	2005년 폐기	
CH2BrCl(Bromochloromethane)	2002년 폐기	2002년 폐기

주) [a] 사람의 건강 보호 또는 연구·분석 과정에 꼭 필요하다고 간주되는 국제적으로 합의된 수준의 최소한의 사용은 제외

[b] 동결 기준: 1989년 HCFC 소비량 + 오존층 파괴 효과(ODP weighted) 기준으로 1989년 CFC 소비량의 2.8%에 해당하는 만큼의 HCFC 양

[c] 2015년의 평가를 기준으로 하여, 기존 설비를 유지하기 위한 목적으로 기준 연도(2015) 소비량의 0.5% 범위 내에서 2030년까지 소비 가능

[d] 2025년의 평가를 기준으로 하여, 기존 설비를 유지하기 위한 목적으로 기준 연도(2025) 소비량의 2.5% 범위 내에서 2040년까지 소비 가능

[e] 선적 전 처리 및 검역 목적의 사용은 제외

출처: www.environment.gov.au

정서에서는 규제 수준을 설정하기 위해 생산량, 수입량, 수출량, 소비량 등의 산정 방식을 규정하고 있다(제3조). 생산량은 각 규제물질별로 연간 생산량과 부속서에서 정하고 있는 오존 파괴 지수를 곱한 다음, 그룹별로 합산해 도출하게 된다. 수입량과 수출량 역시 생산량 산정 방식에 준해 도출한다. 소비량은 몬트리올의정서 작성 당시 가장 논란이 되었던 부분으로 최종적으로는 '소비량=생산량+수입량-수출량'으로 산정하도록 정했다.[15]

규제 조치와 관련된 사항들은 당사국총회에서 일정한 절차에 따라 변경될 수 있다. 크게 두 가지로서 하나는 기존 규제물질의 조정에 관한 것이고(제2조 9항), 다른 하나는 신규 내지 제외 규제물질에 관한 것이다(제2조 10항). 전자에는 규제물질별로 부속서에서 정하고 있는 오존 파괴 지수(ozone depleting potential)의 조정 여부 및 조정 내용, 규제물질 생산 및 소비의 추가적 조정이나 감축 여부 및 그 범위, 수량 및 시기 등이 포함된다. 이에 관한 의사결정은 당사국총회에서 이루어지며, 사무국은 이와 관련한 당사국총회의 개최를 6개월 전에 당사국에 통보하여 사전에 의견 조율이 이루어질 수 있도록 해야 한다. 의사 결정은 합의를 통해 이루어지는 것을 원칙으로 하되, 노력에도 불구하고 합의에 도달하지 못한 경우에는 다수결로 결정하게 되는데, 의결정족수는 회의 참석 당사국의 3분의 2 찬성이다. 이렇게 이루어진 결정은 즉시 당사국들에 통보되며 통보 6개월 후에 발효된다. 후자에는 새로운 규제물질을 부속서에 포함시키거나 기존 규제물질을 제외하는 것, 그리고 신규 규제물질을 포함할 경우 그 규제 범위, 시기 및 방법 등은 어떻게 할 것인가를 포함한다.

3) 오존층 보호 레짐의 특징

몬트리올의정서 확산 성공의 이면에는 여러 가지 장치가 존재한다. 대체로 다음의 특징들을 들 수 있으며(Vorlat, 1993; 임성용, 2006; Weiss, 2008; UNEP, 2012a), 이러한 특징은 이후 여러 국제환경협약의 내용 구성에 준용되어 왔다.

첫째, 규제물질 선정 및 규제물질 감축 일정을 결정할 때 과학적·환경적 평가를 대단히 중시한다는 점이다. 오존층 보호협약은 그 원인이 현재 이미 발생되었지만 그

---

15) 의정서 협상 과정에서 감축 목표를 설정할 때 미국은 소비량에 기초하여 기준을 설정할 것을 주장한 반면 유럽은 생산량에 기초하여 기준을 설정할 것을 주장했다. 이에 따라 의정서에서는 현재와 같이 소비량과 생산량을 모두 감안한 기준 계산식이 도출된 것이다(Weiss, 2008).

결과는 아직 불분명하거나 미래에 발생할 사안에 대해 국제사회가 대응한 최초의 협약이다. 피해가 적시되지 않았기 때문에 가능성에 입각한 의사결정이 이루어져야 했고, 따라서 엄밀한 과학적 근거가 중요할 수밖에 없었다. 또한 오존층 파괴 문제에 대한 과학적 이해도 변경될 수 있다는 점에 입각하여, 새로운 과학적 사실에 따라 새로운 협의와 의사결정이 가능하도록 신축적인 구조를 만들어야 했다. 이러한 취지에 따라, 협약 사무국 산하에 전문가들로 구성된 3개 평가단을 두고, 이들이 주기적으로 제출하는 평가보고서 내용을 바탕으로, 국가 간의 합의를 통해 결정이 이루어지는 체제를 갖추게 된 것이다.

둘째, 선진국과 개도국에 대해 공통적이면서 개도국의 특수한 사정을 반영한 차별적인 규제 일정을 적용하고 있다는 점이다. 의정서 제정 당시만 해도 아직 전면에 등장하지 않았던 '공통의 차별화된 책임' 원칙이 이미 의정서에 반영되었다고 할 수 있다. 1인당 규제물질 사용량이 연간 0.3kg 이하인 개발도상국에 대해서는 의무 이행시한이 최대 10년 동안 유예되었고(grace period), 모든 당사국은 개발도상국이 환경적으로 안전한 대체물질 및 대체 기술에 접근할 수 있게 지원하도록 되어 있다. 또한 모든 당사국은 개발도상국이 대체 기술 및 대체 제품을 이용할 수 있도록 보조금, 원조, 신용, 보증 또는 보험의 공여를 양자적 또는 다자적 차원에서 촉진하도록 규정되어 있다. 무엇보다도 개도국들이 대체물질 적용 기술로의 전환에 소요되는 비용 부담으로 인해 의정서 참여를 꺼린다는 점을 감안해, 선진국이 부담하고 개도국에 지원하는 방식의 다자기금을 설립함으로써 개도국의 참여를 이끌어 낼 수 있었다.

셋째, 오존층 파괴물질을 사용하는 산업계에 대해 일관성 있고 믿을 만한 조치(구속력 있는 감축 및 폐기 일정)를 제시함으로써 산업계가 자발적으로 대체물질 및 대체물질 이용 시스템으로 전환할 수 있도록 유도했다. 기술경제평가단(TEAP)은 이와 관련된 정보를 생산 및 제공하는 역할을 수행했다.

넷째, 비당사국의 경우 오존층 파괴물질의 무역에서 실질적인 제약이 주어지는 구조를 설계했고 이것이 의정서 확산의 주요 동력 중 하나가 되었다. 당사국과 비당사국 간의 오존층 파괴물질 수입과 수출이 금지되었을 뿐만 아니라, 비당사국에 대한 규제물질 생산 기술 및 이용 기술 수출도 최대한 억제할 것이 권고되었다. 또한 비당사국에 수출할 목적을 지닌 생산, 설비, 공장, 기술 등에 관련해서는 보조금, 원조, 신용, 보증 및 보험 등의 제공도 원칙적으로 금지되었다.

4 오존층 보호 레짐의 성과와 전망

1) 오존층 보호 레짐의 성과

오존층 보호 레짐은 역사상 가장 성공적인 국제 환경 협력으로 평가받고 있다. 레짐을 통해 규제하고자 했던 오존층 파괴물질들이 상당 부분 폐기되었고, 파괴된 오존층의 복원이 가시화되고 있다는 증거가 나타나고 있다. 대부분의 국제 환경문제에서 나타나는 선진국과 개도국의 입장 차이는 오존층 보호 레짐에서도 나타났지만, 결국 모든 유엔 가입국을 동참시키는 성과를 보임으로써 기후 변화 등 주요 국제 환경 레짐을 구성하는 데 모델이 될 수 있다는 평가를 받아 있다. 이러한 성과들은 구체적으로 다음과 같이 정리할 수 있다.

(1) 선진국과 개도국의 참여 확산

비엔나협약과 몬트리올의정서는 2009년 9월 16일자로 유엔 가입 국가 모두(EU를 포함하여 197개국)가 가입한 최초의 국제협약이 되었다. 여러 부문을 막론하고 모든 유엔 협약을 통틀어 최초이다. 체결 당시 24개국으로 출발했다는 점을 감안하면 괄목할 만한 성과라 할 수 있고, 무엇보다도 선진국과 개도국 모두가 참여하고 있다는 점에 큰 의미를 부여할 수 있다. 물론 이처럼 모든 주체의 참여가 가능했던 원인들은 존재한다. 오존층 보호 레짐의 경우, 비교적 대체물질 개발 및 확보가 용이했고, 오존층 파괴물질(ODS)이 선진국에서 주로 사용하는 물질이었으며, ODS 규제가 화석연료 규제만큼 국민경제에 미치는 영향이 크지는 않았고,[16] 규제 이행 기간 유예나 재정 및 기술적 지원 등 개도국에 지나친 혜택을 부여했을 뿐 아니라, 선진국인 유럽 국가들에 대해서도 혜택을 주었기 때문에[17] 이러한 범세계적 참여가 가능했다는 평가도 가능하다. 그러나 ODS 사용이 개도국에서도 보편화된 현재에도 모든 국가가 협약 가입을 유지하고 있을 뿐 아니라, 이러한 범세계적 참여가 대체물질 개발을 촉

16) 따라서 오존층 보호 레짐의 성과와 기후 변화 레짐의 성과를 동일한 잣대로 비교하기는 어렵다고 하겠다.

17) 당시 EC는 ODS 규제에서 유럽 국가들에는 이른바 유럽 전체를 대상으로 한 총량 규제 방식이라 할 수 있는 '버블(bubble)'을 허용할 것을 요구했고, 이는 미국 등에 의해 수용됨으로써 많은 유럽 국가가 참여할 수 있는 계기가 되었다(Vorlat, 1993).

진하는 원동력이 되었고, 이를 통해 실제 오존층을 복원하는 효과를 보였다는 점에서 오존층 보호 레짐의 성과는 여전히 높게 평가되어야 할 것이다.

(2) 오존층 보호

오존층 보호 레짐이 목표로 했던 ODS 감축 및 폐기는 유례없는 성공을 가져온 것으로 볼 수 있다. 전 세계적으로 2010년의 ODS 생산 및 소비량은 몬트리올의정서에서 정한 기준 연도에 비해 무려 98% 감축되었다. 그에 따라 성층권에서의 최근 ODS 농도도 감소되고 있으며, 2060년에서 2075년 사이에는 성층권 오존 농도가 1980년 수준으로 회복될 것으로 기대되고 있다(UNEP, 2012c).[18] 미국의 경우 ODS 규제에 따라 발생한 편익(건강 등)은 투자 비용의 20배에 달하는 것으로 평가되고 있으며(Guzy, 2012), UNEP(2012c)에 따르면 세계적 차원에서 발생한 편익은 온실가스 감축 편익과 여러 무형의 편익을 제외하고 계산하더라도 투입 비용의 11배에 달한다. 또한 지금과 같은 노력이 지속된다면 미국에서만 2065년까지 630만 건의 피부암을 예방하고 4조 2천억 달러의 건강 비용을 절감할 수 있을 것으로 평가되기도 한다(www.worldbank.org). 나아가 UNEP(2012c)는 최근의 보고서에서 오존층 보호 레짐이 오존층 보호를 넘어 세계가 녹색경제로 전환하는 데 직·간접적으로 기여했다고 평가하고 있다. 대체물질을 개발하고 감축 및 폐지 일정을 준수하려는 노력으로 인해 좀 더 환경적으로 지속 가능하면서도 경제적 성과가 높은 방향으로 경제가 움직여 나갔기 때문이라는 것이다.

(3) 기후 보호

오존층 파괴물질은 대개 온실 효과를 가지고 있기 때문에 몬트리올의정서는 기후 보호에도 크게 기여한 것으로 평가된다. ODS의 감축 및 폐기로 인해 1988~2010 동안 감축된 온실가스 양은 매년 8Gt(CO_2eq)[19]가량 된다. 2010년 한 해 동안 약 10Gt(CO_2eq) 정도 감축된 것으로 평가되는데 이는 교토의정서상 제1차 의무 감축 기간인 2008~2012년 동안의 연간 평균 감축 목표보다 5배 더 많은 것이다. 이렇게

---

18) ODS 소비와 생산이 대폭 감소했음에도 불구하고 회복이 지연되는 것은 ODS의 성층권 체류 기간 때문이다. 실제로 몬트리올의정서가 성층권 오존층에 미치는 가시적 효과는 2007년경부터 나타난 것으로 평가되고 있다(Mäder et al., 2010).

19) 이산화탄소 환산 톤.

보면 오존층 보호 레짐은 이제까지의 범세계적 기후 보호 노력 중 가장 중요한 것 중 하나라 하겠다. 몰리나와 자엘크(Molina & Zaelke, 2012)에 따르면, 기후 보호에서 몬트리올의정서가 교토의정서보다 12배 정도 더 기여했으며, 몬트리올의정서로 인해 기후 변화가 12년 정도 늦추어진 것으로 평가된다. 즉, 오존층보호협약은 오존층과 기후 모두를 보호하는 협정이라 할 수 있다(www.environment.gov.au). 그럼에도 불구하고 오존층 보호 레짐의 성공이 향후 기후 변화 문제를 악화시킬 수 있다는 우려가 점차 커지고 있다. ODS 규제에 따라 등장한 HFCs 등의 대체물질이 매우 강력한 온실가스임이 드러났기 때문이다. 이렇게 되면 오존층보호협약이 가져온 기후 보호라는 편익은 장차 없어지고 말 것이다(Velders et al., 2012). 이러한 대체물질의 온실 효과는 현재는 전체 온실 효과의 1% 정도에 지나지 않지만 앞으로 그 사용이 확대될 가능성이 대단히 크기 때문에 오존층 보호 레짐의 새로운 도전이 되고 있다. 이하에서는 이 부분에 대해 좀 더 자세히 논의하기로 한다.

2) 오존층 보호 레짐의 전망

비엔나협약과 몬트리올의정서의 확산에 따른 오존층 보호 레짐의 성공에 대해서는 대체로 이견이 없는 듯하다. 하지만 그렇다고 해서 몬트리올의정서의 역할이 완수되었다고 보는 사람도 거의 없는 것 같다. 오히려 2012년 몬트리올의정서 체결 25주년을 맞아 몬트리올의정서가 기후 변화 문제 해결을 위해 일정한 역할을 수행해야 한다는 주장이 강화되고 있다. 오존층 보호 레짐의 성공이 뜻하지 않게 기후 변화 문제를 악화시키는 결과를 가져올 수 있기 때문이다. 그 핵심에는 ODS 대체물질의 온실 효과에 대한 과학적 근거와 이러한 대체물질의 규제를 수행할 레짐의 선택 문제가 존재한다.

(1) ODS, 대체물질, 그리고 온실 효과

HFCs는 CFCs와 HCFCs에 이은 이 분야의 제3세대 물질이다. CFCs가 오존을 파괴하는 이유는 주로 염소(Cl) 성분 때문이다. HCFCs의 경우 오존 파괴 효과가 훨씬 적어서 CFCs의 대체제로 사용되어 오기는 했지만 여전히 그 염소 성분으로 인해 오존층을 파괴한다.[20] 따라서 HCFCs는 어디까지나 CFCs에 대한 중간적 대체물질의

20) 규제물질별 오존층 파괴 효과(Ozone Depletion Potential: ODP)는 CFCs는 0.6~1.0 정도인데 반해

성격을 갖고 있고 몬트리올의정서에 폐기 대상 물질로 규정되어 있다. 선진국은 2004년에 HCFCs 생산과 소비를 동결하고 2020년까지 완전히 폐기하도록 되어 있으며, 개도국 역시 2013년 동결 및 2030년 완전 폐기를 약속한 상태이다. 따라서 HCFCs는 현재 증가하고 있지만 향후 감소 및 폐기될 전망이다. 반면 비교적 최근 사용되기 시작한 HFCs는 염소 성분이 없어 오존을 전혀 파괴하지 않는다. 문제는 HFCs가 온실가스인 F-gas(불소 성분이 함유되어 온실 효과를 갖는 기체들)의 일종이며 계속 증가하고 있다는 데 있다.[21)]

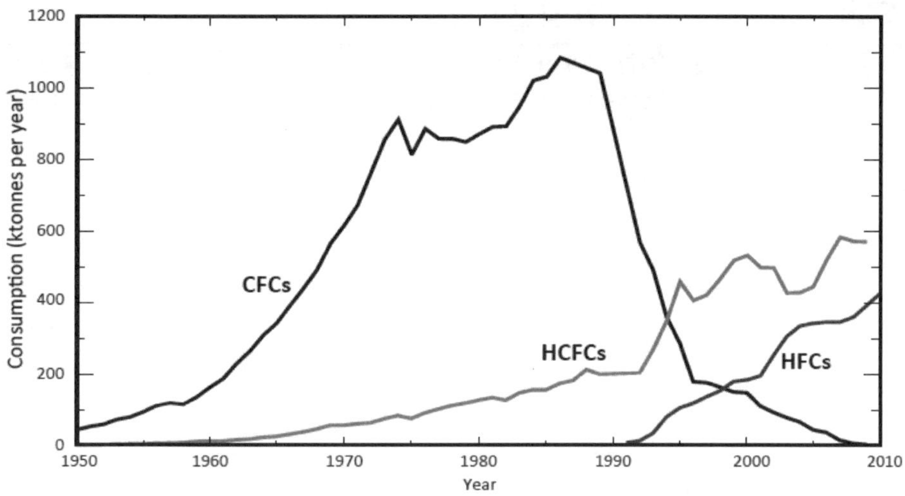

그림 2-1 CFCs, HCFCs, HFCs의 세계적 소비 추세

출처: UNEP(2011).

CFCs의 오존층 파괴 효과 연구를 통해 노벨상을 수상한 몰리나(Mario J. Molina)는 HFCs는 현재 세계에서 가장 빨리 증가하는 온실가스의 하나로 세계적으로 매년 10~15% 증가하고 있으며, 이에 대한 규제가 몬트리올의정서가 당면한 새로운 과제

HCFCs는 0.01~0.5 정도로 적다. 온실 효과 면에서도 CFCs는 4,680~10,720 수준인 데 반해, HCFCs는 76~2,270으로 훨씬 적다(www.en.wikipedia.org).

21) 우리나라에서도 HFCs가 사용되고 있으며, 그 중 HFC-134a가 99% 정도를 차지하는데 모두 냉매로 사용된다(www.energium.kier.re.kr).

의 시작이라고 강조하고 있다(Molina & Zaelke, 2012). 만일 개도국이 선진국을 답습하는 방식으로 HCFCs 대신 HFCs를 사용한다면 2010년에서 2050년 사이에 이에 따른 온실 효과는 이산화탄소가 지니는 온실 효과의 14~27% 정도까지 늘어나게 될 것이다(Velders et al., 2012). 특히 HFCs 중에서도 HCFC-22의 생산 과정에서 부산물로 생성되고 냉매, 소화기, 반도체 세정 등에 사용될 수 있는 HFC-23은 이산화탄소의 1만 배가 넘는 온실 효과(Global Warming Potential: GWP)를 지닌다는 점에서 집중적인 규제의 필요성이 제기되고 있다.

표 2-3 HFCs의 대기 체류 기간 및 온실 효과

HFCs	대기 체류 기간(연)	온실 효과 (GWP)[a]	HFCs	대기 체류 기간(연)	온실 효과 (GWP)
HFC-23	260	12,000	HFC-143a	52	4,300
HFC-32	5	550	HFC-152a	1.4	120
HFC-41	2.6	97	HFC-227ea	33	3,500
HFC-43-10mee	15	1,500	HFC-236fa	220	9,400
HFC-125	29	3,400	HFC-236ea	10	1,200
HFC-134	9.6	1,100	HFC-245ca	5.9	640
HFC-134a	13.8	1,300	HFC-245fa	7.2	950
HFC-143	3.4	330	HFC-365mfc	9.9	950

주)[a] 이산화탄소의 온실 효과를 1로 가정할 때 각 물질들의 온실 효과임.
출처: www.epa.gov/ozone/geninfo/gwps.html에 제시된 수치들 중 IPCC(2001)의 수치만 제시함.

(2) HFCs 규제에 대한 선진국과 주요 개도국의 입장

대부분의 선진국은 HFCs가 지구온난화를 일으키는 기체로 교토의정서에서 정한 여섯 가지 온실가스에 포함되어 규제되고 있지만, 궁극적으로 HFCs에 대한 규제는 몬트리올의정서에 의해 이루어져야 한다는 입장에 서 있다. 이러한 주장의 근거로는 다음과 같이 여러 가지가 제시되고 있다(Velders et al., 2012; IGSD, 2012; EIA, 2012).

첫째, 무엇보다도 HFCs의 증가는 몬트리올의정서의 부정적 산물이라는 것이다. 몬트리올의정서에 따라 ODS를 규제함으로써 대체물질로 등장한 것이기 때문에 이에 대한 규제 책임도 몬트리올의정서에 있다는 주장이다.

둘째, 몬트리올의정서에 따라 과학적, 경제적, 기술적 고려를 통해 ODS를 감축한 경험이 각국에 존재한다는 것이다. HFCs는 몬트리올의정서에서 그간 규제해 온 화학물질과 유사한 성질을 가지고 있고, 동일한 F 계열 가스이며, 동일한 분야에서 활용되고 있기 때문에, 각국에 의해 효과적인 규제가 가능할 것이라는 점이다.

셋째, 몬트리올의정서는 제도나 접근 방법 측면에서 교토의정서보다 우월할 수 있다는 것이다. 이미 성공적으로 역할을 해 온 다자기금, 전문가 패널, 지역 네트워크, 행정절차 등 제반 인프라를 갖추고 있을 뿐만 아니라, 생산과 사용 단계에서 규제물질 배출을 방지하는 접근을 취한다는 점에서 배출량을 규제하는 접근을 취하는 교토의정서에 비해 비용 효과적일 수 있다는 것이다.

넷째, 몬트리올의정서에 의한 HFCs 규제는 교토의정서를 보완해 기후 변화 문제에 기여할 수 있다는 것이다. HFCs가 몬트리올의정서에서 규제된다고 해도 여전히 교토의정서의 온실가스 규제 대상으로 남아 있을 것이기 때문에 기후변화협약(UNFCCC)이나 교토의정서의 역할이 감소하지는 않을 것이며, 오히려 기후 어젠다에서 HFCs를 분리시킴으로써 UNFCCC 협상을 간소화할 수 있다는 점이다. 또한 이러한 보완 작업은 기후 변화 문제 해결을 위해 기존 국제기구들 간의 협력과 조정을 적극 권장해 온 UNFCCC의 입장과도 일치한다는 것이다.

다섯째, 교착 상태에 빠져 있는 교토의정서에 의존하는 것보다[22] 이미 HFCs 규제를 위한 수정 의정서가 제출되어 있는 몬트리올의정서에 입각하여 규제를 시작하는 것이 훨씬 신속할 수 있다는 것이다. 현재의 HCFCs 폐지 일정을 감안하면 개도국은 향후 5년 이내에 HFCs 사용으로 대거 전환할 가능성이 높은 상태이므로 하루라도 신속하게 대응해야 더 많은 비용 절감과 환경 편익이 가능할 것이라는 점이다. 더구나 2010년 5월 TEAP 보고서에 의하면 HFCs 이외의 대체물질이 이미 상업적으로 사용 가능하거나 개발 중인 것으로 알려져 있다.

이러한 입장에 입각하여 두 차례의 의정서 수정안이 제출된 바 있다. 하나는 2010년 제출된 미크로네시아 국가연방 수정안이고, 다른 하나는 2012년에 제출된 미국, 캐나다, 멕시코의 수정안이다.[23] 이 세 국가는 2013년 4월 16일자로 다시 수정안을

22) 2011년 더반회의 결과 새로운 온실가스 배출 제한은 2020년에나 가야 속개될 전망이다. 따라서 HFCs에 대한 어떠한 구속도 현재는 없는 상태라는 점에서 몬트리올의정서에 따라 HFCs 규제가 신속하게 진행되어야 한다는 주장이다(Velders et al., 2012).

제출했다. 미국, 캐나다, 멕시코 수정안의 초점은 특히 HFC-23의 규제에 맞추어져 있다고 볼 수 있으며, 만일 통제가 강화되지 않는다며 HFCs 배출은 그간 몬트리올 의정서에 의해 달성된 기후 편익을 상쇄하게 될 것이라는 점을 강조하고 있다. 이들은 특히 개도국에서 냉장고 및 에어컨 사용 증가에 따라 HFCs 사용이 증가될 것이라는 전망과 함께 이들 국가에서 HFCs에 대한 기후 친화적 대체재 사용에 따라 몬트리올의정서의 기후 편익을 지속시킬 수 있을 것임을 강조한다. 이러한 취지에 따라 미국, 캐나다, 멕시코는 2012년 수정안에서 부속서 F를 신설하여 여기에 19개 HFCs 물질을 열거하고 향후 점진적 감축 방식을 통해 규제해 나갈 것을 제안했다.

이러한 선진국들의 입장에 대해 중국, 인도, 브라질 등 주요 개도국은 반대 입장을 고수해 왔다. 온실가스의 배출 및 규제는 어디까지나 UNFCCC 영역에 속할 뿐 아니라 HFCs는 이미 교토의정서에서 6개 온실가스에 포함되어 있다는 주장이다. 110개 이상의 국가들이 몬트리올의정서에 따라 HFC를 규제하는 데 찬성하고 있음에도 불구하고 이들의 반대로 인해 2012년 수정안은 제대로 논의되지 못하고 끝난 바 있다. 이들의 눈에는 몬트리올의정서에서 HFCs를 규제하자는 선진국의 주장이 HFCs 대체 기술을 팔아 돈을 벌어 보겠다는 속셈으로 비추어지고 있다. 개도국들은 HFCs 대신 더 안전한 대체물질을 사용해야 할 경우 엄청난 비용이 발생할 뿐만 아니라, 대체물실은 아직 많은 분야에서 상용화되지 않고 있으며, 관련 기술의 이전 논의가 이미 UNFCCC에서 이루어지고 있다는 점을 들어 반대하면서, 여러 모로 몬트리올의정서보다는 유엔 기구가 더 유리한 대안을 제공해 줄 것으로 여기고 있다(Bose, 2012).

---

23) 2012년에 제안된 수정안의 구체적인 내용은 다음과 같다(EPA, 2012). 첫째, 규제 대상으로서 21개의 HFCs(두 개의 HFOs 포함) 목록이 제시되고 있다. 둘째, 현재 HFCs가 적용되는 분야 중 대체물이 존재하지 않는 분야가 있다는 점에서 HFCs 규제에서는 폐지(phase-out)가 아닌 점진적 감축(phase-down) 메커니즘을 활용할 것을 제안하고 있다. 셋째, 선진국(non-Article 5)과 개도국(Article 5)에 대한 생산 및 소비 감축 기준을 제안하고 있다. 개도국들의 베이스라인은 2005~2008년간 HCFC의 평균 소비 및 생산량에 근거하여 계산하고, 선진국의 베이스라인은 2005~2008년간 평균 HFCs 소비 및 생산량과 같은 기간 평균 HCFC 소비 및 생산량의 85%를 조합하여 설정하는 것을 제안하고 있다. 넷째, HCFCs 및 HFCs 생산에 따라 초래되는 HFC-23 부산물 배출을 제한하는 조항을 신설해 2016년부터 적용하는 것을 제안하고 있다. 다섯째, HFCs 수입과 수출에서 인가제를 의무화하고 비당사국에 대한 수입 및 수출을 금지할 것을 제안하고 있다. 여섯째, HFCs 생산 및 소비 및 HFC-23 부산물 배출 보고를 의무화하고, 끝으로 HFC 생산 및 소비 그리고 부산물 배출 통제 노력이 몬트리올의정서상 다자기금의 수혜 요건이 될 수 있게 하자는 제안을 하고 있다.

(3) HFCs 규제의 전망

사실 몬트리올의정서는 기후 변화와 처음부터 관련이 있었다고 볼 수 있다. 몬트리올의정서 전문 중에는 “이러한 물질들이 기후 변화에 미치는 잠재적 영향을 인식하며”라는 문구가 명시되어 있으며, 그동안 몬트리올의정서에 의해 통제되어 온 CFCs나 HCFCs들은 모두 온실가스의 일종이기 때문이다. 사실 HFCs의 문제가 제기된 것은 2002년부터이기 때문에 이미 10년 이상 논의가 진행된 상태라 할 수 있다. 현재 대부분의 개도국을 포함한 110개국 이상이 몬트리올의정서에 의한 HFCs 규제에 찬성하고 있고, 이에 명확히 반대하는 국가는 중국, 인도, 브라질 등 극소수이다. 문제는 이들 국가에서 향후 HFCs 수요가 크게 증가할 것이고, 이들이 아직 HFCs 이외에 실질적인 대체물질에 접근하지 못하고 있다는 데 있다. 2012년 제네바에서 개최된 몬트리올의정서 당사국총회에서는 이들 세 국가의 반대에 따라 HFCs 규제 문제가 본격적으로 논의되지 못한 채 향후 관련 연구가 필요하다는 정도의 합의만 도출하게 되었다.

미국, 캐나다, 멕시코는 2012년에 이어 2013년에도 몬트리올의정서 개정안을 제출했다. 2013년 개정안에서는 규제 대상 HFCs 물질의 종류를 2012년의 21개에서 19개로 줄이는 등 주요 개도국과의 협상을 위한 노력도 전개되고 있다. 이처럼 미국을 중심으로 한 선진국은 향후에도 지속적으로 몬트리올의정서에 따른 HFCs 규제를 추진할 것으로 보이며, 이에 반대하는 국가는 극소수이고 이들의 반대 논리가 다소 궁색하다는 점에서, 멀지 않은 장래에 HFCs 규제 조치가 나올 가능성이 높아 보인다. 그것이 2013년 10월 키예프(Kiev)에서 개최되는 제25차 당사국총회가 될지 아니면 그 이후가 될지는 HFCs를 대신할 수 있는 대체물질의 경제성과 상업성 여부에 달려 있다고 보아야 할 것이다.[24]

---

24) 현재 HFCs 규제와 관련한 대안은 세 가지 정도로 볼 수 있다(UNEP, 2011). 첫째, 동일한 기능을 하면서도 대안적인 방식과 과정을 채택할 수 있는 물품을 개발하는 것이다. 예를 들면 섬유단열재, 건조분말 천식흡입기, 에어컨이 필요 없는 건물 설계 등을 채택하는 것이다. 둘째, 비HFC 물질을 사용하는 것이다. 예를 들면 다양한 발포(foam) 제품, 냉장, 방화 시스템 등에서 HFC 대신 탄화수소, 암모니아, 이산화탄소 등을 사용하는 방법이다. 셋째, 온실 효과가 상대적으로 적은 HFCs를 사용하는 것이다. 최근 HFCs 중에서도 대기 중 체류 기간이 짧아 온실 효과가 적은 HFC-1234ze(발포 제품에 사용), HFC-1234yf(자동차 에어컨에 사용)와 같은 물질들이 개발되고 있다.

5 우리나라의 대응

우리나라에서는 1992년 2월 27일에 비엔나협약과 몬트리올의정서를 비준하여 1992년 5월 27일부터 발효되고 있다. 이후의 네 차례에 걸친 모든 개정서도 비준한 상태이다. 국내적으로는 1991년 1월 「오존층 보호를 위한 특정 물질의 제조 규제 등에 관한 법률」을 제정했고(법률 제4322호), 이 법률은 13차 개정(2013년 3월 23일 법률 제11690호)을 거쳐 현재에 이르고 있다. 1991년 11월과 12월에는 동법 시행령과 시행규칙을 각각 제정한 바 있다. 이와 같은 법령에 따라 오존층 보호를 위해 우리나라에서 사용되는 기본적 수단들은 다음과 같이 요약할 수 있다.

첫째, 산업통상자원부 장관과 환경부 장관은 몬트리올의정서를 시행하기 위해 우리나라가 준수해야 하는 특정 물질의 생산량 및 소비량 산정치의 기준 한도를 정하거나 변경할 때는 이를 공고해야 한다. 또한 산업통상자원부 장관은 매년 전년도 특정 물질의 생산량·소비량·수출량 및 수입량 산정치의 실적을 공고해야 한다.

둘째, 특정 물질의 제조업을 영위하려면 산업통상자원부 장관의 허가를 받아야 한다. 제조업자는 제조하려는 특정 물질의 수량을 정해 매년 산업통상자원부 장관의 허가를 받아야 한다. 허가받은 이상으로 제조하기 위해서도 산업통상자원부 장관의 허가가 필요하다. 또한 특정 물질을 수입하려는 자 역시 산업동상자원부 장관의 허가를 필요로 한다. 한편 특정 물질을 판매하려는 자는 산업통상자원부령으로 정하는 바에 따라 특정 물질의 용도, 수요 업종 및 판매 방법 등이 포함된 판매계획을 정해 산업통상자원부 장관의 승인을 받아야 한다.

셋째, 환경부 장관은 오존층의 상황, 지구온난화 효과를 유발하는 주요 온실가스의 대기 내 상황, 대기 중 특정 물질의 농도 변화 상황을 관측하여 그 결과를 공고해야 한다. 또한 정부는 특정 물질이 오존층에 미치는 영향 및 오존층의 변화가 기후 등에 미치는 영향에 관해 조사·연구하고 그 결과를 홍보해야 한다. 또한 대체물질의 개발과 특정 물질의 배출 억제 및 특정 물질의 사용 합리화에 도움이 되는 설비의 개발과 이용, 그리고 사업자로 하여금 정부가 제시한 지침의 이행을 유도하기 위해 조세·금융·행정상 필요한 지원을 할 수 있다.

넷째, 정부는 '특정 물질 사용 합리화 기금'을 설치하며, 그 관리는 산업통상자원부 장관이 한다. 이 기금은 대체물질의 개발사업, 대체물질의 이용 기술 개발사업, 특정 물질의 배출 억제 및 특정 물질의 사용 합리화를 위한 설비의 개발 및 이용사업, 오존층 보호를 위한 국제협약 등의 시행을 위한 국제협력사업, 기금의 관리·운용에 필요한 경비의 지출, 위의 사업들에 딸린 사업으로서 대통령령으로 정하는 사업 등을 위해 사용될 수 있다.

6 맺음말

이 장에서는 역사상 가장 성공적인 국제 환경 레짐으로 평가되는 오존층 보호 레짐에 대해 살펴보았다. 오존층 보호를 위한 비엔나협약과 몬트리올의정서는 유엔 국제협약 최초로 모든 국가가 가입하는 성과를 보였고, 실제 오존층 파괴물질 생산과 소비의 획기적 감축을 통해 오존층 복원 효과를 가져왔으며, 기후 변화를 지연시키는 데도 중요한 기여를 했다. 아울러 여러 가지 측면에서 추후의 국제 환경 레짐에 대한 공식 내지 모델로 활용될 수 있다는 점에서 높이 평가할 수 있다. 그럼에도 불구하고 오존층 파괴물질의 효과적이고 성공적인 통제의 결과로 새롭게 등장한 대체물질들이 강력한 온실가스인 것으로 판명되면서, 이제 오존층 보호 레짐은 온실가스 감축과 기후 변화 대응이라는 새로운 도전을 외면할 수 없게 되었다. 현재 그리고 가까운 미래에 국제 사회는 ODS 대체물질인 HFCs의 규제 문제를 놓고 논의를 거듭하게 될 것이며, 여기에서 선진국과 주요 개도국들 간의 이해 관계가 다시 한 번 첨예하게 대립할 가능성이 높다. 과거 선진국과 개도국의 전폭적 참여를 통해 성공적인 결과를 보여주었던 오존층 보호 레짐이 새로운 도전 과제로 등장한 기후 변화 문제에 대처할 때에도 종전과 같은 국제사회의 협력을 이끌어 낼 수 있을지 눈여겨보아야 한다. 나아가 지금까지 서로 분절되어 있는 오존층 보호 레짐과 기후 변화 레짐이 HFCs 규제 문제를 매개로 새로운 협력 체계를 형성하는 모습을 보여줄 것인지도 눈여겨보아야 할 것이다.

제 3 장 기후변화협약

〈기후변화협약(United Nations Framework Convention on Climate Change: UNFCCC)〉

- 채택일: 1992. 5. 9
- 발효일: 1994. 3. 21
- 우리나라 가입일: 1993. 12. 14
- 우리나라 발효일: 1994. 3. 21

〈교토의정서(Kyoto Protocol to the United Nations Framework Convention on Climate Change)〉

- 채택일: 1997. 12. 11
- 발효일: 2005. 2. 16
- 우리나라 가입일: 1998. 9. 25
- 우리나라 발효일: 2005. 2. 16

1 머리말

우리가 매일 경험하는 기온, 바람 등의 대기 상태를 날씨라고 한다면 기후는 수십 년 동안 한 지역의 날씨를 평균화한 것을 의미한다. 기후는 위도를 비롯한 다양한 지리적 요소에 의존하므로 장소에 따라 다양하며 계절 등 시간에 따라서도 다양성을 띤다(국가기후변화적응센터, 2012). 기후 변화에 대해 IPCC(Intergovernmental Panel on Climate Change)는 장기간에 걸친 기간 동안 지속되면서 나타나는 기후의 평균 상태나 그 변동 속에서 통계적으로 의미있는 변동으로, 인위적인 것이든 자연적인 것이든 시간의 경과에 따른 기후의 변화를 포괄한다고 설명한다(국가기후변화적응센터, 2012). 한편 기후변화협약, 즉 UNFCCC(United Nations Framework Convention on Climate Change)는 인간의 활동으로 인한 기후 변화와 주로 자연적인 원인에 의해 일어나는 기후변동성을 구분하여 기후 변화를 지구 대기의 구성을 바꾸는 인류의 활동에 의해 직·간접적으로 발생한 기후의 변화로 정의한다(신의순·김호석, 2005).

신의순·김호석(2005)은 기후 변화의 원인을 크게 세 가지로 나누고 있다. 첫째는 외부적 요인으로 은하계 변화, 지구 궤도의 변화, 태양 활동의 변화 등으로 인한 기후 변화이고, 둘째는 내부적 요인으로 조산운동, 조륙운동, 화산활동, 대기 구성의 변화 등을 포함한다. 마지막으로 인간의 활동에 의한 인위적 요인이 있는데, 직접적인 통제가 가능한 부분인 만큼 기후 변화와 그 대책을 이야기할 때 인위적 요인에 가장 초점을 두게 된다. 흔히 온실가스라고 불리는 미량 기체가 대기 중에 열을 가두는 역할을 하고 있는데, 자연적 온실 효과 이외에 인류의 활동으로 인한 인위적 온실 효과가 더해져 지구온난화의 주요 요인으로 작용하게 된다(신의순·김호석, 2005). 이의 주된 원인으로 산업혁명 이후 진행된 산업화를 들 수 있다. 즉, 인간의 산업활동에 의해 온실가스 배출이 꾸준히 증가했고, 증가된 대기 중의 온실가스가 적외선의 방출을 차단하여 지구 온도가 상승하고 있다고 보는 것이 현재의 정설이다(기후변화협약대책위원회, 2006). 2007년의 IPCC 4차 보고서에 따르면, 20세기 중반 이후 전지구적인 평균 기온 관측 상승값의 대부분은 인위적인 온실가스의 증가에 의한 것일 가능성이 매우 높다고 한다. 교토의정서에서 지정한 온실가스는 이산화탄소(CO_2), 메탄(CH_4), 육불화황(SF_6), 수소불화탄소(HFCs), 과불화탄소(PFCs), 아산화질소(N_2O) 등 6개 기체로 구성되는데, 이는 1970년부터 2004년 사이에 70%나 증가했다. 화석연료에 의한 이산화탄소 배출은 1990년대 평균 연간 6.4GtC에서 2000~2005년 평균 연간 7.2GtC로 증가했다고 한다(서울대 국제문제연구소, 2009). 이에 따라 이산화탄소 농도는 산업혁명 이전의 280ppm에서 2005년 379ppm으로 35% 증가했고, 해수면은 1961년에서 2003년 사이 연간 1.8mm 상승했다고 IPCC는 보고했다. OECD에서 2008년 발간한 「환경 전망 보고서」 역시 온실가스의 증가를 예측하고 있는데, 2050년에는 2005년 대비 온실가스가 52% 증가할 것이고, 이에 따라 지구의 평균 온도도

1.7~2.4도 상승할 것으로 예측했다(서울대 국제문제연구소, 2009). 일부 학자는 지구온난화의 속도가 지나치게 과장되었다고 주장하기도 한다. 연 평균 기온 상승은 지속적으로 이루어져 왔고, 탄소배출량이 증가했음에도 불구하고 기온이 점차 하락하고 있다는 것이다. 하지만, 이들 회의주의자는 대기 시스템을 단기적으로 분석하는데 초점을 두고 있어 그 의견이 널리 받아들여지지는 않고 있다(서울대 국제문제연구소, 2009).

기후 변화의 영향은 전 세계적으로 나타나고 있다. 지구의 기온은 1900년 이후 0.76도 증가했고, 해수면의 경우 1961년부터 2003년까지 매해 평균 1.8mm 증가했으며 극단적 기후가 나타났다. 예를 들어 1970년대 이후 열대 및 아열대 지역에서는 가뭄이 심해졌고, 호우 빈도가 증가했으며, 대서양의 허리케인 강도도 증가했다(국가기후변화적응센터, 2012). 이러한 기후 변화에서 우리나라도 예외는 아니다. 우리나라의 경우, 최근 100년 동안 평균 기온 상승폭이 1.5도로 전 세계 평균 기온 상승폭보다 높고 1990년대 겨울은 1920년대에 비해 약 한 달 정도 짧아진 반면, 여름과 봄은 길어져 봄꽃의 개화 시기가 빨라졌다. 제주도 고산의 이산화탄소 농도도 1990년에 비해 2000년에 16ppm 정도 증가했다(기후변화협약대책위원회, 2006). 강수량의 경우 장기적으로 증가 추세를 나타내고 있으며 최근 강수 일수는 감소하는 추세에 있지만, 집중호우 일수는 증가하는 추세에 있어 이는 경제적 손실로 이어지고 있다(국가기후변화적응센터, 2012). 기후 변화에 따른 주요 강 유역의 수자원 피해 비용은 2100년이 되면 1,000억 원이 넘을 것으로 추정되고, 해수면 상승에 따른 연안 침식 피해 비용과 범람 피해 비용도 합해 7조 5,000억 원가량이 될 것으로 추정된다. 건강문제와 관련해서도 여름철 폭염으로 인한 사망자가 계속 증가할 것으로 예상되어 대책 마련이 요구되고 있다(채여라 외, 2012).

기후 변화는 해수면 상승이나 사막화 등으로 인한 생태적 취약성의 증가 문제 이외에 국제안보 문제와도 연관되어 있다. 즉, 해수면 상승으로 인한 주민들의 대규모 이주 및 국경선 변경 등은 국제 체제의 안정성을 저해하고 있으며, 자원의 빈곤 및 재발견으로 인한 자원 분쟁의 문제가 발생할 가능성도 매우 높다(서울대 국제문제연구소, 2009). 아프리카 사헬(Sahel) 지역의 경우 가뭄과 강수량의 감소, 사막화 등으로 농지·수자원 부족의 문제가 심각하고, 이는 인근 국가들 간의 갈등을 증폭시키고 있다. 북극의 경우에는 자원 이용에 대한 국제적 합의가 마련되어 있지 않은 관계로 배타적 경제수역이 여러 국가 간에 겹치는 현상이 발생했고, 이로 인해 갈등이 발생하고 있는 실정이다(서울대 국제문제연구소, 2009).

기후 변화의 심각성에 관해 전 세계은행 수석경제연구원 스턴(Nicholas Herbert Stern)은 2006년 발표한 보고서를 통해 기후 변화에 대한 대응의 필요성을 경제학적 관점에서 주장했다. 즉, 기후 변화에 따른 홍수, 가뭄, 해수면 상승, 빙하 축소, 식량 생산 감소, 생물종 멸종 등으로 경제적 피해가 증가할 것이라고 주장하였다(서울대 국제문제연구소, 2009). 이러한 온난화의 방지 비용은 2006년 현재는 세계 국내총생산의 1%에 불과하지만, 이를 방치하게 되면 전 세계 국내총생산의 5~20%까지 소요되어 막대한 경제적 공황을 초래할 수 있다는 것이 보고서의 주요 내용이다(국회예산정책처, 2007).

2 기후변화협약의 배경

앞서 살펴본 심각한 기후 변화의 영향에 대응하기 위한 다양한 노력이 전개되었고, 특히 기후변화협약을 채택하기까지 여러 논의가 이루어졌다. 1979년 유럽 국가들이 중심이 되어 체결된 제네바협약에서는 국경을 넘어 이동하는 대기오염물질을 통제하기 위한 국제적 협력이 필요하다는 인식에 따라 대기오염 분야에서의 상호 협력 강화에 중점을 두었다. 한편, 같은 해 열린 제1차 세계기후회의에서는 인간 활동이 기후에 미치는 영향을 과학적으로 증명하고 국제사회에 공표하기 위해 세계기후프로그램(WCP)을 창설하기로 합의했다(이연상, 2008; 신의순 · 김호석, 2005). 1985년의 비엔나협약에서는 오존층 보호를 위한 기본 골격을 만들었으며, 같은 해 열린 빌라크회의에서는 온실가스의 농도 증가가 기후 변화를 야기한다고 결론을 내리고 전 세계가 지구온난화 방지를 위한 대책을 마련하기 위한 협력을 시작해야 한다는 선언을 채택했다. 1987년 채택된 몬트리올의정서는 비엔나협약을 이행하기 위한 구체적인 의무 조항으로 오존층 파괴물질의 생산 및 소비 규제를 규정해 가장 성공적인 국제환경협약 중 하나로 인정받고 있다(이진행, 2001; 이연상, 2008). 1988년 토론토 회의에서는 2005년까지 이산화탄소의 배출량을 1988년 수준에서 20% 감축하기로 의견을 모았고, 유엔환경계획과 세계기상기구는 '기후 변화에 관한 정부간 협의체(Intergovernmental Panel on Climate Change: IPCC)를 조직했다(이진행, 2001; 신의순·김호석, 2005). 1990년 개최된 제2차 세계기후회의에서는 IPCC의 1차 평가보고서를 바탕으로 지구온난화 문제에 공동 대처하기 위한 국제협약을 채택하기로 합의를 보았다. 이때에 지구온난화에 책임이 있는 선진국의 우선 감축을 의미하는 '공동의 차별화된 책임(common but differentiated responsibilities)'의 원칙이 채택되었다. 그리고 마침내 1992년에 브라질 리우에서 기후변화협약에 154개국이 서명함으로써 기후변화협약이 채택되었다. 위의 논의들을 포함한 기후변화협약의 주요 배경을 정리하면 <표 3-1>과 같다.

표 3-1 기후변화협약의 주요 배경

연도	사건	
1860년대	-	• 영국 과학자 틴달(John Tyndall)이 처음으로 온실가스의 기온 상승 영향을 밝힘
1900년대	-	• 1908년 스웨덴 노벨상 수상 과학자 아르헤니우스(Svante Arrhenius)가 탄소량과 지구 표면 온도의 관계를 밝힘. 지구온난화는 여론의 관심사가 됨
1940~70년대	-	• 지구 온도가 떨어지면서 새로운 빙하 시대(iceage)를 예견하는 과학자들이 등장함
1972년	-	• 로마클럽 「성장의 한계」 보고서: "자연환경의 유한성 자각과 환경 파괴를 통한 경제 성장의 무의미함." 세계 각국은 환경문제 해결에 적극적 접근
1979년	제네바협약	• 유럽의 산성비 문제를 다룸. 국경을 넘어 이동하는 대기오염물질 통제에 초점을 둠. 전문에서 각국의 자원 개발 주권으로 인한 다른 국가 또는 국가 관할권 밖의 환경 피해를 금지하는 규정인 '1972년 스톡홀름선언 원칙 21호' 중요성 언급
1979년	제1차 세계기후회의 (World Climate Conference: WCC)	• 제네바에서 개최. 인간의 활동에 의한 기후의 영향을 과학적으로 증명하여 국제적으로 공표 • 세계기상기구(World Meteorological organization: WMO), 유엔환경계획(UN Environment Programme: UNEP), 세계학술연합회의(ICSU)의 공동 책임 하에 '세계기후프로그램(WCP)' 창설 합의
1985년	비엔나협약	• 국제적 차원에서 처음으로 오존층 보호를 위한 기본 골격 마련
1985년	빌라크 회의 (Villach Conference)	• 유엔환경계획의 주최로 열린 세계 최초 지구온난화 세계회의 • 과학자들이 주축이 된 회의로 온실가스 농도의 증가가 기후 변화를 야기한다고 결론지음

		• 전 세계가 지구온난화 방지를 위한 대책을 마련한기 위한 협력을 시작해야 한다는 선언 채택
1987년	몬트리올 의정서	• 오존층 파괴물질의 생산 및 소비 규제를 주요 내용으로 함 • 비엔나협약의 이행을 위해 구체적인 의무 조항들을 규정
1988년	토론토 회의	• 과학자들과 정책결정자들 사이의 견해 차이를 좁히기 위한 회의 • 성명서의 주요 내용으로 2005년까지 이산화탄소 배출량을 1988년 수준의 20% 감축, 대기 보호를 위한 포괄적 골격 협약의 형성, 선진국에서의 화석연료 소비에 부과되는 세금으로 세계기후기금의 설립 등이 포함됨
1988년	IPCC 설립	• 유엔환경계획(UNEP)과 세계기상기구는 '기후 변화에 관한 정부간 협의체(Intergovernmental Panel on Climate Change: IPCC)'를 조직 • IPCC는 기후 변화의 메커니즘, 기후 변화의 영향, 기후 변화에 대한 대응 전략 등에 대한 평가를 위임 받음
1989년	헤이그 정상회담	• 지구온난화에 대처하기 위한 새로운 제도를 만들어야 한다는 내용의 성명서 채택
1989년	누르트비크(Noordwijk) 각료회의	• 최초의 고위급 회의로 자연적으로 수용할 수 있는 정도로 온실가스의 흡수원을 증가시키고 가스의 배출을 감소시킨다는 일반적 목표 설정 • 개발도상국이 요구하는 많은 조항 삽입. 그러나 배출 감축의 시기와 목표의 설정은 미국, 일본, 소련 등의 반대로 넣지 못함
1990년	제2차 세계기후회의	• IPCC 1차 평가보고서를 기초로 지구온난화 문제에 공동 대처하기 위한 국제협약을 채택하기로 합의 • 현재 지구온난화의 책임이 있는 선진국의 우선적 감축을 의미하는 '공동의 차별화된 책임(common but differentiated responsibilities)'과 과학적 불확실성에도 불구하고 구체적인 대책의 필요성을 의미하는 '예방의 원칙(precautionary principle)' 등 몇 가지 중요한 원칙 채택 • 개발도상국들이 처음으로 회의 토론 시 동등한 입장에서 참여.
1990년	INC 설립	• 유엔 총회에서 '기후변화협약을 위한 정부간 협상위원회(Intergovernmental Negotiating Committee for a Framework Convention on Climate Change: INC/FCCC)' 구성 결의 • 1992년 UNEP회의까지 기후변화협약 제정하기로 합의 • 1991년 2월부터 1992년 5월까지 다섯 차례의 회의
1992년	기후변화협약 채택	• 브라질 리우에서 개최된 유엔환경개발회의(UNCED)에서 154개국 정부가 기후변화협약(UN Framework Convention on Climate Change: UNFCCC)에 서명

출처: 이진행(2001), 이연상(2008), 신의순 · 김호석(2005), 서울대 국제문제연구소(2009) 참조.

3 기후변화협약과 교토의정서의 주요 내용

1) 기후변화협약

(1) 주요 내용

기후변화협약은 '기후 변화에 관한 유엔기본협약(United Nations Framework Convention on Climate Change: UNFCCC)'의 준말이다. 기후변화협약에서는 50번째 국가가 협약 비준서를 기탁한 후 90일째 되는 날부터 발효되도록 정하고 있어 1994년 3월 21일에 발효되었고, 2009년 12월 현재 192개국이 이 협약에 가입되어 있다. 우리나라의 경우 1992년 기후변화협약에 서명하고 1993년 12월에 비준서를 기탁하여 47번째로 기후변화협약에 가입했다.

기후변화협약의 목적은 기후 변화로 인한 부정적 효과가 인류의 공통 관심사임을 인식하고 기후 체계가 인류 활동에 의해 발생되는 위험하고 인위적인 영향을 받지 않는 수준으로 대기 중 온실가스 농도를 안정시키는 것이다(신의순·김호석, 2005). 기후변화협약의 기본 원칙은 기후 변화의 예측 및 방지를 위한 예방적 조치의 시행과 더불어 모든 국가의 지속 가능한 성장을 보장하는 것이다. 앞서 언급했듯이 이를 실천하는 데 "공동의 차별화된 책임"의 원칙에 근거하고 있다. 즉, 현재의 기후 변화에 대한 책임이 상대적으로 큰 선진국들이 기후 변화로 인한 부정적 효과에 대처하는 데 선도적 역할을 하고 개발도상국은 현재의 개발 상황에 대한 특수한 사정을 배려하되 능력에 입각하여 의무 부담을 해야 한다는 것이다. 이와 더불어 모든 당사국이 기후 변화의 원인을 예견하고 최소화하는 예방적 조치를 취해야 함을 강조한다(신의순·김호석, 2005; 기후협약 홈페이지, 2012).

한편, 기후변화협약에 참여하고 있는 국가들은 당사국과 비당사국으로 구분한다. 기후변화협약에 가입하고 비준한 국가는 당사국(party)으로 분류되고, 협약을 비준하지 않고 옵서버의 역할로 참여하는 국가는 비당사국(non-party)으로 분류된다. 당사국은 다시 세 유형으로 나뉘는데 '부속서 I 당사국(Annex I Parties)'에는 1992년 현재 OECD에 가입되어 있는 국가들과 시장경제 전환국가(economies in transition, the EIT Parties)들이 포함된다. 한편, '부속서 II 당사국(Annex II Parties)'은 부속서 I 국가들 중 EIT 당사국을 제외한 OECD 25개국과 유럽연합으로 구성되어 있다. 이들은 개도국의 온실가스 저감 활동을 위한 재정적 지원 활동을 함과 더불어 환경 친화적인 기술을 개발하고 이를 EIT 당사국과 개도국에 이전하는 노력을 할 것이 기대된다. 마지막으로 '비부속서 I 당사국(Non-Annex I Parties)'은 대부분 개도국으로 구성되어 있다(신의순 · 김호석, 2005). 부속서 I 국가들과 비부속서 I 국가들에 공통적으로 적용되는 사항으로는 온실가스 배출량 통계의 작성, 온실가스 감축을 위해 추진하고 있는 사항의 당사국총회 제출, 그리고 기후 변화 방지에 기여하는 국가 정책의 수립 및 시행 등을 포함한다(이연상, 2008). 아울러 당사국들 간의 광범위한 협력을 촉진하기 위해 온실가스와 관련된 기술 이전과 확산의 촉진, 온실가스 흡수원의 지속 가능한 관리, 기후 변화와 관련된 제도적 기반 마련 등에 상호 협력하는 것도 의무 사항으로 규정되어 있다(신의순 · 김호석, 2005). 기후변화협약의 주요 조문 내용을 정리하면 <표 3-2>와 같다.

표 3-2 기후변화협약 조문 내용

조문	주요 내용
전문	지구온난화에 대한 선진국의 역사적 책임 규정
	개도국의 지속 가능한 성장 보장
제1조(정의)	주요 용어 정의
제2조(목적)	대기 중 온실가스 농도 안정화를 목적으로 규정
제3조(원칙)	선진국의 역사적 책임에 따른 선도적 역할, 개도국의 특별한 사정 존중, 모든 국가의 예방적 조치 시행 필요성, 지속 가능한 성장 보장 등을 원칙으로 규정
제4조(의무)	모든 당사국의 의무: 온실가스 배출 통계 현황 보고, 온실가스 저감을 위한 정책 및 조치 시행, 온실가스 흡수원 보호 및 확대, 연구 및 관측, 공공 인식 제고, 국가보고서 제출
	부속서 I 국가 의무: 2000년까지 1990년 수준으로 온실가스 배출량을 안정화하도록 노력
	부속서 II 국가 의무: 개도국에 대한 재정 · 기술 지원 제공
	부속서 I, II 국가 명단 개정: 1998년까지 관련 당사국 동의로 명단 개정을 위한 자료 검토
	자발적 의무 부담: 어느 국가든 자발적으로 Annex I 국가로 편입 가능
제5조(연구 및 관측)	개도국의 연구 및 관측 능력 배양 지원
제6조(교육, 훈련, 공공 인식 제고)	개별 국가, 지역 차원에서 프로그램 개발 및 정보 교환 확대

제7조(당사국총회)	당사국총회의 주요 역할, 개최 방식 규정: 최고 의사결정 기구, 특별한 결정이 없는 경우 매년 개최
제8조(사무국)	사무국의 역할 규정: 회의 운영 관련 서비스 제공
제9조(과학기술자문기구)	과학기술자문기구 역할 규정: 기후 변화 및 그 영향에 대한 과학적 지식에 대한 평가기술 이전 및 개발의 효율적 방안 수립 과학, 기술, 방법론적 질의에 응답
제10조(이행자문기구)	이행자문기구 역할 규정: 국가보고서 내용 검토 협약 이행 지원
제11조(재정 체계)	재정 체계 운영에 관한 규정
제12조(국가보고서)	개도국: 온실가스 배출 현황, 정책 및 조치 현황 보고 협약 발효 후 3년 이내 또는 재정 지원이 충분히 이루어진 후 1차 보고서 제출
	부속서 I 국가: 정책 및 조치의 상세한 내용 및 효과 분석 보고 협약 발효 후 6개월 이내 1차 보고서 제출
제13조(재정 체계)	1차 당사국총회 시 이행자문기구 설립 검토
제14조(분쟁 해결)	분쟁 해결 절차 규정
제15조(협약 개정)	개정안은 6개월 전 사무국을 통해 당사국에 통보
	합의를 통해 결정이 도출되도록 노력, 실패 시 3/4 다수결
제16조(부속서 제정 및 개정)	제안 및 개정안은 6개월 전 사무국을 통해 당사국에 통보
	합의를 통해 결정이 도출되도록 노력, 실패 시 3/4 다수결
제17조(의정서)	의정서안은 6개월 전 사무국을 통해 당사국에 통보
제18조(투표권)	당사국은 하나의 투표권을 가짐
	지역경제 통합기구는 의정서에 가입한 회원국 수만큼의 투표 수를 가짐
제19조(수탁자)	유엔 사무총장이 수탁자
제20조(서명)	1992.6.20～1993.6.19일간 뉴욕 유엔본부에서 서명
제21조(잠정절차)	1차 당사국총회 전까지 잠정적인 사무국 운영
	지구환경기금(GEF), 유엔환경계획(UNEP), 국제개발은행(IBRD)을 잠정적인 재정 체계로 인정
제22조(비준, 승인)	서명 기간 종료 후 비준, 승인 절차 개시
제23조(발효)	50개국 비준서 기탁 후 90일 후 발효
제24조(유보)	유보 없음
제25조(탈퇴)	발효 3년 후 당사국은 서면 통지를 통해 탈퇴
	수탁자가 가입 탈퇴 통보를 받은 후 1년 경과 후 탈퇴 효력 발생
제26조(정본)	아랍어, 중국어, 영어, 프랑스어, 러시아어, 스페인어 의정서 원본은 동등
부속서 I	OECD 국가 24개국 동구권 국가 11개국
부속서 II	OECD 국가 24개국

출처: 기후협약 홈페이지(http://co2-renew.kemco.or.kr/change/provision.aspx).

(2) 관련 조직

기후변화협약의 관련 조직도는 [그림 3-1]과 같다. 그 중심이 되는 당사국총회(Conference of the Parties: COP)의 경우, 기후변화협약의 최고 의사결정 기구로 매년 개최된다. 당사국총회의 주요 역할은 협약에 따른 당사국의 의무 사항과 제도적 장치를 정기적으로 검토함과 동시에 당사국이 채택한 조치에 관한 정보의 교환을 촉진하는 것이다. 또한 온실가스의 배출원과 흡수원에 관한 목록을 작성하고 온실가스의 배출을 제한하는 조치의 효과성을 평가하기 위해 비교 가능한 방법론을 개발하고 정기적인 개선을 촉진 및 지도하는 것도 당사국총회가 수행하는 중요한 역할이다(신의순 · 김호석, 2005). 이외에 2개의 영속적인 부속기구가 존재하는데, 이행자문부속기구(Subsidiary Body for Implementation: SBI)는 재정 기술의 지원 방안 등 협약의 이행과 관련된 문제에 대한 권고안을 만들어 당사국총회와 다른 부속기구에 제출하는 역할을 수행하고, 과학기술자문부속기구(Subsidiary Body for Scientific and Technological Advice: SBSTA)에서는 온실가스 배출 목록과 관련된 방법론, 국가 보고서를 작성할 때의 지침 등과 관련하여 협약의 과학기술적 측면에 대한 자문을 제공한다(신의순 · 김호석, 2005).

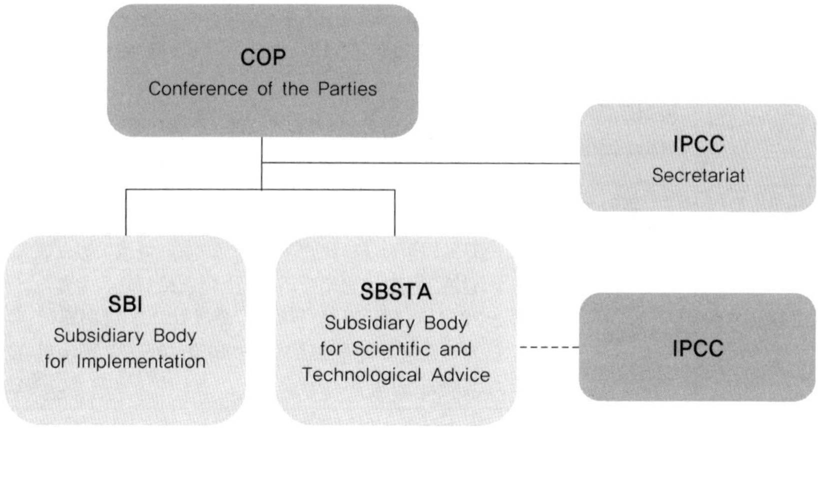

그림 3-1 기후변화협약 조직도

출처: 기후변화협약 홈페이지(http://co2-renew.kemco.or.kr).

(3) 진행 상황

기후변화협약을 재검토하고 이행과 관련된 일련의 사항을 논의하기 위한 당사국총회는 1995년 이래로 매해 개최되어 왔다. 협약을 비준했거나 승인한 모든 국가로 구성된 당사국총회에서는 기후 변화에 관한 과학적 발전이나 기후 변화 프로그램들의 효율성 등을 현재의 기후변화협약에 근거해 재검토하는 일을 하게 된다(신의순 · 김호석, 2005). 1995년부터 진행된 기후변화협약의 진행 상황을 정리하면 <표 3-3>과 같다.

표 3-3 당사국총회의 주요 합의 내용

시기		장소	주요 내용
1차	1995년 3월	독일 베를린	• 2000년 이후의 온실가스 감축을 위한 협상그룹(Ad hoc Group on Berlin Mandate: AGBM)을 설치하고 논의 결과를 제3차 당사국총회에 보고하도록 하는 베를린 위임(Berlin Mandate) 사항 결정
2차	1996년 7월	스위스 제네바	• 미국과 유럽연합은 감축 목표에 법적 구속력 부여하기로 합의 • IPCC의 2차 평가보고서 중 "인간의 활동이 지구의 기후에 명백한 영향을 미치고 있다"는 주장을 과학적 사실로 공식 인정
3차	1997년 12월	일본 교토(京都)	• 교토의정서 채택. 청정 개발 체제, 배출권 거래제, 공동이행제도 등 시장 원리에 입각한 새로운 온실가스 감축 수단의 도입 등을 주요 내용으로 하는 교토 메커니즘에 합의함
4차	1998년 11월	아르헨티나 부에노스아이레스	• 교토의정서 세부 이행 절차 마련을 위한 행동계획 수립 • 아르헨티나와 카자흐스탄이 비부속서 I 국가로는 처음으로 온실가스 감축 의무 부담 의사를 표명
5차	1999년 11월	독일 본	• 개발도상국의 온실가스 감축 의무 부담 논의
6차	2000년 11월	네덜란드 헤이그	• 교토의정서 상세 운영 규정 확정할 예정이었으나 미국, 호주, 일본 등과 유럽연합의 입장 차이로 협상 결렬 • 2001년 7월 독일 본에서 속개회의가 개최되어 유럽연합과 개발도상국의 양보로 협상 타결. 미국을 배제한 교토의정서 체제에 합의
7차	2001년 11월	모로코 마라케시	• 교토 메커니즘, 의무 준수 체제, 흡수원 등의 정책적 현안에 대한 최종 합의 도출. CDM 사업 등 교토의정서 관련 사업 추진 기반이 마련됨
8차	2002년 10월	인도 뉴델리	• 기후 변화에의 적응, 지속 가능한 발전 및 온실가스 감축 노력 등을 포함하는 뉴델리 각료 선언을 채택함

9차	2003년 12월	이탈리아 밀라노	• 교토의정서의 발표에 대한 불확실성이 큰 상황이어서 각종 후속 조치에 대한 논의가 활발히 진행되지는 못함 • 기술 이전 전문가그룹회의의 활동과 개도국의 적응 및 기술 이전 등에 지원될 기후변화특별기금(Special Climate Change Fund) 및 최빈국(Least Developed Countries: LDC) 기금의 운용 방안 타결
10차	2004년 12월	아르헨티나 부에노스아이레스	• 발효를 앞둔 교토의정서의 세부 사항에 대한 논의가 진행 • 의무 부담에 대한 비공식적 논의 시작 • 과학기술자문 부속기구가 수행할 기후 변화의 영향, 취약성 평가, 적응 수단 등에 관한 5년 활동계획 수립
11차	2005년 11월	캐나다 몬트리올	• 2012년 이후 부속서Ⅰ 국가의 추가 의무 부담 협상 및 기후 변화 체제 논의 시행을 결정. 이를 위해 2006년 5월 임시작업반(ad hoc working group) 출범 합의 • 교토의정서 이행 세부 지침 마라케시 합의문 채택
12차	2006년 11월	케냐 나이로비	• 선진국의 추가 의무 부담 결정을 위한 온실가스 감축 잠재량 및 감축 수단 조사 등의 작업계획 확정 • 인센티브 지급 방식에 의한 개도국의 지속 가능한 발전 추진 방안과 시장에 기반을 둔 새로운 온실가스 감축 수단 창출 방안에 대한 논의가 선진국과 개도국의 장기 협력 대화 체제(Dialogue)를 통해 논의
13차	2007년 12월	인도네시아 발리	• 온실가스 장기 대응 논의 체제(Post-Dialogue) 합의 • 선진국의 2013년 이후 감축 목표 수립을 위한 일정 합의 • 선진국 및 개발도상국 등 모든 국가는 측정, 기록, 검증 가능한 방법으로 온실가스 감축을 수행토록 하는 발리 로드맵을 채택
14차	2008년 12월	폴란드 포즈난	• 2010년 이후 선진국 및 개도국이 참여하는 기후 변화 체제의 본격적인 협상 모드 전환을 위한 기반을 마련 • 특히 2009년 6월까지 협상문의 구성 요소 및 초안을 마련하자는 일정에는 합의했으나, 미국의 정권 교체기 등의 상황으로 인해 공유 비전, 기술 이전, 재원 확대 등 중요 쟁점에 대해 선진국과 개도국 간 입장 차이를 재확인하는 수준에 그쳐 협상의 구체적 성과는 미흡
15차	2009년 12월	덴마크 코펜하겐	• 선진국과 개도국 간 대립으로 난항을 겪었으며, 최종적으로 코펜하겐 합의(Copenhagen Accord)라는 형태로 합의를 도출했으나 법적 구속력이 없는 정치적 합의문 수준에 그침
16차	2010년 12월	멕시코 칸쿤	• 지구 온도 2℃ 상승 억제 및 2050년까지 상당한 규모의 온실가스 감축이라는 공유 비전을 제시, 녹색기후기금(Green Climate Fund)이라는 신규 기금의 설립 • 2020년까지 1990년 대비 온실가스 25~40% 감축 도달 등의 내용이 담긴 칸쿤 합의문 채택

17차	2011년 12월	남아공 더반	• 구체적 공약 기간의 명시는 없었지만 교토의정서 2차 의무 공약 기간을 연장하기로 했고(5년 또는 8년), 2020년 이후 모든 당사국이 참여하는 새로운 기후 변화 체제의 설립에 합의했으며, 기후변화협약 녹색기후기금(GCF)에 대한 합의를 이끌어냄. 하지만 일본, 캐나다, 러시아 등은 교토의정서 2차 공약 기간에 불참을 선언함으로써 교토의정서의 실효성에 회의적인 비판이 제기됨
18차	2012년 11월	카타르 도하	• 2013~2020년간 선진국의 온실가스 의무 감축을 규정하는 교토의정서 개정안이 채택되어 EU, 호주, 스위스, 노르웨이 등 온실가스 의무 감축국으로 선정된 34개국은 2020년까지 1990년 대비 0.5~20%의 온실가스를 의무 감축하기로 결정함 • 2020년 신기후 체제 및 2020년 이전 감축 상향의 구체적인 논의를 위해 2013년-2015년 매년 최소 2번의 회의를 개최하고 2015년 5월까지 협상문안 초안을 마련하기로 합의했으며, 당사국들은 2013년 3월 1일까지 신기후 체제에 적용될 원칙, 법적 형태, 온실가스 감축 형태 등 주요 요소들에 대한 국가별 제안서를 제출하기로 결정함 • 또한, 한국의 녹색기후기금(GCF) 사무국 유치에 대한 결정이 결정문 형태로 인준됨

출처: 신의순・김호석(2005), 이연상(2008), 정지원・서정민(2012), 기후협약 홈페이지(http://co2-renew.-kemco.or.kr/change/provision.aspx) 참조.

2) 교토의정서

(1) 주요 내용

기후변화협약을 구체적으로 이행하는 데 있어 누가 얼마만큼 어떻게 온실가스를 감축할 것인가의 문제를 다루는 것이 교토의정서이다. 즉, 기후변화협약이 지구의 기후 변화를 방지하려는 노력에 전 세계가 동참하겠다는 선언적 성격을 가진다면, 교토의정서는 온실가스 감축 의무 국가의 명시, 감축량과 감축 방법 등 그 구체적인 실행에 필요한 사항들을 규정한 것이다(이연상, 2008). 이는 1998년 3월 16일부터 1999년 3월 15일까지 뉴욕의 유엔본부에서 서명을 받아 채택한 것으로 각 협약 당사국은 의정서가 발효될 수 있도록 자국의 비준을 위해 노력했다. 하지만 최대 온실가스 배출국인 미국이 자국의 경제에 심각한 피해를 줄 수 있고, 중국・인도와 같은 국가들이 의무 감축 대상에서 제외되어 있다는 이유로 반대 입장을 표명함으로써 교토의정서는 그 실효성에 큰 타격을 입게 되었다. 그럼에도 불구하고 러시아가 2004년 11월 비준서를 제출함에 따라 그 발효 요건이 충족되어 정해진 규정에 의해 2005년 2월에 발효되었다(기후협약 홈페이지, 2012). 우리나라의 경우는 2002년 11월에 비준되었다.

교토의정서의 주요 내용은 선진국(Annex I)의 구속력 있는 감축 목표 설정과 공동 이행, 청정 개발 체제, 배출권 거래제 등 시장 원리에 입각한 새로운 온실가스 감축 수단의 도입, 그리고 국가 간 연합을 통한 공동 감축 목표 달성의 허용 등이다(이연상, 2008). 이 중 가장 핵심적인 내용은 부속서 I 국가들에게 양적인 감축 의무를 부과하는 것으로 이들 국가는 2008년부터 2012년 사이에 자국 내 온실가스 배출 총량을 1990년대 수준 대비 평균 5.2% 감축해야 한다. 좀 더 자세히는 부속서 I 국가 40개국 중에서 1997년 당시 협약에 가입하지 않은 터키와 벨라루스를 제외한 38개국에 대해 각국의 경제적 여건에 따라 1990년대 수준 대비 -8%에서 +10%까지 차별화하여 감축하기로 했고(평균 5.2%), 감축 대상이 되는 온실가스는 이산화탄소(CO_2), 메탄(CH_4), 아산화질소(N_2O), 수소불화탄소(HFCs), 과불화탄소(PFCs), 육불화황(SF_6) 등 6종이다(기후협약 홈페이지, 2012).

(2) 교토 메커니즘

교토의정서에서는 이와 같은 온실가스를 감축하기 위한 수단으로 교토 메커니즘을 도입했다. 즉, 온실가스를 효과적으로 줄이기 위해 공동이행 제도(Joint Implementation), 청정개발 체제(Clean Development Mechanism), 배출권 거래 제도(Emissions Trading) 등의 유연성 체제를 도입했는데, 이들을 교토 메커니즘이라고 부른다. 그 특징은 선진국들이 온실가스 감축 의무를 자국 내에서 모두 이행하기에는 한계가 있다는 점을 인정해 배출권 거래나 공동사업을 통한 감축분의 이전 등을 통해 의무 이행에 유연성을 부여한 것이다(신의순·김호석, 2005). 공동이행 제도는 교토의정서 제6조에서 규정하고 있는 것으로 선진국이 다른 선진국에 투자해 감축한 온실가스의 일정량을 자국의 감축 실적으로 인정하는 제도이다. 다시 말해서 부속서 I 국가들이 그들 사이에서 투자해 온실가스 감축사업을 공동으로 수행하는 것으로 다른 부속서 I 국가에 투자하여 감축한 온실가스량의 일부를 투자국의 감축 실적으로 인정한다(이연상, 2008). EU의 경우 동부 유럽국가와 공동 이행을 추진하기 위해 활발히 움직이고 있다. 청정개발 체제(CDM)는 선진국이 개발도상국에 투자해 감축한 온실가스의 일정량을 자국의 감축 실적으로 인정하는 것이다. 즉, 부속서 I 국가가 비부속서 I 국가에서 온실가스 감축사업을 수행해 달성한 실적의 일부를 그 선진국의 감축량으로 보는 것으로, 선진국은 온실가스 감축량을 얻고 개발도상국은 선진 기술과 재정 지원을 얻게 되어 양자 모두에게 유인을 제공하는 제도이다. 청정개발 체제의 경우 공동이행 제도와 달리 1차 의무 기간인 2008~2012년 이전의 조기 감축 활동에 대해서도 그 성과를 인정해 2000~2007년 사이에 발생한 감축량도 소급하여 인정하기로 했다(기후협약 홈페이지, 2012). 마지막으로 배출권 거래 제도는 시장 원리를 도입하여 온실가스 감축 의무가 있는 부속서 I 국가에 배출 쿼터를 부여한 후에 그러한 국가들이 의무 감축량을 초과 달성한 경우 다른 부속서 국가와 배출 쿼터의 거래를 허용하는 제도이다(이연상, 2008). 미국의 경우 이 제도를 활용해 국지적인 환경오염물질을 감소시키는 데 성과를 보인 예가 있다. 상대적으로 쉽게 배출량을 줄일 수 있는 국가의 경우 최대한 배출량을 줄여 배출권 판매수익을 거두거나, 배출량을 줄이는 데 비용이 많이 드는 국가의 경우는 상대적으로 저렴한 배출권을 구입하여 감축 비용을 줄일 수 있어 배출권을 매매하는 모든 참가자에게 경제적일 뿐 아니라 전체적으로는 감축 비용을 최소화할 수 있다는 점에서 매력적인 제도이다(이연상, 2008). 이처럼 환경 목표를 최소 비용으로 달성하고 오염 총량을 직접 관리할 수 있으며, 효율적인 자원 배분을 촉진하는 가격기구 역할을 한다는 것은 배출권 거래제의 장점이라고 할 수 있으나 감시, 행정 및 거래 비용이 큰 것과 시장의 불확실성에 따른 위험비용의 발생은 이 제도가 갖는 단점이다(기후협약 홈페이지, 2012).

4 기후변화협약의 한계와 향후 체제

1) 교토의정서의 수립 및 이행상의 갈등

기후변화협약의 마련에서부터 교토의정서의 이행에 이르기까지 여러 국가 간의 갈등이 존재해 왔다. 기후변화협약안의 도출과 관련해서는 선진국과 개도국 간의 갈등이 존재했는데 개도국은 선진국이 기후 변화 문제에 대한 더 큰 책임을 가지고 있으므로 자신들의 경제 개발 우선전략을 지지해 줄 것과 기후변화협약을 지지하는 것에 대한 대가로 재정 지원을 해 줄 것을 요구했다. 반면에 선진국은 에너지 연비의 향상과 온실가스 배출 규제를 강조하면서 개도국도 이를 지킬 것을 요구했다(윤경준, 2009). 이러한 주요한 갈등과 더불어 개도국 간, 그리고 선진국 간에도 한 목소리를 내는 데 실패하여 기후변화협약은 구속력 있는 감축 목표나 시한 등을 정하지 못한 미완의 레짐으로 출범하게 되었다(백진현, 2003).

국가들 간의 갈등은 이후 교토의정서를 만들고 이행할 때도 나타났다. 예를 들어, 공동이행 제도와 배출권 거래 제도, 청정개발 체제 등 교토의정서의 대표적인 메커니즘을 도입할 때도 선진국들은 직접 감축의 부담을 줄여주는 위 제도들을 지지한 반면, 개도국들은 배출권 거래제도의 경우 선진국이 배출권의 구매로 감축 의무를 회피할 수 있으며, 선진국의 국내 감축계획이 이들 메커니즘보다 우선시되어야 한다고 주장하며 반대했다(김성훈, 2004; 백진현, 2003). 흡수원의 인정 여부와 범위에 관해서는 산림이 많은 미국, 캐나다 등은 흡수원을 인정하고 그 범위를 확대할 것을 주장했지만 다른 선진국과 개도국은 이 방법의 불확실성을 이유로 반대했다. 한편, 동구권 국가들의 경우 온실가스 배출량이 점점 줄어들고 있는 상태여서 이들 국가가 특별한 감축 노력 없이 발생한 자연 감축량을 배출권 거래 범위에 포함시킬 것인지도 문제가 되었다. EU 국가들은 자연 감축량을 미국 등 선진국에 판매할 경우, 이들 국가는 헐값에 감축 목표를 쉽게 달성하게 되어 기술 개발에 대한 유인이 저하될 뿐 아니라 감축 노력을 하지 않음으로 인해 전지구적인 노력을 무력화시킨다는 이유로 반대한 반면, EU를 제외한 OECD 국가들은 자연 감축량을 포함시키지 않으면 배출권 시장을 왜곡시켜 배출권의 가격 상승을 가져오고 이는 새로운 기술 개발을 오히려 어렵게 하는 결과를 낳을 것이라고 주장하며 반발했다(백진현, 2003).

개도국들의 의무 부담과 관련해서도 선진국과 개도국의 이해 관계가 첨예하게 대립했는데, 선진국은 개도국의 자발적 의무 부담 조항의 삽입을 주장했지만, 개도국은 어떠한 새로운 의무도 부담할 수 없다고 주장하며 반대했고 결국 이는 무산되었다(김성훈, 2004; 백진현, 2003). 이러한 결과는 개도국의 감축 프로그램을 지원하여 자국의 부담분을 줄이려는 미국을 비롯한 선진국의 계산에 차질을 가져왔고, 결국 미국은 중국과 인도와 같은 거대한 인구를 가진 주요 국가를 비롯, 80%에 이르는 개도국이 포함되지 않았다는 이유로 교토의정서를 탈퇴하게 되었다. 이 밖에 EU와 미국도 갈등 관계를 보여왔는데, 교토의정서를 잘 이행할 준비를 갖추고 있으며, 사막화 등의 문제 때문에 교토의정서에 우선순위를 둘 수밖에 없었던 EU의 입장과 화석연료의 사용 비율이 높아 교토의정서의 감축 목표 이행을 위해서는 연간 1가구당 1,000달러 이상의 비용이 드는 미국의 입장은 대립될 수밖에 없었다(김성훈, 2004).

결국 미국과 중국, 인도 등의 주요 탄소 배출국의 불참은 교토의정서를 불완전한 체제로 만들었다. 교토의정서에서는 '공동의 차별화된 책임'의 원칙에 따라 선진국에 주요한 부담을 지웠지만, 앞으로 개도국들의 참여 없이 기후변화협약의 목표 달성은 점점 더 요원해진다고 보아야 할 것이다. 온실가스 배출량만 보아도 1995년의 경우 부속서 I 국가들의 이산화탄소 배출량이 전체의 60.5%, 개도국은 37.6%였지만, 2002년 전세계 이산화탄소 배출량 중 OECD 국가들의 배출량 비율은 52.1%로 줄어들었으며, 연간 증가율도 1.6%로 4% 이상의 증가율을 보이는 개도국에 비해 낮은 수치를 나타내었다(백진현, 2003; 신의순 · 김호석, 2005). 따라서 선진국의 적극적 참여와 함께 개도국의 참여도 기후변화협약의 목적 달성을 위해 포스트 교토 체제에서 반드시 논의되어야 할 대상이다.

2) 포스트 교토의정서 체제

교토의정서 대상 기간(2008~2012년) 이후의 온실가스 감축 체제를 포스트 교토의정서 혹은 Post 2012라고 지칭하는 가운데 이를 구체적으로 구축하려는 노력이 경주되어 왔다. 앞서 언급된 바와 같이 교토의정서의 주요한 한계는 세계 온실가스 배출의 약 절반 정도를 배출하는 대량 배출국이 제외되었다는 것과 그 대상 기간이 2008~2012년으로 한정되어 있다는 것이었다(정성춘, 2007). 이러한 문제점을 해결하고자 2005년 11월 캐나다 몬트리올에서 개최된 제11차 기후변화협약 당사국총회(COP 11)에서 포스트 교토의정서 체제를 위한 논의가 최초로 시작되었다(김현진 외, 2006). 이후 2007년 12월 인도 발리에서 열린 제13차 당사국총회(COP 13)에서는 '발리 로드맵'을 채택하여 온실가스 협상 대상을 확대하고, 2009년 말까지 포스트 교토 체제에 대한 협상을 완료할 것을 결정했다(맹승주, 2008). 이에 따라 2009년 제15차 당사국총회(COP 15)에서 교토의정서를 계승하는 포스트 교토 체제의 새로운 이정표가 마련될 것을 기대했으나, 참여국 간 합의에 실패해 2010년으로 합의 시한이 연장되었고, 멕시코 칸쿤에서 열린 제16차 당사국총회(COP 16)에서도 선진국과 개발도상국 간 경제적·정치적 이해 관계의 대립으로 다시 협상 종료 시점을 2011년으로 연장하게 되었다(안윤기 외, 2011).

마침내 그 다음해인 2011년 남아프리카공화국 더반에서 개최된 제17차 당사국총회(COP 17)에서 와해 위기까지 갔던 교토의정서 체제가 우여곡절 끝에 시효를 연장하고 포스트 교토 체제의 로드맵을 제시하게 된다. 이 회의에서는 2012년 말에 종료되는 교토의정서를 5년 혹은 8년 연장하기로 하고, 2020년부터 모든 당사국이 동일한 의무를 갖도록 하는 새로운 법적 감축 체제를 위한 더반 플랫폼(Durban Platform) 협상을 개시했다(이은경, 2011). 이후 2012년 카타르 도하에서 열린 제18차 당사국총회(COP 18)에서는 온실가스 감축에 대한 별다른 논의를 이끌어내지 못했다. 하지만, 교토의정서 III장을 개정하여 감축 공약 기간을 2020년까지 연장하는 것으로 확정했고 정량적인 감축 목표를 재설정했다. 이에 따라 EU, 호주, 스위스, 노르웨이 등 온실가스 의무 감축국으로 선정된 34개국은 2020년까지 1990년 대비 0.5~20%의 온실가스를 의무 감축하기로 결정했다. 또한 선진국뿐만 아니라 개발도상국을 포함한 모든 당사국이 참여하는 더반 플랫폼에 대한 협상 시한을 2015년으로 정했다(정지원·서정민, 2012).

하지만 포스트 교토의정서 체제 역시 한계가 존재한다. 일본, 캐나다, 러시아, 뉴질랜드가 2013년부터 교토의정서 탈퇴를 선언했으며, 주요 온실가스 배출국인 중국, 인도, 한국도 개발도상국으로 분류되어 감축 의무에서 제외된 것이다. 또한 애초에 교토의정서를 비준하지 않은 미국도 감축 의무에서 제외되었다. 이로 인해 2013년부터 시작되는 포스트 교토 체제에서 감축 의무를 지는 국가는 유럽연합, 호주, 스위스, 우크라이나, 노르웨이, 모나코, 아이슬란드 등에 불과하고, 결과적으로 전 세계 온실가스 배출량의 15% 정도만 다루게 되었다(김윤옥, 2012). 그뿐만 아니라 2008~2012년의 1차 교토의정서 기간에는 각국이 의회의 승인을 받아 온실가스 감축에 대한 법적 구속력이 있었지만, 포스트 교토 체제에서는 온실가스 감축이 정부의 약속에 불과하여 법적 구속력을 강제하지 못하고 있다는 근본적인 한계가 존재한다. 한국은 포스트 교토 체제에서 개도국으로 분류되어 감축 의무를 지고 있지는 않지만, 2020년까지 온실가스 배출량을 BAU(Business As Usual: 배출 전망치) 대비 30%까지 감축할 것을 자발적으로 약속했다(김윤옥, 2012).

5 기후변화협약 체결 이후 우리나라의 대응

1) 기후변화협약 종합 대책

2011년 현재 우리나라의 이산화탄소 배출량은 세계 7위이며, 1990년에 비해 144% 증가했다. 2008년 세계 9위, 2009년 8위에 이어 2010년 7위 자리를 2011에도 그대로 유지하면서 주요 배출국의 자리를 확고히 했다(PBL Netherlands Environmental Assessment Agency & European Commission's Joint Research Centre, 2012). 또한 1인당 온실가스 배출량도 세계 9위로 각종 에너지 소비 지표에서 상위 국가에 위치하고 있기 때문에 대외적으로 온실가스 감축에 동참해야 한다는 압력에 수세적인 입장에 있다(국회예산정책처, 2007). 원칙적으로 우리나라의 경우 비부속서 I 국가로 분류되어 있기 때문에 당장 감축 의무는 없고 국가보고서 제출 등 공통 의무 사항만 부담하게 되어 있지만, 1996년 OECD에 가입한 이후 자발적으로 부속서 I 국가와 같은 의무 부담을 선언할 것을 선진국들로부터 요구받아 왔다.

이에 우리 정부는 대외적으로는 협상 과정에 우리의 입장을 반영하기 위한 노력을 하는 한편, 대내적으로는 의무 부담에 대비하여 이행 기반을 강화하려는 노력을 해오고 있다(신의순 · 김호석, 2005). 특히 최근 들어 2008년에 녹색성장 선포를 하고 제3차 신재생 에너지 기술 개발 및 이용 보급 기본 계획을 수립한 것을 시작으로 2009년에는 녹색성장위원회가 출범했고, 2009년 코펜하겐에서 열린 15차 당사국총회(COP 15)에서 2020년까지 국가 온실가스 배출 전망치 대비 30%를 감축하겠다는 목표를 발표했다(에너지관리공단, 2012). 이는 비부속서 I 국가가 분담하는 '상당한 수준'의 감축에 해당하는 목표이다(대한민국정부, 2011). 2010년에는 저탄소녹색성장기본법을 제정하고 글로벌녹색성장연구소를 설립했으며, 2011년에는 온실가스 에너지 목표관리제를 시작했다. 아울러 2015년에는 배출권 거래제를 도입하는 것을 검토하고 있다(에너지관리공단, 2012).

우리나라는 1993년 기후변화협약에 가입한 후, 1998년부터 3년 주기로 기후변화협약 종합 대책을 수행하고 있다. 그 구체적인 대책으로 우선 1998년 국무총리를 위원장으로 하는 기후변화협약 대책위원회를 만들었고, 2001년 이를 확대 개편하여 현재는 기후변화협약 대책위원회, 기후변화협약 대책실무위원회, 기후변화협약 실무조정회의, 그리고 6개 주요 분야별 대책반 등을 만들었다. 국회에서도 2001년 기후변화협약대책 특별위원회를 설치하여 국회 차원에서 대응 방안을 마련하고 있다(이연상, 2008). 1998년에 발표한 제1차 종합 대책(1999~2001년)에서는 자발적 협약과 대체에너지 개발 등을 포함한 27개 과제를 실천했고, 3년 후 2001년에는 기후변화협약 대응 제2차 종합 대책(2002~2004년)을 추진했다. 제2차 종합 대책에서는 온실가스 감축 기술 및 친환경 에너지 개발 촉진, 온실가스 감축 대책 강화, 그리고 국민 참여 및 협력 유도의 3개 부분에 걸쳐 여러 세부사업을 추진하고자 했다. 2005년의 3차 종합대책(2005~2007년)에서는 협약 이행 기반 구축사업, 부문별 온실가스 감축사업, 기후 변화 적응 기반 구축사업 등 3개 부문 90여개의 프로그램을 추진했는데, 제1, 2차 대책에서 폭넓게 다루지 못했던 적응과 관련된 프로그램이 상당 부분 반영되었다. 또한 제1, 2차 대책이 기후변화협약에 대응한 기반 조성의 성격이 강했다면 제3차 종합대책은 실질적 성과 도출을 위해 온실가스 감축사업을 통한 3년 동안의 예상 감축량을 프로그램별로 산정하여 관리지표로 활용하기로 했다(이연상, 2008).

국회예산정책처의 평가에 따르면 기후변화협약 제3차 종합 대책의 경우 19개 부처의 연관 과제를 모아 포괄적인 대책을 수립했으나 구체적인 중장기 목표와 로드맵이 부족했으며, 온실가스 감축만을 지나치게 강조함으로써 국내 기후 변화의 적응 관련에 대한 대비는 부족하다고 한다(국회예산정책처, 2007). 연관된 문제로 기반 구축사업 대비 온실가스 감축사업의 비중이 지나치게 크다는 것도 지적되었다. 협약 이행기반 구축사업 과제는 28개, 기후 변화 적응 기반 구축사업 과제는 15개인 것에 비해 온실가스 감축사업의 과제는 44개로 차이가 많이 났으며, 예산의 경우 전체의 94%가 온실가스 감축사업에 집중되어 있어 불균형이 심각한 것으로 나타났다. 이와 관련해 온실가스 저감사업의 성과가 계량화되어 관리되지 않음으로 인해 구체적인 목표치를 정하고 실행하는 데 어려움이 있었다(국회예산정책처, 2007). 기후 변화의 예측 및 적응과 관련된 정책이 부족하고 연구개발 지원이 부족한 것, 기후변화협약의 전문가가 부족한 것도 문제점으로 지적되는 사항들이다.

제4차 기후변화 대응 종합 대책(2008~2012년)에 들어와서야 기후 변화와 관련된 정부 차원의 종합 대책이 나오게 되었는데, 2007년 기후변화대책위원회에서 마스터플랜을 수립하고 13개 중앙부처의 협의를 거쳐 기후변화 대응 종합 대책이 확정된 것이다. 하지만, 예산계획이 빠져 있는 등 기본 계획으로서 부족하다는 비판을 받는 가운데, 2009년 녹색성장 5개년계획과 2010년 녹색성장기본법의 제정에 따라 제4차 계획은 유명무실해졌다(윤경준, 2010). 제4차 계획을 계승하고 있는 녹색성장 5개년 계획은 3대 전략의 하나로 기후 변화 대응 및 에너지 자립을 채택하고 있는데, 그 구체인 정책 방향으로 효율적 온실가스 감축, 탈석유 및 에너지 자립 강화, 기후 변화 대응 역량 강화를 들고 있다(녹색성장위원회, 2013). 탄소를 줄여가기 위한 방안으로는 국민의 탄소 배출 인식도를 제고하기 위한 국가 탄소정보 공개지표의 개발 및 관리 목표를 설정하는 것을 비롯해 실질적인 온실가스 감축 목표를 수립하고 관리할 계획을 수립했다. 기후 변화 적응과 관련해서는 기후변화감시소의 신설과 감시 체계 및 탄소 추적 시스템의 구축을 추진하고 있으며, 기후 변화에 의한 국민건강관리 강화와 식량안보 체계의 확립, 재해관리 강화 등을 통해 대응 역량 강화를 목표하고 있다(녹색성장위원회, 2013).

2) 녹색기후기금의 유치

한편 우리나라는 녹색기후기금(GCF) 유치를 통해 기후 변화에 대해 좀 더 적극적으로 대처하는 모습을 보이고 있다. 녹색기후기금은 기후 변화 대응을 지원하기 위해 유엔의 기후변화협약을 중심으로 설립된 국제 금융기구이다(녹색기후기금 홈페이지, 2013). 기후 변화에 대응하기 위해서는 막대한 재원이 필요한데, 국제 사회에서 개도국에 지원하는 기후 변화 관련 지원은 연간 100억 달러 수준에 불과한 상황이었다. 또한 기후 변화와 관련하여 기존의 지구환경기금(GEF)이나 적응기금(Adaptation Fund)은 규모나 특징 면에서 한계가 있었기 때문에 새로운 국제 금융기구의 필요성이 대두되었다(정지원·임소영, 2012; 기획재정부, 2013). 이에 2009년 코펜하겐 당사국총회(COP 15)에서 처음으로 개도국의 기후 변화 대응을 위한 재정 지원이 논의되었고, 이를 위한 기금 설립이 제안되었다. 이후 제16차 유엔 기후변화협약 당사국총회(COP 16)에서 선진국들은 개도국의 기후 변화 대응 지원을 위한 녹색기후기금의 설치에 합의했고, 녹색기후기금의 설계를 위해 2011년 4월부터 11월까지 4차례에 걸친 GCF 설계위원회(Transitional Committee)를 개최했다. 한국은 설계위원회에 우리나라 대표로 참석해 왔던 기획재정부의 GCF 유치 추진 제안으로 2011년 11월 대외경제장관회의에서 GCF 유치 추진을 결정한 후, 더반에서 열린 17차 기후변화 당사국총회(COP 17)에서 당사국 중 처음으로 GCF 유치 의사를 공식 표명했다(인천광역시의회, 2013; 기획재정부, 2013). 이후 2012년 2월 대외경제장관회의와 4월 국무회의 결정 후 4월 15일 한국, 독일, 스위스, 멕시코, 폴란드, 나미비아 등 6개국이 임시사무국에 유치신청서를 제출했으며, 8월 후보국별 프레젠테이션을 했다. 한국은 선진국과 개도국 모두를 설득하기 위해 ① 선진국과 개도국 간 가교 역할, ② 녹색성장과 기후 변화 대응의 모범국가, ③ 환경 관련 국제기구의 지역 불균형 해소, ④ 개도국이면서도 자발적인 재정 지원, ⑤ 인천 송도의 우수한 입지와 친환경성, ⑥ 즉시 입주 가능한 국제기구 전용 건물 등의 여섯 가지 유치 논리를 주장했다(기획재정부, 2013). 이후 2012년 10월 인천 송도에서 열린 제2차 GCF 이사회에서 후보국에 대한 다중 투표 방식의 비밀투표를 거쳐 GCF 사무국 유치국으로 선정되었고, 같은 해 11월에 열린 기후변화 당사국총회(COP 18)에서 선정 결과를 인준했다. GCF 유치로 한국은 중요한 업무를 담당하는 국제기구를 처음으로 유치하는 성과를 이루었으며, 이를 통해 각종 국제회의와 행사를 통한 서비스 산업의 수요 증가와 더불어 GCF 활동에 참여하는 청년의 일자리 창출뿐 아니라, 민간 부문에서도 기후 변화 지식 인프라를 강화해 나갈 것으로 기대하고 있다(인천광역시의회, 2013; 기획재정부, 2013).

6 맺음말

기후 변화 문제는 더 이상 어느 한 나라의 문제가 아닌 국제사회가 협력하여 해결해야 할 문제가 되었다. 그러한 공동체적 노력의 결실로 1992년 기후변화협약이 체결되었고, 그 구체적인 실천을 위해 1997년 제3차 당사국총회에서 교토의정서가 채택되었다. 2005년에 발효되어 2008년부터 선진국의 공약 이행이 시작된 교토의정서는 교토 메커니즘을 활용함으로써 나름의 성과를 거두었다. 현재 온실가스를 감축하는 핵심적 역할을 하고 있는 탄소시장은 2006년에는 300억 달러, 2007년에는 600억 달러의 시장을 형성하는 등 빠르게 그 크기를 키워가고 있다(이은수, 2008).

하지만, 가장 많은 탄소 배출 국가 중의 하나인 미국이 불참했고, 인도·중국 등의 개발도상국도 불포함되어 있는 교토의정서 체제는 불완전한 체제일 수밖에 없었다. 2020년까지로 연장된 포스트 교토 체제의 경우도 미국·중국·인도 등 주요 탄소 배출 국가들이 빠져 있고, 일본·캐나다·러시아·뉴질랜드는 탈퇴를 선언하여 참여율이 극히 미미한 실정이다. 게다가 온실가스 감축에 대한 법적 구속력도 없이 한시적인 체제로 운영되고 있는 것이 현실이다. 우리나라의 경우, 개도국으로 분류되어 포스트 교토 체제에서는 감축 의무가 없음에도 자발적으로 감축하기로 약속했고, 2020년 이후 더반 플랫폼 체제 하에서는 감축 의무를 짊어지게 될 가능성이 매우 높으므로 지금부터 대비하는 가운데 온실가스를 체계적으로 감축해 가는 노력이 필요하다(김윤옥, 2012). 특히 우리나라가 화석 에너지에의 의존도가 높고 이산화탄소 배출량이 많은 산업구조를 가지고 있다는 것을 고려하면 이에 대한 조기 대응을 해 나가야 한다. 따라서 온실가스의 감축과 함께 장기적 시각에서 온실가스 저감 로드맵과 비전을 제시하여 사회 전체가 저탄소 구조로 점차 변화될 수 있도록 유도하는 것이 필요하다. 아울러 온실가스 감축 기술 수준과 관련하여 기술 경쟁력을 높여 저감 잠재량을 높여두는 것도 바람직한 대응 방안이 될 것이다(국회예산정책처, 2007).

제 4 장 해양보호 관련 협약

〈런던협약(London Convention on the Prevention of Marine Pollution by Dumping of Wastes and Other Matter: London Convention)〉

- 채택일: 1972. 11. 13
- 발효일: 1975. 8. 30
- 우리나라 가입일: 1993. 12. 21
- 우리나라 발효일: 1994. 1. 20

〈런던의정서(Protocol to the London Convention on the Prevention of Marine Pollution by Dumping of Wastes and Other Matter: London Protocol)〉

- 채택일: 1996. 11. 7
- 발효일: 2006. 3. 24
- 우리나라 가입일: 2009. 1. 22
- 우리나라 발효일: 2009. 2. 21

1 머리말

이 장에서는 해양 보호 관련 협약 중에서 폐기물의 해양 투기 문제를 전지구적 차원에서 규율하는 최초의 다자협약인 런던협약과 그 후속 협약인 런던의정서의 의의와 한국의 해양 투기정책을 살펴본다. 해양 투기는 육상 폐기에 비해 상대적으로 비용이 저렴하여 일찍부터 각국이 선호해 왔다. 그러나 1970년대에 들어서면서 해양 투기가 해양 생태계에 미치는 악영향에 대한 인식이 확산되면서 그에 대한 규제가 시작되었다. 그 결과로 나타난 것이 1972년의 런던협약이다. 이후 런던협약은 몇 차례의 개정을 거쳐 1996년 런던의정서로 이어지게 된다.

2006년에 발효된 이래 런던의정서는 기후지구공학(climate geo-engineering)적 활동을 국제적으로 관리하기 위한 방안들을 검토해 왔다. 이와 관련해 주로 논의되어 온 것은 지구온난화 사태와 연관된 탄소 지중 저장과 해양 시비 사업이다. 이 두 사업은 모든 종류의 폐기물을 해양에 버리는 것을 금지하는 런던의정서와 긴장 관계를 형성했고, 이에 런던의정서에서 말하는 '투기'의 범주는 과연 어디까지인가에 대한 논란이 시작되었다. 또한 최근 2011년의 일본 후쿠시마 원전사태로 인한 해양 환경오염에 대한 일본 정부의 책임을 런던의정서에 의거하여 물을 수 있는지의 여부를 두고도 논란이 있었다.

한편 한국은 1993년 12월 런던협약에 가입함으로써 폐기물 해양 투기 금지에 관한 국제적인 공조 노력에 동참했으나, 런던협약 가입 5년 전인 1988년부터 본격적으로 시작된 해양 투기를 완전히 금지하기까지에는 20년이 넘는 시간이 걸리게 된다. 한국에서 런던협약/런던의정서로 대표되는 해양 투기 금지 규범이 수용되는 과정은 지금까지 순탄하지 않았으며, 여전히 현재진행형이다. 이해관계자들의 입장 조정과 관련 법안의 정비가 계속해서 진행되고 있지만, 앞으로도 런던의정서의 완전한 내재화까지는 좀 더 시간이 걸릴 것으로 예상된다.

2 폐기물 해양 투기 관련 국제협약의 의의

1) 1972년 런던협약

폐기물 해양 투기는 육상에서 발생한 폐기물 및 기타 물질을 선박이나 항공기로 해양에 버리는 것을 말한다. 각국은 육지에서의 폐기물 처리가 엄격해짐에 따라 상대적으로 비용이 저렴하고 규제가 정비되지 않은 해양 투기에 의존하게 되었다. 1960년대까지만 해도 해양 투기는 해양의 자정(自淨) 능력이 감당할 수 있는 폐기물 처리 방식으로 여겨졌다. 그러나 인구의 증가와 경제 규모의 확대로 인해 폐기물의 발생이 급증함에 따라 해양 투기는 해양오염의 주요한 원인으로 지목되었다.

1970년대에 들어서면서 이는 국제적인 문제로 부각되었고, 해양 투기가 해양 생태계에 미치는 중대한 영향을 고려하여 지역적 차원 및 국제 규모의 관련 조약이 체결되어 그에 대한 규제가 시작되었다. 이와 관련하여 1970년 3월 제1차 준비위원회가 개최되었고, 1971년 2월 개최된 제2차 준비위원회에서는 '해양오염에 관한 정부간 실무자그룹'의 설치가 결정되었다. 이 그룹의 제1차 회의는 1971년 6월에 38개국이 참가한 가운데 런던에서 개최되었다. 1971년 12월에는 북해 연안국들이 오슬로협약을 체결하여 이 문제를 다루기도 했다. 1972년 '유엔인간환경회의' 준비의 일환으로 해양오염에 관한 정부위원회가 마련한 초안을 기초로 하여 이 회의 종료 후인 1972년 10월 30일부터 11월 13일까지 런던에서 82개국 대표, 12개국의 참관국과 유럽경제공동체(EEC), 국제부흥개발은행(IBRD), 국제원자력기구(IAEA), 국제노동기구(ILO), 유엔교육과학문화기구(UNESCO), 국제올림픽위원회(IOC) 및 세계보건기구(WHO) 등 국제기구가 참가한 가운데 회의가 소집되었다. 그 회의의 결과 런던협약이 표결 없이 총의로 채택되었으며, 1975년 8월 30일에 발효되었다(홍기훈, 2011).

런던협약은 내수면(internal waters) 이원에 있는 모든 해양지역에 각종 폐기물을 투기하는 것을 방지함으로써 해양오염을 막기 위한 목적에서 채택되었으며, 2013년 현재 미국, 프랑스, 독일, 영국, 러시아, 한국 등 87개국이 가입한 국제협약이다. 이 협약은 해양 투기 문제를 전지구적 차원에서 규율하는 최초의 다자협약이라는 데에 의의가 있으며, 많은 국가로부터 광범위한 지지를 받아 왔다. 그러나 이 협약은 폐기물의 해양 투기를 절대적으로 금지하는 것은 아니며, 최소한의 국제 기준을 설정하고 각 국가들이 이를 이행하도록 하되 더 엄격한 국내 기준을 채택할 수 있도록 함으로써 더 많은 국가가 해양 투기를 억제하도록 권장하고 있다(대검찰청, 2002).

이 협약이 성공적으로 체결될 수 있었던 이유로 크게 다음의 네 가지를 들 수 있다.

첫째, 점증하는 환경보호운동에 무언가 해답을 주어야 했던 당시 미국의 국내 사정으로 인해 미국 정부가 적극성을 띠었다.

둘째, '유엔인간환경선언'의 결과로 해양 투기 규제협약이 체결된다면 이 선언이 구체적인 결실을 맺는 것이 되므로 해양 투기 규제 협약을 조속히 체결할 필요가 절실했다.

셋째, 스칸디나비아 제국, 스페인, 포르투갈이 지역적 협약인 오슬로협약을 범세계적 협약으로 확장하기를 주장했고, 미국은 자국이 주도적 위치에서 범세계적 해양 투기 규제 협약을 성안시키기를 원했다.

런던협약은 1972년 채택 이후 몇 차례에 걸쳐 개정되었다. 1992년 브라질 리우데자네이루에서 개최된 유엔환경개발회의를 계기로 환경오염 규제를 전면적으로 강화하는 방향으로 개정 작업이 이루어졌다. 1992년 체약국협의회의에서 협약의 부속서가 개정되었고, 그 후의 개정이 1993년의 개정을 포함하는 1996년 런던의정서이다(여숙경, 2007).

2) 1996년 런던의정서

런던의정서는 1972년에 체결된 런던협약을 1996년 전면 개정한 새로운 조약이다. 런던협약에 따르면 부속서 1에 열거된 품목(black list)의 투기가 금지된다. 아울러, 비소 등을 상당히 포함한 물질(grey list)의 투기는 특별 허가를 취득해야 하고, 그 밖의 물질은 일반 허가를 취득한 후에 투기장의 해양환경 특성 적합성 규명 등에 관한 부속서 3의 내용을 검토한 후 투기 허가증을 발급받도록 하는 네거티브 방식이 채택되었다.

그러나 이 협약은 블랙 리스트나 그레이 리스트에 속하는 물질을 판정하는 구체적 기준을 제공하지 않고, 또 부속서 1과 2의 금지 품목에 대한 당사국 간 해석상의 이견을 야기함으로써 많은 논란을 일으켰다. 또한 부속서 3의 일방적 고려 사항에 따르면, 육상 처분 대안이 실제로 존재하는지의 여부를 투기 허가를 발급하기 전에 심의하도록 되어 있는 바, 일부 국가는 실제로 육상 대안이 존재하지 않아야 해양 투기를 허가할 수 있다고 여겼고, 다른 국가들은 투기 자체가 오염을 구성하는지의 평가에 주력하고 대안의 존재를 2차적으로 판단했다. 또 상당수의 당사국이 투기 허가 보고서를 사무국에 제출하지 않았다.

이를 교훈 삼아 1996년 런던의정서는 투기 허용 물질을 구체적으로 열거하고 그 밖의 물질의 투기는 금지하는 선별 등재 방식(positive list system 혹은 런던협약의 black list에 반해 reverse list라고도 함)을 채택했다. 이것의 법적 성격은 매우 경직되어 있어서 준수를 보장하기 용이한 장점이 있으나 새로운 상황에 대처하기 위해서는 개정을 통하는 수밖에 없다는 단점이 있다(홍기훈, 2011). 런던협약과 런던의정서의 관계를 요약하면 <표 4-1>과 같다.

표 4-1 런던협약과 런던의정서의 비교

구분	1972년 런던협약	1996년 런던의정서
규제 방식	해양 투기를 허용하되 특정 물질만 금지 (특정 품목 6개만 심의 허용으로 1993년 개정됨- 부속서 I의 11항에 추가)	해양 투기를 금지하되 특정 물질 허용 (reverse list)
일반 원칙	예방 원칙, 오염자 부담 원칙	예방 원칙, 오염자 부담 원칙
적용 범위	내수면 적용 배제	해양 투기 및 해양소각 규제를 내수면에도 적용
목적	해양 투기 통제	모든 오염원(육상오염원 포함)으로부터 해양환경 보호, 해상 소각 금지

출처: 해양투기종합관리시스템 홈페이지(http://www.oceandumping.re.kr/web/web/?p_name=london_overview).

3 런던의정서의 주요 논의

2006년 발효된 이래 런던의정서는 기후지구공학적 활동을 국제적으로 관리하기 위한 방안을 검토해 왔다. 이와 관련하여 주로 논의되어 온 것은 탄소 지중 저장(carbon capture and storage)과 해양 시비(ocean fertilization) 사업이다. 지구온난화가 전 세계적인 화두로 떠오르면서 이를 막기 위한 노력들이 나타났는데, 대기 중의 이산화탄소를 해저 지질층에 격리시켜 온실 효과를 완화하고, 해양 시비를 통해 해양이 이산화탄소를 흡수할 수 있도록 하려는 시도도 그러한 노력의 일부였다. 그러나 이러한 시도는 모든 종류의 폐기물을 해양에 버리는 것을 금지하는 런던의정서와 긴장 관계를 형성했고, 그 결과 탄소 지중 저장과 해양 시비가 과연 런던의정서에서 말하는 '투기'의 범주에 해당되는지의 여부를 놓고 논란이 계속되고 있다. 끝으로 기후지구공학적 논의와는 별개로 2011년 일본 후쿠시마 원전사태로 인한 해양 환경오염에 대한 일본 정부의 국가 책임을 런던의정서에 의거하여, 좀 더 넓게는 유엔해양법협약 차원에서 물을 수 있는지의 여부를 놓고 논란이 되었다. 아래에서는 이 세 가지 이슈를 각각 비판적으로 검토한다.

1) 탄소 지중 저장

이산화탄소 포집 및 저장이란 산업활동 중에 발생하는 온실가스 중 특히 이산화탄소만을 분리, 압축한 후 저장지에 영구적으로 저장하는 것을 의미한다. 이산화탄소를 포집한 후 저장하는 방법에는 육상의 지하 또는 해저의 대염수층, 원유 또는 천연가스를 모두 추출한 매장지 등에 저장하는 방법, 심해저에 가라앉혀 안정화시켜 저장하는 방법, 무기탄산염으로 응고(industrial fixation)시키는 방법 등이 있다. 이 중 응고법은 이산화탄소 배출 감소 효과가 그리 크지 않고, 심해저에 저장시키는 방법은 주변으로 쉽게 유출되어 심해저 생태계를 교란시키고 파괴할 가능성이 크기 때문에 몇몇 국제조약에서 이미 금지되어 있다. 이산화탄소는 지하 800m 이하의 자연 저장소(대염수층, 원유, 천연가스 매장지)에 주입되면 비교적 안정적이고 표층으로의 유출 가능성이 낮아지므로 지중 저장이 다른 저장법에 비해 환경영향이 적고 저장 효율성이 높은 것으로 알려져 있다. 또한 원유 추출 시 회수율 증대를 위해 이산화탄소를 저장시킬 수도 있어서 경제성과 기후 변화 대응에 동시에 기여한다는 이유로 산업체의 참여율을 높일 수도 있다는 주장이다. 이러한 안정성과 지속 가능성 때문에 많은 국가가 이산화탄소의 지중 저장에 관심을 가지고 많은 연구 프로젝트를 진행시키고 있다. 그러나 이산화탄소 유출이 완벽하게 차단되는 것은 아니며, 특히 해저 지중 저장 후에 유출된다면 이를 감지하고 즉각 대응하는 것이 육상에서보다 더 어려워지므로 유출된 이산화탄소가 주변 해양생태계에 치명적인 영향을 미칠 때까지 적절히 대응하지 못할 수도 있다. 이산화탄소가 유출되는 경우 해저 지층에 서식하는 미생물의 생태계에 치명적 영향을 줄 수 있으며, 빠른 속도로 많은 양이 한꺼번에 유출되는 경우에는 상부 수역 생태계에도 치명적인 영향을 준다. 이산화탄소가 해수에 용해되면 해수의 산성도를 높이며, pH 수치가 감소하게 되는데, 이때 특히 표층 생태계가 큰 영향을 받을 수 있고, 이산화탄소 유출량이 누적되면 해양생물의 사망률이 높아진다는 연구 결과도 있다(김정은, 2011).

이러한 논란에도 불구하고 1996년 런던의정서는 범세계적 국제협약 중 처음으로 이산화탄소의 해저 지중 저장을 허용했다. 이 의정서는 2006년 부속서 1 등의 개정을 통해 분리 포집된 이산화탄소의 해저 지중 저장을 허용하게 되었으며, 2009년 개정을 통해 해저 지중 저장을 위한 이산화탄소의 외국 반출(export)을 가능하게 했다. 런던의정서는 해저 지질층에 물질을 투입하거나 저장하는 것을 투기로 보기 때문에, 해저광업에서 발생한 폐기물이 아닌 경우에는 그의 투입을 금지하고 있었다. 그러나 2006년 10월에 의정서 제1 부속서에 폐이산화탄소를 투기 허용물질로 추가하도록 개정했다. 이산화탄소가 부속서에 포함된 이유는 협약 당사국들이 이산화탄소의 저장을 해양 투기로 간주할 수 있지만, 그러한 저장이 런던협약의 목적에 반하지 않는다고 판단했기 때문이다. 런던협약의 목적은 해양오염을 일으키는 모든 물질의 해양 처리를 방지하여 해양환경을 보호하는 것이고, 대기 중 이산화탄소 농도를 낮추는 포집 및 저장은 해수의 산성화 등을 방지하여 해양환경 보호에 필요하므로 협약의 목적에 반하지 않는다는 취지였다(김정은, 2011; 홍기훈, 2011).

한편, 런던의정서 제6조는 부속서 1에 따라 해양 투기가 가능한 물질이라도 타국으로 반출시키는 것은 금지시키는 조항이다. 이 조항은 협약 당사국이 유해물질을 비협약 당사국으로 반출시켜 런던의정서의 규정에 적용받지 않고 처리하는 것을 방지하기 위해 제정된 조항이다. 분리 포집된 이산화탄소를 부속서 1에 포함하기 위한 2006년 개정안의 논의 시에 노르웨이는 포집된 이산화탄소를 저장할 대규모 저장지를 가진 국가가 세계적으로 많지 않고 소규모 저장소가 대다수인데 적은 수의 대규모 저장소에 저장시키는 것이 관리하기 용이하므로 이산화탄소의 반출이 필요하다고 주장했다. 이 사안은 개정 당시 긴급하지 않은 것으로 간주되어 이후 2009년에 개정안이 채택되었다. 개정된 제6조는 기존의 "협약 당사국은 해양 투기 또는 해상 소각을 목적으로 폐기물 또는 기타 물질을 타국으로 반출할 수 없다"라는 1항에 더해 "1항에도 불구하고 부속서 1에 따라 처분하기 위해 포집된 이산화탄소를 반출하는 것은 관계 국가간 협약 또는 협정 등이 체결된 경우에 발생할 수 있다"는 2항이 추가되었다. 이 조항은 기후 변화에 대응하기 위해 이산화탄소를 포집·저장할 목적으로 반출하는 경우에만 적용되며, 석유 생산성 증대를 위해 주입하는 경우에는 적용되지 않는다(김정은, 2011).

2) 해양 시비

바다에 뿌린 영양물질은 식물성 플랑크톤의 먹이가 되어 이로 인해 플랑크톤의 수가 늘어나고, 늘어난 플랑크톤은 이산화탄소를 흡수하게 된다. 세계 해양은 해수 순환의 결과 남빙양 등 특정 해역에서 철 등 특정 영양물질이 결핍되어 식물 플랑크톤이 제대로 성장하지 못한다. 이 해역에 결핍된 특정 영양물질을 투입하거나 인위적으로 심해수를 용승시켜 식물 성장을 촉진하려는 행위가 해양 시비이다. 해양 시비에는

'철 시비(iron fertilization)', '인 시비(phosphorus fertilization)', '질소 시비(nitrogen fertilization)', '심해수 용승(upwelling of deep sea water)' 등이 있다. 현재 미국의 플랑크토스사(Planktos Co.), 클라이모스사(Climos Co.) 등의 민간기업이 해양 시비를 통해 교토의정서 청정 개발 메커니즘(CDM)에 따라 탄소배출권을 획득해 판매하려고 노력하고 있다. 반면 세계자연보전연맹(IUCN)과 국제 그린피스는 해양 철분 시비사업에 대한 상업적 관심의 증가에 우려를 표명하면서, 해양 시비를 통한 이산화탄소 저감 효과가 불명확하고 해양환경이나 해양 생물다양성에 미칠 수 있는 영향에 대한 검토가 필요하다고 주장하고 있다(박수진, 2011; 홍기훈, 2011).

해양 시비 문제는 생물다양성협약에서 기후 변화와 관련된 주요 논의 중 하나이다. 2008년 5월 독일 본에서 개최된 생물다양성협약(Convention on Biological Diversity) 제9차 당사국회의 결정문에서는 당사국과 기타 국가들이 사전 예방 접근법에 따라 위험에 대한 평가를 포함한 해양 시비 활동을 정당화할 수 있는 충분한 과학적 근거가 마련되고, 이러한 활동을 효과적으로 규제할 수 있는 범지구 차원의 제도가 수립될 때까지 해양 시비 활동을 실시하지 않을 것을 촉구했다. 다만, 연안지역에서의 해양 시비에 대한 소규모 과학조사는 예외로 했으나, 이 경우에도 특정 과학적 연구자료를 획득할 과학적 정당성을 확보해야 하고 이 연구사업의 해양환경에 대한 잠정 영향을 사전에 정밀하게 평가해야 하며, 탄소 상쇄(carbon offset)나 기타 상업적 이익을 생산하거나 판매하지 않을 것을 조건으로 했다. 이에 더해 생물다양성협약은 2009년에 해양 시비 행위가 해양생물 다양성에 미치는 영향에 관한 과학적 지식에 관한 보고서를 발간했다. 이 보고서는 해양 시비 사업이 탄소 격리 수단으로서의 효율이 매우 낮고, 해양생물에 악영향을 끼칠 가능성이 매우 크며, 이를 평가하는 데는 아직 많은 과학적 불확실성이 존재한다고 결론지었다. 이러한 맥락에서 2010년 10월 일본 나고야(名古屋)에서 개최된 생물다양성협약 제10차 당사국총회에서는 생물다양성에 영향을 주는 모든 지구공학 관련 활동(CSS사업은 제외)은 이 사업에 대한 국제적으로 투명하고 효과적인 관리 메커니즘이 정립되기 전에는 허용하지 않기로 결의했다. 이는 2009년의 해양시비사업 관리에서 지구공학 전반에 대한 관리로 방향이 전환된 것을 의미한다(박수진, 2011; 홍기훈, 2011).

한편, 유엔해양법협약(UNCLOS)은 적법한 과학적 연구로 수행되는 것이나 상업적인 목적으로 수행되는 것에 관계없이 해양에서의 활동은 인류의 건강, 해양생물다양성 및 해양생물자원에 위해를 가하지 않아야 한다고 규정하고 있어 해양 시비 사업이 미치는 해양환경에 대한 부정적인 영향과 위험성을 고려할 때 유엔해양법협약상 해양환경보전 규정과의 충돌 가능성도 없지 않다. 따라서 해양 시비 활동은 향후 유엔해양법협약상 연안국의 권리, 공해(公海) 자유의 원칙, 사전 예방주의 원칙과 인류 공동 유산 원칙 등과의 조화 문제에 대한 심층적인 연구가 필요하다(박수진, 2011).

3) 후쿠시마 원전사태

2011년 일본 후쿠시마(福島) 원전사태와 관련하여 런던협약 및 런던의정서상 국가 책임의 인정 가능성에 대한 주요 논의를 요약하면 다음과 같다. 런던협약 및 런던의정서에서는 방사성 폐기물의 해양 투기를 금지하고, 준설 물질이나 하수 오니 등 최저 기준 이상의 방사성 물질이 포함되었을 경우에도 해양 투기를 금지한다고 규정하고 있다. 후쿠시마 원전이 인공 해양구조물이나 플랫폼에 해당되는 경우에만 이 협약들의 규제 대상이 되는데, 원전은 해안가의 육지에 건설되어 있어 인공 해양구조물에 해당하지 않는다. 아울러 '폐기물 투기에 기인한 해양오염'은 선박 등 해양에서 추진이 가능한 이동 수단을 통해 투기하는 경우를 말하는데, 일본의 저농도 오염수 배출은 투기가 아니라 배출에 해당하며, 배출 원인 또한 비상사태인 불가항력적 상황으로 인정된다. 따라서 후쿠시마 원전의 오염수 배출은 이 협약들의 규제 대상이 될 수 없다는 것이 일반적인 평가이다(최봉석·구지선, 2011: 13-17).

따라서, 후쿠시마 사태와 관련하여 국제법상 국가 책임의 인정 가능성은 유엔해양법협약상 육상 기인 해양오염 차원에서 검토해 볼 수 있다. 유엔해양법협약에서 규정하는 해양오염의 정의에는 인간의 활동을 원인으로 발생한 오염을 명시하고 있으므로 불가항력 또는 자연재해 등에 기인한 경우에는 해양오염에 포함되지 않는다. 후쿠시마 원전사고의 경우에는 1차적 원인은 지진이므로 불가항력·자연재해에 해당한다. 그러나 이 협약에서는 "해양 환경오염을 방지, 경감 및 통제하기 위한 조치를 취할 때 직접적·간접적으로 피해나 위험을 어느 한 지역에서 다른 지역에 전가시키거나 어떤 형태의 오염을 다른 형태의 오염으로 변형시키지 않도록 행동할 의무가 있다"고 규정하고 있다. 따라서 2차적으로 일본 정부 당국과 도쿄전력의 과실이 있는지의 여부가 판단의 대상이 될 수는 있다. 아울러 일본 정부가 후쿠시마 원전에 저장되어 있었던 저농도 오염수를 직접 해양에 배출한 것은 인간의 행위에 기인한 해양오염이라고 볼 수 있다. 이는 유엔해양법협약에서 규정하고 있는 해양오염 중 '육상 기인 해양오염'에 해당하며 제198조에서는 "해양 환경오염의 피해를 볼 급박한 상황에 처하거나 피해 상황을 알게 된 경우 그 국가는 피해로 인해 영향을 받을 것으로 예상되는 다른 국가에 신속히 통고해야 한다"고 명시하고 있지만, 일본은 오염수의 해양배출로 직접적인 피해를 입을 수 있는 인근 국가에 '조기 통보' 없이 배출함으로써 국제법상의 의무를 위반한 것으로 판단된다. 하지만 이 협약은 노력할 것만을 규정하고 구속력 있는 수단은 제시하지 않아 유엔해양법협약에 위반된 행위라 해도 이 협약에 따라 일본에 대해 직접적 책임을 요구할 수는 없다. 이처럼 방사성 물질에 의한 해양오염에 관한 국제적 규범은 아직 확립되어 있지 않다. 원자력 발전소에 의한 해양오염은 육상의 활동으로부터 발생한 육상 기인 해양오염으로서 유엔해양법협약에서는 "육상 기인 해양오염의 방지와 감소 및 억제를 위한 기준은 각국의 법령에 의하되 국제적인 규칙과 기준을 고려해야 한다"고 규정하고 있기 때문이다(최봉석·구지선, 2011: 2-3, 8-11).

4 한국의 폐기물 해양투기정책

1) 현황 및 감축 노력

한국은 1993년 12월 런던협약에 가입함으로써 폐기물 해양 투기 금지에 관한 국제적인 공조 노력에 동참했는데, 그 배경에는 1990년대 초반 동해를 비롯한 극동해역에서 러시아의 핵폐기물 투기행위가 있었다. 1993년 3월 러시아 부근 해역 핵폐기물 투기에 관한 러시아의 보고서(일명 야블로쿠프 보고서)가 발간되어 러시아가 공식적으로 과거 30년간 비공개리에 자국 인근 해역, 주로 무르만스크의 카라해와 바렌트해 등지와 블라디보스톡 인근인 동해와 오호츠크, 캄차카 해역에 중·고준위 방사성 폐기물을 투기한 사실을 인정했다. 이로 인해 미국과 유럽 각국은 물론 한국, 일본 등 극동지역 국가들은 러시아의 국제법 위반과 신의성실 원칙 위배에 대해 강력하게 항의하는 한편 계획된 핵폐기물의 해양 투기를 중지할 것을 요청했다. 특히 1993년

10월 17일 러시아 해군의 핵폐기물 해양 투기 재개는 런던협약의 제16차 당사국총회가 협약 부속서 개정을 통해 지난 10여 년간 논란이 되어 온 저준위 방사성 폐기물 투기를 전면적으로 금지하는 결의안을 채택하는 데 결정적인 기여를 했다. 이후 한국과 러시아, 일본 간의 일련의 회담과 상호 노력을 통해 1994년 3~4월에 동해와 극동해역의 핵폐기물 투기에 따른 방사능 오염 실태를 조사하기도 했다(홍기훈, 1995).

그러나 역설적으로 한국은 런던협약 가입 5년 전인 1988년부터 폐기물의 육상 처리 부담을 줄이고 하천과 연안을 보호한다는 명분으로 본격적으로 해양 투기를 시작했다. 1988년 초기 해양 배출 물질은 대부분 분뇨였으나 육상에서 처리하기 곤란한 폐기물의 해양 배출이 허용되면서 1993년에 하수 처리 오니의 해양 배출이 시작되었고, 1997년에 축산 폐수, 2004년에 음식물류 폐기물 처리 폐수 해양 배출이 허용됨에 따라 1990년대 중반에는 매년 해양 배출량이 배 이상 증가했다. 그 결과 폐기물 해양 배출제도 시행 이후 1990년 100만여 톤에 불과하던 해양 배출량이 2005년에는 993만톤으로 15년 사이 약 10배나 증가했다(이봉길 외, 2006). 다행히도 한국의 해양 투기량은 2005년에 정점을 찍은 이후 2006년부터 꾸준히 하락하고 있다. 2006년은 국무회의에서 2012년부터의 해양 투기의 금지가 결정되고 이와 관련해 각 부처가 대책 마련에 돌입한 시점이었다. 국토해양부(현 해양수산부) 해양보전과에 따르면, 2012년 현재 해양환경관리법상 육상폐기물을 해양에 투기했으며, 투기된 항목에는 음폐수, 분뇨 처리 오니, 산업폐수 오니 등이 있다. 하수 오니와 가축 분뇨는 2012년부터 금지된 상태이고, 음폐수와 분뇨 처리 오니는 2013년부터, 산업폐수와 산업폐수 오니는 2014년부터 완전히 금지된다(국토해양부 정책 Q&A).

해양 투기 관련 업무의 주무부처인 국토해양부(2013년 해양수산부로 변경)는 육상폐기물의 해양 투기 규제에 대해 다음과 같은 입장을 밝혀왔다. 먼저, 육상 폐기물을 해양에 투기할 때 중금속 등 유해물질을 함유하고 있는 폐기물은 해저 퇴적물에 축적되어 해양 환경오염을 가속화하여 수산물 오염으로 인한 수산업 피해와 국민 건강위해를 야기한다. 또한 해양 투기 해역은 후술하는 바와 같이 대부분 한중간 공동어업수역에 위치하여 해양오염으로 인한 주변국과의 환경분쟁 우려지역이며, 국제적으로 녹색성장을 주창하고 있는 한국은 런던협약/의정서 가입국 중 유일한 해양 투기국이라는 불명예를 안고 있다. 이 밖에도 육상 폐기물의 해양 투기는 폐기물의 재활용을 위한 투자를 저해함으로써 녹색산업 발전을 위한 동인을 약화시킨다는 문제가 있다. 이에 따라 한국의 육상 폐기물 해양 투기 제로화 정책의 목표는 해양환경 보전과 국제적 위상을 제고하는 데 있으며, 기본 방향은 육상 폐기물 해양 투기 조기 금지 추진과 해양 투기 제로화에 따른 연착륙을 도모하는 데에 있다. 폐기물의 해양 투기가 금지됨에 따라 육상 폐기물은 매립·소각 또는 재활용, 발전연료 등으로 육상에서 처리해야 한다(국토해양부 정책 Q&A).

해양 투기 제로화를 달성하기 위해서는 주무부처 외에도 다른 부처의 노력과 협조가 필수적이다. 가축 분뇨의 해양 투기 금지 사례가 이를 잘 말해 준다. 한국 정부는 런던의정서에 가입하기 전인 2006년 3월 24일 이 의정서가 발효되자 국무회의의 결정에 따라 2012년부터 가축 분뇨 및 하수 오니의 해양 투기를 전면 금지하기로 했다. 국무회의 결정 이후, 당시 농림축산식품부는 2007년에 '가축 분뇨 해양 배출 감축 대책'을 수립·추진했다. 그 결과 가축 분뇨 해양 투기 물량은 2006년부터 2011년까지 261만 톤이 감축되었고, 농가 수도 2010년에는 1천 호 미만으로 떨어지게 되었다. 가축 분뇨에 대한 인식 역시 환경 폐기물에서 환경자원으로 전환되었을 뿐만 아니라 화학비료 대체를 통해 친환경 농산물을 생산할 수 있는 원자재로 활용되기 시작했다.

최근 가축분뇨법 개정 등 환경규제가 지속적으로 강화되고 있으며, 친환경 농업에 필요한 고품질·맞춤형 퇴·액비 수요가 증가하는 등 새로운 여건 변화에 적합한 대책이 필요하게 되었다. 농림축산식품부는 축산환경자원화협의체, 시·도 및 시·군 담당자와 공동자원화 및 액비유통센터 등 이해관계자 협의 등을 거쳐 지속 가능한 친환경 축산업 구현을 위해 '중장기 가축 분뇨 자원화 대책'을 마련했고, 축산업의 근본적인 체질 개선 및 경쟁력을 확보하기 위해 노력하고 있다. 이 대책의 기본적인 방향은 먼저 지역별 가축 분뇨 적정 처리에 필요한 시설을 확충한 뒤, 가동률 및 품질 향상을 위한 사후관리에 집중한다는 것이다. 이에 따라 2017년까지 공동자원화 시설 및 에너지화 시설 등 확충을 통해 국정 목표인 자원화율 91%, 공동자원화율 17%를 달성할 계획이다. 또한 2016년부터 공동자원화 시설, 2017년부터 액비유통센터는 비료관리법에 따른 비료 생산업 등록 의무화를 통해 고품질의 액비 생산과 유통을 활성화한다는 방침이다. 농림축산식품부뿐만 아니라 환경부도 각종 폐수 및 폐수 찌꺼기를 활용하여 에너지원 등 자원으로 활용하는 기술 개발을 지원하여 해양 배출 억제는 물론 경제성을 추구하고 있다.

2) 배출 해역에서의 외교적 갈등 가능성

현재 한국은 서해병, 동해병 및 동해정 3개 해역을 배출 해역으로 지정하여 운용하고 있다. 서해병 해역은 군산 서방 200km에 위치한 해역으로 배출 가능한 폐기물은 분뇨, 축산 폐수, 유기성 폐수, 하수 오니, 동식물 잔재물, 수저(水底) 준설 토사, 조개껍질류 등이며, 동해병 해역은 포항 동방 125km에 위치한 해역으로 서해병 해역의 배출 가능한 폐기물 이외에 광물성 폐기물, 하수도 준설토사, 건설공사 오니를 배출하고 있다. 또한 동해정 해역은 울산 남동방 63km에 위치한 해역으로 분뇨, 축산 폐수, 유기성 폐수, 수산가공 잔재물 및 수저 준설 토사를 배출하고 있다. 2011년 3월 국토해양부와 농림수산식품부가 국회 농림수산식품위원회 소속 정해걸 의원에게 제출한 자료에 따르면, 최근 10년간 폐기물 해양 투기 총 배출량은 7,902만 톤인 것으로 나타났다. 해역별로는 동해병의 경우 4,245만 톤으로 가장 많았고, 서해병이 2,133만 톤, 동해정이 1,523만 톤 순이었다. 10년간 해양 투기가 8,000여 만 톤에 이르러 해양오염이 심각하다는 지적이 계속되었다.

특히, 1993년에 지정된 서해병 해역은 중국과의 외교적 마찰이 예상되는 곳이기도 하다. 그 대부분이 2000년 한중 어업협정의 '잠정조치수역' 내에 속하기 때문이다. 한중 어업협정은 서해 전체를 대한민국과 중화인민공화국의 배타적 경제수역으로 보고(제1조), 자국의 배타적 경제수역에서 타방 체약국의 어업활동을 허가하고(제2조), 자국의 법률에 의거 해양생물자원의 보존 조치와 기타 조건을 타방 체약 당사자에게 강제(제5조)하도록 되어 있다. 그리고 잠정조치수역에 대해서는 한중 어업공동위원회를 통해 생물자원의 공동의 보존 조치를 취하도록 되어 있다. 그러나 한국이 투기해 온 하수 처리 오니에는 카드뮴 등 중금속과 PCBs 등 유해 화학물질이 함유되어 있어 그 해역의 오염 정도가 심각한 것으로 알려지고 있다. 이러한 오염이 생물자원의 보존에 장애가 되는 경우는 한중 어업공동위원회에서 문제가 제기될 수 있다. 현재 서해병 해역 중 약 20% 해역이 오염되어 투기를 중지하고 있을 정도로 투기로 인한 환경영향이 매우 심각하다. 또한 서해병 해역에 투기되는 액상 폐기물은 중국 측 배타적 경제수역으로 이동하기 용이하므로 중국에서 이의를 제기할 수도 있다. 런던의정서는 제16조에서 분쟁 절차에 대해 규정하고 있다. 제16조 1항에서는 의정서의 해석 및 적용에 관한 모든 분쟁은 우선 분쟁 당사국이 선택하는 협상, 중재, 조정 또는 그 밖의 평화적 방법으로 해결된다고 하여 협약 사무국의 개입보다는 분쟁 당사국들에게 우선권을 주고 있다. 지금까지는 한국과 중국 사이에 직접적인 환경 분쟁은 없었으나 한국의 폐기물 투기로 인해 중국이 피해를 입었다고 판단할 경우 중국이 한국 측에 문제 해결 및 보상을 직접 요구할 가능성이 높다(최지영 외, 2012).

한편, 탄소 지중 저장과 관련하여 현재 한국의 관할 수역 이내에서는 울릉분지가 가장 유력한 저장소로 거론되고 있으며, 서해 및 동해에도 적당한 저장소를 찾아내기가 불가능하지 않다. 그러나 한국은 이산화탄소의 저장 기술은 확보해 두었으나 포집 기술은 개발하는 단계에 있어 해저 지중 저장을 실제 시행하고 있지는 않다. 또한 정부가 이산화탄소 배출량의 감축에 지대한 관심을 갖고 기후 변화에 적절히 대응하고자 노력을 하지만 한국에 기후변화협약이 부과하는 포괄적 의무 외에 구체적 의무는 부과되어 있지 않아서 해저 지중 저장을 서둘러 이행해야 할 국제조약상의 의무는 없다. 따라서 한국에서의 이산화탄소 해저 지중 저장은 충분히 시간을 갖고 연구와 저장소 탐사 및 안전도 평가를 거친 후 이행될 수 있을 것으로 보인다. 한국이 수년 내에 포집 기술을 확보한다면 포집한 이산화탄소를 국내에 저장할 것인지 반출할 것인지를 결정하게 될 것이다. 런던의정서 제6조의 개정안을 채택한 결의안에 따르면 장거리 반출은 최소화해야 하므로, 주로 주변국인 중국과 일본으로 반출해야 할 것이다. 하지만 한국이 이들 국가에 반출하는 것이 적절한지를 타진하는 데만도 상당한 시일이 걸릴 수 있다. 만일 국내에 저장하기로 결정한다면 기존의 해양자원 이용자들에게 저장의 필요성을 이해시키는 과정이 필요할 것이다. 저장소의 지정으로 인해 기존의 해양자원 이용자들의 이용 해역이 폐쇄될 수 있어 이용자들에게 경제적 피해를 입힐 수 있기 때문이다(김정은, 2011).

3) 국제 규범의 국내화 과정 및 정책적 함의

런던협약 및 런던의정서로 대표되는 해양 투기 금지에 대한 새로운 국제 규범이 한국에 수용되기까지의 과정은 마냥 순탄하지는 않았으며 여전히 현재진행형이다. 런던협약 가입에 이어 런던의정서를 받아들여 실제로 해양 투기의 근절을 위한 점진적 감소를 실행하기까지의 과정은 '갈등'이라는 한 마디로 요약할 수 있을 것이다. 정부의 규제는커녕 제도적 지원을 받으며 행해져 왔던 해양 투기가 런던의정서를 계기로 금지되면서, 직접적으로 해양 투기 대행 업무를 맡아왔던 해양 배출업계가 강하게 반발한 것은 물론, 직접 해양 투기를 한 것은 아니었으나 그간 해양 투기를 통해 대부분의 폐기물을 처리해 왔던 양돈업계 및 음식물 처리업계 역시 해양 배출업계의 편에 서서 정부의 해양 투기 금지에 대한 반대 여론을 형성했다. 이러한 과정의 모든 단계에서 갈등은 사건의 전개에 핵심을 이루었는데, 어떠한 면에서 이는 런던의정서와 런던의정서의 국내 적용이 가지는 태생적인 모호성에서 기인한 것이었다.

1993년에 런던의정서의 전신인 런던협약에 한국이 가입할 당시만 해도 관련 업계의 이해당사자들 간에 두드러지는 갈등은 없었다. 런던협약의 경우 해양 투기 규제에 대한 강제성을 가지지 않았기 때문이다. 그러나 이후 2009년(2006년부터 준비에 들어가 2009년에 공식 가입)에 한국이 런던의정서에 가입하면서 상황은 달라졌다. 런던의정서는 런던협약과 달리 해양 투기 금지에 대한 강한 의무를 부과했고, 이를 준수하기 위해 한국 정부는 점진적인 해양 투기의 축소를 통한 해양 투기 금지 계획을 수립했지만, 그간 해양 투기의 금지에 대해 별다른 문제 인식 및 대책을 강구하지 않고 있었던 관련 업계에는 이러한 정부의 입장이 갑작스러운 변화로 여겨졌다. 또한 정부가 수년간 관련 부처에서 수립해 온 대처 방안을 발표했지만, 정책 집행에 대한 준비 부족과 정부에 대한 불신 등으로 인해 갈등은 사그라지지 않았다. 오히려 2011년 8월에 국토해양부의 해양환경관리법 시행규칙 개정안 입법 예고에 반발한 해양 배출업계가 전면 파업에 들어가면서 갈등은 정점을 찍었다. 이후 해양 배출업계가 40여일에 걸친 파업을 종료하고 정부의 추가 대책이 발표되면서 사태는 진정되는 듯했다. 해양 투기 금지정책은 예정대로 2012년 1월 1일부로 시행되어 하수 오니와 가축 분뇨의 해양 투기가 금지되었고, 2013년과 2014년부터 각각 순차적으로 음폐수와 분뇨 처리 오니, 산업폐수와 산업폐수 오니의 해양 투기가 금지될 것임이 공포되었다.

이로써 런던의정서의 수용과 이에 따른 정부의 해양 투기 금지정책은 순탄하게 진행되는 것처럼 보였다. 그러나 2013년 1월에 다시 음식물 쓰레기 처리와 관련하여 처리업체의 수수료 현실화 요구와 이에 따른 파업이 일어나고, 이것이 근본적으로는 런던의정서 도입에 따른 해양 투기의 금지와 관련되어 있음이 밝혀지면서 해양 투기 금지 이슈는 다시 수면 위로 떠올랐다. 2013년 1월 1일부터 음식물 쓰레기 폐수 해양 배출이 금지됨에 따라 음식물 쓰레기의 자체 처리 수요는 더 높아졌는데, 늘어나는 수요에도 불구하고 음폐수 처리 수수료는 지나치게 낮게 책정되어 민간업체들의 반발을 사게 된 것이다. 이와 같은 일련의 상황들은 런던의정서와 그 안에 담긴 해양 투기 금지 규범이 한국에서 완전히 내재화되지 못한 채로 수용되어 나타난 부작용이라고 볼 수 있다. 이해관계자들의 입장 조정과 관련 법안의 정비가 계속해서 진행되고 있지만, 앞으로도 런던의정서의 완전한 내재화를 위해서는 상당한 시간이 걸릴 것으로 예상된다.

5 맺음말

런던협약은 해양 투기 문제를 전지구적 차원에서 규율하는 최초의 다자협약이라는 데에 의의가 있으며, 많은 국가로부터 광범위한 지지를 받아 왔다. 그러나 폐기물의 해양 투기를 절대적으로 금지한 것이 아니라 최소한의 국제 기준을 설정하고 각 국가들이 이를 이행하도록 하는 데에 그쳤다는 한계를 가지고 있었다. 이와 같은 한계에 대응하여 런던협약을 전면 개정한 런던의정서는 기존의 네거티브 방식 대신 선별등재 방식을 채택하여 투기 금지 품목을 구체적으로 제시하고, 이에 대한 당사국들의 이견의 여지를 없애는 등 좀 더 적극적인 해양 투기 금지 규범의 준수에 기여했다.

한국은 1993년과 2009년에 각각 런던협약과 런던의정서에 가입함으로써 폐기물 해양 투기 금지에 관한 국제적인 공조 노력에 동참했으나, 해양 투기를 대체할 폐기물 처리 방법의 모색과 잠재적 피해집단에 대한 보상 등의 현실적인 문제에 부딪혀 왔다. 그간 해양 투기 금지를 위한 정부의 지속적인 노력에도 불구하고 해양 배출업계를 포함한 직·간접적으로 해양 투기와 관련 있는 단체들이 형성해 온 해양 투기 금지 반대 여론에 부딪혀 정책이 표류된 경우가 많았다. 런던협약/런던의정서 가입국 중 유일한 해양 투기 국가라는 오명을 쓴 한국은 2014년 이후 비로소 해양 투기를 완전히 금지할 예정이다. 때늦은 감이 있지만 한때 정부의 제도적 지원을 받으며 행해져 왔던 해양 투기가 완전히 금지되는 것은 다행스러운 일이다.

제 5 장 유엔사막화방지협약

〈유엔사막화방지협약(UN Convention to Combat Desertification: UNCCD)〉

- 채택일: 1994. 6. 17
- 발효일: 1996. 12. 26
- 우리나라 서명일: 1994. 10.14
- 우리나라 채택일: 1999. 8. 17
- 우리나라 발효일: 1999. 11. 15

1 머리말

사막(desert)은 자연생태계의 일부로 특정 지역에서는 전통적인 삶의 터전이기도 하지만 '사막화(desertification)'는 인간 활동에 의한 환경 파괴 중 우리의 삶에 가장 직접적이고 포괄적인 영향을 주는 환경문제이다. 사막화는 표토(topsoil) 손실과 지속적인 토양 훼손(land degradation)으로 생물다양성을 위협하고 토양 내의 탄소배출을 증가시켜 지구온난화를 가속화하는 생태적 위기인 동시에 토양 침식, 토양염류화 및 질화, 그리고 산림 훼손에 따른 천문학적인 손실을 야기하는 경제적 문제이고,[1] 사막화가 발생한 지역의 식생 파괴와 토지 산출 감소로 인한 빈곤과 소득 불평등으로 지역공동체 간 갈등과 물리적 충돌을 초래할 수 있는 정치, 사회적 문제이기도 하다(Sivakumar, 2007). 실제로 1994년 발생한 50건의 무력 충돌 가운데 절반이 건조지

1) 뱀퍼드(Andrew Balmford)와 공저자들은 사막화로 인한 토양 침식, 생태계 파괴, 토양염류화 및 질화, 그리고 산림 벌채와 훼손에 따른 연간 경제적 손실을 각각 4,000억 달러, 660억 달러, 120억 달러, 300억 달러로 추정한 바 있다(Balmford et al., 2008).

역에서 발생했다는 통계가 있다. 현재 110여 개 국가에서 10억 명 이상이 사막화의 영향을 받고, 이들 중 2억 5천여만 명은 사막화로 인한 실질적인 위험에 처해 있다고 한다.

사막화는 또한 국지적인 문제에서 지역적 범위를 넘어 주변 국가들의 피해를 가중시키고 국제 사회의 안보에 부정적인 영향을 미치는 환경문제이다. 사막화가 광범위하게 발생하는 사하라 이남 지역의 경우 사막화로 인한 식량 생산 감소와 기아로 20년 내에 6천만 명이 북아프리카와 유럽으로 이주할 것으로 예상되는데, 이런 대규모 이주에 따른 물리적 충돌과 관련 국가 간 외교적 분쟁이 우려되고 있다. 동아시아의 경우에도 중국과 몽골의 사막화에 따른 황사 발생 증가로 대기오염, 호흡기 질환 증가 등 건강문제와 상당한 경제적 피해가 발생하고 있다.[2]

사막화되는 지역이 증가하고 그 피해가 확산됨에 따라 사막화 확산을 막기 위한 국제 사회의 노력으로 1994년 유엔사막화방지협약(UN Convention to Combat Desertification: UNCCD)이 체결되었다. 현재까지 195개국에서 채택된 사막화방지협약은 사막화로 인한 토양 훼손과 토양 생산성 저하에 따른 식량 생산 감소와 기아, 사회 비용의 증가, 담수질의 양적·질적 감소, 빈곤과 정치적 불안정 간의 연계에 관심을 두고 해결책을 모색하고 있다. 유엔은 더 나아가 2010년부터 2020년까지를 '사막화 방지 기간'으로 설정하고 사막화 문제 해결을 위한 국제사회의 관심과 노력을 촉구하고 있다. 우리나라는 1999년 사막화방지협약을 채택, 발효한 이후 개발도상국의 조림사업 지원과 지역사회의 경제 발전을 중심으로 사막화 방지를 위한 국제 사회의 다양한 정책적 노력에 참여하고 있다. 사막화 방지는 국제적으로 인정받는 산림 기술과 농촌지역 발전 및 빈곤 퇴치 경험을 갖고 있는 우리나라가 실질적으로 기여할 수 있는 분야로, 우리나라의 경제 발전과 산림녹화 경험은 아프리카, 아시아, 중남미 개발도상국들에 서구의 경험과는 차별화된 발전 모델로 인식되고 있다.

이 장에서는 사막화의 개념적 발전과 유엔사막화방지협약의 내용과 특성을 개괄하고, 사막화방지협약 이행상의 성과와 한계를 정리했다. 또한 우리나라의 사막화 방지 노력을 소개하고 정책상의 문제점을 지적하여 개선 방안을 제시했다.

---

2) 한국환경정책·평가연구원의 연구에 따르면, 우리나라의 황사에 의한 피해는 최저 3조 8천억 원에서 최대 7조 3천억 원으로 추산된다고 한다.

2 글로벌 환경 위기로서 사막화

1) 사막화의 정의

1930년대 이후 스테빙이 사하라 사막이 주변 지역까지 확장되는 현상을 관찰하고, 프랑스의 식물지리학자 오브레빌(A. Aubreville)이 아프리카에서 지역 주민들이 경작을 위해 숲을 깎고 불태움으로써 열대우림이 나무가 없는 사바나나 관목지대로 변화되는 것을 사막화로 규정한 이후 사막화의 개념은 지속적으로 재정의 되어 왔다(Sivakumar, 2007). 사막화 현상이 세계 전 지역에서 관찰되고 사막화의 원인과 대응 방안에 대한 국제 사회의 관심이 증가되자 유엔환경계획(UNEP)은 사막화를 건조, 반건조 지역에서 인간 활동의 부정적 영향에 따른 토지 손상으로 토지의 생물학적 잠재력이 감소 또는 파괴됨으로써 점차 사막과 같은 상태로 변해 가는 것으로 정의하고, 인간의 활동에 의한 자연 파괴를 사막화의 원인으로 규정했다(UNEP, 1977).

사막화는 다른 환경문제에 비해 국제사회의 관심을 받지 못하다가 1980년대 발생한 아프리카의 극심한 가뭄과 기아로 국제 개발 및 환경 논의에서 주요 의제로 부상했다. 다자간 협상을 거쳐 1994년에 체결된 유엔사막화방지협약(United Nations Convention to Combat Desertification: UNCCD)은 사막화를 인간의 활동과 기후변화 등 다양한 요인에 의해 발생하는 건조하고 메마른 지역에서의 토양의 훼손과 질적 저하로 정의했다. 토양의 질적 저하란 건조지역에서 바람과 물에 의한 토양 침식, 토양의 물리적·화학적·생물학적, 그리고 경제적 속성의 악화, 장기간에 걸친 자연 식생의 손실을 의미하는 것으로 간단히 정리하면 사막화란 건조지역의 생물학적 생산성을 영원히 감소되는 것을 말한다.

이러한 사막화의 정의는 인간의 활동이 어떻게 건조지역 토양의 표면적 특성과 기후적 특성에 영향을 미치는지, 그리고 반대로 건조지역의 기후적 특성이 그 지역의 토양, 생태, 수자원 균형, 그리고 인간의 토지 이용에 어떤 영향을 미치는지에 대한 종합적 고찰로 자연과 인간 활동의 상호작용을 포괄하는 개념으로서 사막화 방지를 위해서는 다차원적이고 통합적인 환경정책이 필요하다는 것을 제시한다.

2) 사막화의 원인

(반)건조 그리고 강우량이 현저히 적은 지역에서 토양 훼손으로 농지, (목)초지, 숲 등의 생물적·경제적 생산성이 심각하게 감소되거나 손실되는 현상을 의미하는 사막화는 다른 환경문제와 마찬가지로 자연 발생적 원인과 다양한 인위적인 요인의 상호작용에 의해 발생한다. 사막화의 자연 발생적 원인으로는 기후, 토양 상태, 지상, 하수, 지형, 지질, 그리고 이와 연관된 물 또는 바람에 의한 토양 침식, 염류화, 질화 등이 있다. 특히 바람에 의한 건조지역의 토양 손실은 전 지역에 걸쳐 심각한데, 건조지역 경작지의 24%와 초지의 41%에서 다양한 정도로 바람에 의한 토양 침식이 발생한다고 한다(Pye, 1987). 건조지대에서 장기간 가뭄이 지속되면 사막화의 시초가 되거나 사막화를 가속화시킨다. 가뭄으로 토양의 수분이 감소되면 대지로부터의 증발이 적어져 구름의 형성이 줄어들고, 토양을 덮고 있던 식생이 파괴되면서 지표면에 닿는 태양열이 증가하는데 이는 땅 속과 지표면의 온도를 상승시키고, 그 지역의 기후 균형을 깸으로써 결과적으로 이미 충분치 않은 건조지역의 강수량이 더욱 감소되는 결과를 가져온다. 강수량은 지역 토양의 식생 분포를 결정하고, 토양의 생성 및 진화와 불가분의 관계를 가진다는 점에서 강수량의 변화는 사막화와 직접적인 연관이 있다.

인위적 요인은 자연적 요인보다 광범위하게 토양 오염과 사막화의 진행에 영향을 미친다. 사막화의 원인이 되는 인위적 활동은 인구 증가, 사회경제적 구조 및 변동(도시화 등), 문화적 변화, 기술 변화, 행정적·제도적·정치적 조직 등이다. 건조나 반건조 같은 생태적으로 취약한 지역에서 토양자원을 과도하게 소진하는 작용, 즉 집약적 농업, 단일 작물 재배, 전통적 생활 방식의 변화, 과도한 방목 등이 발생하면 사막화가 진행되는데, 이 경우 토양의 생산성이 지속적으로 감소되고, 이는 생산성 향상을 위한 부적절한 토지 이용을 촉진하여 상황을 더욱 악화시킬 수 있다. 지구상의 여러 지역에서 인간의 경제활동이 어떻게 사막화를 초래하는지 보여주는 사례가 나타나고 있다. 서아프리카의 경우 3%에 달하는 급속한 인구 증가로 인구와 자연의 수용 상태가 균형을 이루었던 과거의 지속 가능한 경작 제도가 무너지고 식량 생산이 감소하자 이를 발전된 영농 기술 도입이나 비료 사용을 통한 식량 증산으로 해결하기보다는 경작지를 물리적으로 확대하는 방안을 추진하여 마을 주민이 공동으로 사용해 왔던 초지를 과도하게 경작함으로써 초지의 토양 상태가 악화되어 사막화되었다 (Middleton et al., 1986). 땅의 표면은 기후 변화의 중요한 요소로 토지 이용에 따른 지표면의 변화, 즉 숲이나 초지를 경작지로 변경하는 것 등의 경제활동은 다양한 과정을 통해 대기와 강우량에 영향을 미친다. 채니(Charney, 1975)는 1970년대에 이미 녹지의 감소가 강우량 감소를 가져올 수 있다고 추론한 바 있고, 이후 린과 워리로(Lean & Warrilow, 1989)는 아마존 열대우림의 변화가 지역 강우에 직접적 영향을 주었음을 확인했다. 플랜테이션 형태의 인도 사탕수수 재배와 우즈베키스탄의 목화 재배에 의한 수자원 고갈과 그로 인한 토지 황폐화는 이미 심각한 상황이다. 토양의 수용 능력이 제한적인 초원지대에서의 과도한 방목도 사막화를 촉진하는데 이는 지나치게 많은 가축이 제한된 초지에 있는 경우 토양은 식생의 성장을 지원하는 지력(地力)을 잃고 이는 수분의 증발과 표면 수분 유실로 인한 표층토의 유실을 초래하기 때문이다.

인위적 요인에 의해 가속화된 지구온난화와 기후 변화는 사막화의 원인이자 결과이기도 하다. 지구온난화는 온도 변화, 강우, 태양열, 바람의 변화를 야기하여 사막화를 촉진하기도 하는데 산림 벌채, 낙엽이나 퇴적층의 연소, 산림이나 초지의 농경지 전환, 그리고 습지의 배수(drainage) 등은 기후 변화의 주범인 이산화탄소(CO_2) 배출을 증가시키는 토지 이용의 유형이다. 토양은 탄소 격리 기능을 통해 대기 중 이산화탄소량을 줄이고 기후 변화를 완화시킬 수 있으나 사막화로 인해 토양이 침식되면 이 기능을 다하지 못하게 되어 기후 변화를 가속화시킨다. 토양에서 발생한 미세한 먼지 입자는 직접적으로는 태양광선은 반사하거나 흡수함으로써, 간접적으로는 구름의 수명을 변화시켜 기후에 영향을 미친다 (Sivakumar, 2007). 성분과 위치에 따라 먼지 입자들은 태양빛을 대기 중으로 반사하여 지표면에 닿는 태양 에너지의 양을 줄이고, 간접적으로는 응결핵으로 작용하여 구름을 형성함으로써 냉각 효과를 가져온다. 사막화로 인한 녹지 감소로 지표면이 태양광선을 반사시키는 반사율이 증가하면 지표면이 쉽게 냉각되고 온도가 낮아지며 대류 활동이 감소되어 그로 인해 강수량이 감소하고 이는 건조지역의 사막화를 가속화시킬 수 있다. 기후 패턴은 수자원과 불가분의 관계에 있고, 따라서 기후 변화는 수자원과 지역 발전에 직접적인 영향을 미친다. 케냐의 경우 기후 변화로 우기-건기 기후 패턴이 무너져 예전에는 10년에 한 번 정도 규칙적으로 발생하던 가뭄이 거의 매년 발생하고, 이로 인해 사막화가 빠르게 진행되어 식량위기와 타 지역으로의 이주가 발생하고 있다.

공공정책은 인위적 경제활동을 허용하고 정당화함으로써 사막화를 촉진하거나 억제하는 제도적인 요인이다(Briassoluis, 2011). 정부정책은 직·간접적으로 인간의 활동을 억제 또는 강화함으로써 생태계에 직접, 간접, 그리고 유도된 긍정 또는 부정적인 영향을 미칠 수 있다. 예를 들어 건조지역에 대한 농업 지원 정책은 지속 가능하지 않은 영농 촉진에 따른 토지의 과도한 이용으로 궁극적으로 사막화를 촉진할 수 있고, 반대로 과세(課稅), 개발 규제 등의 정책은 자원의 과도한 이용을 억제하고, 더 나아가 직접적으로 바람직하지 않은 결과를 초래할 수 있는 모든 토지 사용을 제한할 수 있다. 다층적 시·공간적 차원에서 복잡하고 상황에 따라 특수하게 발생하는 다양한 자연 발생적·인위적 결정 요인 간의 상호작용은 토지 이용의 변화를 촉진하고 이는 토지 표면의 변화를 가져와 사막화를 촉진시킨다.

3) 사막화 현황과 영향

<표 5-1>에서 보듯이 건조지역의 확산과 사막화는 지구상의 전 지역에서 발생하고 있다. 지구 표면의 약 41%, 경작 가능 지역의 44%가 건조지역으로 약 20억 명의 인구(전체 인구의 34%)가 거주하고 있고, 지구 표면의 1/3은 사막화의 위험에 직접적으로 노출되어 있으며 매년 6백만 ha의 면적이 사막화되고, 건조지역의 10~20%는 오염되어 농촌 거주자의 1~6%가 피해를 보고 있다(World Ecology Report, 2009). 건조지역의 확산과 사막화 발생의 직접적인 원인은 각 지역에 따라 차이가 있다. MEA(Millennium Ecosystem Assessment, 2005)에 따르면 아시아에서는 인구 증가, 무절제한 개간, 물의 사용이 많은 사탕수수와 목화 등 단일 환금 작물 재배, 과도한 방목 등으로 중국, 몽골, 인도, 파키스탄 사막지대, 시리아의 사구, 네팔과 라오스의 산악 지대 등에서 사막화가 확대되고, 중앙아시아에서는 대규모 면화 재배로 아랄해로 유입되는 아무다리아 강의 수량이 급격히 감소하여 아랄해의 건조화와 주변 지역의 황폐화가 진행되고 있어 10~20년 이내에 아랄해가 바다사막이 될 것이라는 예측이 나오고 있다. 사막화가 어느 지역보다 빠르게 확산되고 있는 아프리카에서는 대륙의 43%, 전 인구의 40%가 거주하는 지역이 건조, 반건조 및 반습지지역으로 과거 과도한 목축과 현재의 빈곤으로 인한 과도한 벌채가 강수량 감소, 토양의 질적 저하, 식량 생산량 감소, 기아, 초지나 산림 개간을 위한 벌채의 악순환 고리를 만들며 상

표 5-1 사막화 현황

지역	사막화된 면적(백만 ha)	전 세계 사막화지역에서 차지하는 비중(%)
아프리카	1,286.0	24.9
아시아	1,671.8	32.3
호주	663.8	12.8
유럽	299.6	5.8
북미	732.4	14.2
남미	516.0	10.0
합계	5,169.1	100

※ 전 세계 토지 면적=149억 ha
출처: UNEP homepage.

황을 악화시키고 있다. 유엔환경계획(UNEP)에 따르면, 아프리카의 경우 특히 농작물을 생산할 수 있는 지역의 2/3를 포함한 5억 ha의 땅이 토양오염의 영향을 받고 있다고 한다. 3%에 달하는 아프리카의 급속한 인구 증가는 취약한 생태계를 더욱 악화시켜 사막화를 가속화하는 요인이 되고 있다.[3] 중남미는 급격한 도시화와 자연자원의 과도한 개발로 전 지역의 1/4에 해당되는 곳이 사막 및 건조지역으로 토지의 침식과정이 심각하게 나타나고 있다. 유럽연합의 남부 13개국도 자연적 현상과 산림 벌채, 화학비료의 과도한 사용 등에 의해 사막화 현상이 나타나고 있다.

110개국에서 나타나는 사막화로 인한 연간 경제적 피해는 420억 달러에 이르는 것으로 추정된다(Takies, 2011). 아프리카, 중남미에서는 사막화로 인해 농지의 16%에서 생산량 감소가 나타나고, 사하라 이남 지역은 사막화로 인한 식량 생산의 감소로 기근이 심각한 상황이다. 식량 생산 감소와 물 부족은 경제적 위기와 빈곤으로 인한 사회적 갈등과 물리적 충돌을 야기하여 국가 및 지역안보에 부정적인 영향을 미칠 수 있다. 케냐의 경우 극단적인 기후 변화로 북부지역이 사막화되어 부족해진 목초지와 가용 수원에 대한 접근을 놓고 지역인들 간 갈등이 발생하고, 상황이 심각한 곳에서는 물리적 충돌이 일어나기도 한다. 케냐의 사태는 패랜티(Paranti, 2012)가 '재앙적 수렴(catastrophic convergence)'이라고 이름붙인 빈곤, 폭력, 기후 변화가 겹쳐 만들어낸 상황으로 지구상의 여러 곳에서 재현되고 있다. 전쟁과 빈곤으로 사회망이

3) 2005~2010 기간 인구증가율은 아프리카(2.06%), 아시아 (1.15%), 유럽 (-0.14%), 중남미(1.26%), 북미(0.94%)로 아프리카는 전 세계 평균을 넘는 인구증가율을 보이고 있다.

무너진 상황에서 가뭄이 덮치자 물을 덜 먹는 양귀비 재배와 판매에 매달리는 아프가니스탄, 기존의 종교문제와 기후 변화에 따른 수자원 갈등이 겹친 인도와 파키스탄 간의 카슈미르 분쟁, 가뭄으로 고향을 떠나 리우데자네이루 슬럼을 형성한 이주민 사회의 폭력 등이 모두 그런 예이다.

사막화는 생물다양성에도 심각한 영향을 미치는데 사막화로 인한 숲과 초지의 감소로 동식물과 곤충의 서식지도 파괴되어 동식물의 멸종을 가져올 수 있다. 사막화는 초국경적 환경문제이기도 한데, 사막화가 급속하게 확대되는 아프리카와 아시아 지역에서는 토양의 생산 능력 약화로 식량 생산 감소와 기근이 발생하고, 주변 지역에 대해서도 사막화로 인한 가뭄, 홍수, 모래 폭풍, 그리고 오염으로 인한 심각한 경제적 피해와 건강문제가 나타나고 있다.

지리적·사회경제적·문화적 차이는 있지만 개인(농부), 기업, 공적·사적 기관 등 모든 이해 당사자는 토지 이용과 경제정책들의 이행을 통해 사막화에 영향을 미친다. 그러나 사막화는 대도심보다는 지리적으로 먼 곳에서 발생하며, 사막화의 직접적 영향을 받는 이들은 대체로 빈곤하고 정치적으로 취약한 계층인 경우가 많고, 사막화 문제가 경제 발전이나 기후 변화 문제보다는 정책적 우선순위가 낮은데다 그 원인 및 인과 관계의 복잡성으로 사막화 방지에 필요한 정책적 노력이 충분치 않은 경우가 많다. 사막화의 직접적인 피해를 겪는 국가에서도 사막화 방지를 위한 정책 수립과 이행 수단이 여러 기관으로 분산되어 있어 업무 부서 간 정책적 조정이 원활하게 이루어지지 않고, 따라서 사막화에 대한 효율적 대응이 어려운 상황도 발생하고 있다. 다양한 원인에 의해 발생되는 사막화의 진행 정도를 평가하고 지역의 상황에 적합한 대응 방안을 마련하기 위해서는 우선 통일된 기준과 방법에 따른 모니터링을 통해 사막화의 현황과 원인이 되는 요소들을 정확히 파악하는 작업이 선행될 필요가 있다.

3 사막화 방지 국제협약의 발전

1) 사막화 방지 국제협약의 배경과 협상 과정

사막화에 대한 최초의 국제적 논의는 1937년 영국과 프랑스의 서아프리카 식민정부가 사하라사막 남쪽 건조지역의 심각한 토양 훼손에 대한 여러 보고서를 검토하기 위해 합동 산림위원회(Joint Forestry Commission)를 구성한 것이라고 할 수 있다. 이 위원회는 그러나 표준화된 연구 방법 대신 관찰만으로 상황을 평가했고, 식민지의 사막지역이 확대되는 것을 국제적 문제로 인식하지 않았다. 사하라사막이 남서쪽으로 확장되고 있다는 사실과 서아프리카의 기후가 점점 건조해져서 수원(水源)이 줄고 식생이 파괴되고 있어 양국이 공동으로 대응해야 한다는 일부 연구자들의 주장은 무시되었다. 이 위원회는 나무를 베어내거나 산림을 태워서 경작하는 아프리카의 전통적 영농 방식이 삼림 훼손과 사막의 확대에 주된 원인이라는 결론을 내리고 유럽식 영농과 산림 보존 방식 도입을 해결책으로 제시했으며, 식민지의 자연 보존을 담당하는 기관 간의 긴밀한 협력과 조정을 권고했다.

건조지역의 토양 훼손이 지속적이고 광범위하게 나타남에 따라 사막화는 1970년대 다자간 정부회의의 정책의제가 되었다. 1974년 12월 유엔 총회에서 유엔사막화대책협의회의 개최를 요청하는 결의안이 채택되었고, 이에 따라 1977년 케냐의 나이로비에서 유엔사막화회의(United Nations Conference on Desertification: UNCOD)가 개최되어 94개국에서 500명의 대표가 참석, UNEP의 지원 하에 사막화 방지를 위한 행동계획(a Plan of Action to Combat Desertification, the Plan: PACD)을 채택했다. PACD는 사막화 방지를 위한 행동계획을 수립하는 국가들을 돕고 국제사회의 지원을 유도하고 조정하는 일련의 가이드라인과 권고로 되어 있다. UNEP는 당시 사막화를 공통적인 원인에 의해 발생하는 것으로 보편적인 처방이 가능한 범지구적 환경문제로 제시했다. PACD는 세계사막화 지도(World Map of Desertification)를 만들어 사막화가 전 세계적으로 발생되는 과정임을 나타내었다. PACD는 사막화를 '비합리적'인 토지 이용에 의해 발생되는 환경문제로 보고 토양의 질적 저하가 지역의 복지와 경제 발전에 미치는 부정적인 영향을 강조했는데, 이런 문제 의식을 바탕으로 각국 대표들은 국가 정책의 국제적 공조를 강조하고 과학자들의 의견과 서구식 기술을 바탕으로 사막화 지역의 생활 방식을 개선하는 것을 중심으로 하는 해결책을 제시했다. UNCOD는 UNEP를 국제적으로 책임 있는 환경기구로, 그리고 특히 개도국의 환경문제에 관심을 갖는 기관으로 자리매김할 수 있도록 했지만, 법적 구속력이 없었던 PACD는 아프리카의 사막화와 기근 발생에도 불구하고 재정적 결여와 국제사회의 정치적 실천 의지 부족으로 성과를 거두지 못했다.

1985년 심각한 가뭄이 발생하자 세계농업개발기금(International Fund for Agricultural Development: IFDA)은 '가뭄과 사막화의 영향을 받는 사하라 이남의 국가들을 위한 특별 프로그램'을 수립하고 7억 5천만 달러를 모금하여 25개국에서 45개 프로젝트를 재정적으로 지원했다. 이런 국제사회의 노력은 지역에 따라 성공한 곳도 있었지만 UNEP는 사막화 현황과 방지 노력에 때한 종합적 분석을 바탕으로 1991년 (반)건조 지역에서의 토양 오염과 토질 저하가 더욱 심각해지고 있다는 결론을 내렸다. 이후 아프리카 국가들의 강력한 요구로 1992년 UNCED에서 사막화 방지를 위한 법적 구속력을 가진 국제협약의 필요성이 제기되었다. 사막화 방지 협상에서 개도국, 특히 아프리카 국가들은 사막화를 글로벌 환경문제로 보고 전지구적 차원의 사막화 방지 협약이 필요하다는 점을 주장한 반면 선진국들, 특히 미국은 사막화를 글로벌 환경문제로 보는 것은 선진국들이 사막화 방지 프로그램을 지원하는 데 재정적 책임을 져야 한다고 말하는 것과 같다는 이유를 들어 반대했다. 그러나 치열한 논의 끝에 UNCED에서 국가들은 사막화와 가뭄이 전 세계에 영향을 미치는 환경 위기로 이를 위해 국제사회의 공동 행동이 필요하다는 데 합의했다. 선진국의 입장이 달라진 이유는 UNCED를 위한 협상 과정에 개도국들의 참여가 필요한 상황에서 아프리카 국가들이 UNCED 협상 타결 조건으로 사막화 문제를 먼저 다루어 줄 것을 요구하자 개도국의 참여를 유도하는 수단으로 사막화 논의를 수용했기 때문이었다(Najam, 2006).

이후 1992년 유엔 총회에서 심각한 가뭄이나 사막화를 겪고 있는 국가들, 특히 아프리카의 사막화 방지를 위한 협약을 준비하기 위해 정부간 협상위원회(Intergovernmental Negotiating Committee: INCD) 설립에 대한 결의안을 채택하고 사막화방지협약을 위한 협상 시한을 1994년 6월까지로 설정했다. 1993년부터 1994년 기간에 5차례 열렸던 INCD 협상에서 가장 논쟁이 심했던 부분은 당사국의 의무 사항과 재정 부담 문제였다. UNCOD의 경험을 바탕으로 개도국은 사막화방지협약의 성공적 이행은 안정적 재원 마련에 달려 있음을 강조하여 선진국의 적극적 참여와 책임을 압박했다. 그러나 재정 부담 문제에서 선진국과 개도국이 입장이 극명하게 양분되어 협상 종료 시점인 1994년 6월 17일까지 합의를 보지 못하다가 양보안인 글로벌 메커니즘(Global Mechanism: GM)을 수용하는 데 합의했다. 결국 유엔사막화방지협약은 생물다양성이나 기후 변화 협약과 달리 선진국의 협약 이행에 대한 강력한 공약도, 협약의 이행을 위한 재정 부담 문제에 대한 합의도 도출하지 못했다(Najam,

2006). INCD에서 합의된 사막화방지협약안은 1994년 파리에서 개최된 제5차 INCD에서 유엔사막화방지협약(United Nations Convention to Combat Desertification in Those Countries Experiencing Serious Drought and/or Desertification, Particularly in Africa: UNCCD)으로 체결되어 1996년 발효되었다. INCD는 1997년까지 10차례 협의를 통해 사막화방지협약의 제도적 발전에 대해 논의하는 장으로 기능했고, 제1차 당사국총회 개최가 결정됨과 동시에 그 기능이 종료되었다. 현재 유엔사막화방지협약에는 195개국이 회원국으로 가입되어 있다. 새로 제작된 세계사막화지도는 사막화를 하나의 과정으로 묘사한 PACD의 지도와 달리 전지구적 차원에서 사막화의 물리적 측면을 표기했고, 전 세계에 위치한 여러 지역 전문가의 지식과 관찰을 바탕으로 사막화의 원인과 현상에 대한 다양한 해석과 특성을 묘사했다.

2) 유엔사막화방지협약의 내용과 제도적 발전

유엔사막화방지협약은 사막화 방지를 위한 광범위한 행동강령(frame of actions)을 제시하는 기본 협약과, 전 세계를 아프리카, 아시아, 남미와 캐리비안(Caribbean), 북지중해 지역, 중·동부유럽의 5개 지역으로 분류하고 그 지역의 특수한 사막화 문제를 다루기 위한 5개의 부속서로 구성되어 있다. 부속서는 국가와 지역 차원에서의 사막화 방지를 위한 가이드라인과 각 지역의 특수한 상황, 행동계획, 재정자원, 제도적 메커니즘을 담고 있다. 각국 정부는 재정 기부자, 지역 주민, 비정부단체와의 협력하에 행동계획을 만들도록 권장된다. 유엔사막화방지협약의 제도적 장치로는 본(Bonn)에 설치된 사무국, 아프리카, 아시아, 중남미의 3개 지역사무소(Regional Unit), 그리고 뉴욕, 로마, 제네바에 설치된 3개 연락사무소가 있다. 사막화방지협약의 최고 의사결정 기구는 2년 주기로 개최되는 당사국총회로 정기적으로 조약의 이행과 기타 관련 기관들의 기능을 감시하는 역할을 한다(<표 5-2> 참조). 당사국총회의 부속기구로 제5차 당사국총회(2004)에서 결정된 협약이행검토위원회(CRIC)와 과학기술위원회(CST)가 있고, 특정 문제에 대해서는 특별위원회가 설치되기도 한다. 사막화의 영향을 받고 있는 지역사회의 사회적·생태적·물리적 상황이 다르기 때문에 사막화에 대한 효과적 대응은 지역 주민과 그들의 지식을 포함하는 것이 반드시 필요하다. CRIC는 다양한 상황을 통합하기 위한 시도로 국가 간, 지역 간, 국제적 경험 간 의사소통을 위한 수단으로 설치되었다.

표 5-2 사막화방지협약 당사국총회 주요 이슈 및 논의 사항

회차	시기와 장소	주요 이슈 및 논의 사항
COP 1	1997 Rome (Italy)	• 협약사무국 본(Bonn)에 설치 • 과학기술위원회(CST) 구성 논의
COP 2	1998 Dika (Senegal)	• 예산, 합의 이행 등에 대해 선진국과 개도국 간의 갈등 표면화 • 사무국 기능 정리, 강화 • 개도국이 협약이행검토위원회(CRIC) 설립 제안 • 재정 체계 출범 연기 • 분쟁 중재 및 조정 관련 부속서
COP 3	1999 Recife (Brazil)	• 예산 17% 증액 결정 • 부속서 국가 추가(중, 동구유럽) 합의 • CRIC 설립 제안 논의 결렬 • 조기경보 체계 논의
COP 4	2000 Bonn (Germany)	• GM 강화 • 과학기술위원회 강화 • CRIC 설립 제안 • 예산 증액분 반영 방안 논의(의견차)
COP 5	2001 Geneva (Swiss)	• CRIC 소위원회 설치 요구(개도국) • GEF와 상호 협력 방안
COP 6	2003 Havana (Cuba)	• 사막화 방지와 빈곤 퇴치 연계 강조 • 아바나선언 채택: 협약을 통한 빈곤 감소, OPEC개발기금을 통한 신규 재원 활용 도모, GEF와 협력 강화 • UNFCCC와 공동활동 증진
COP 7	2005 Nairobi (Kenya)	• 아프리카발전협력체(NEPAD) 구성 • 2006년 사막의 해 지정 • 나이로비 선언 채택: 사막화와 자속 가능 발전 연계 강조 • 국가보고서 제출 표준화를 위한 전문 실무단 구성 합의 • GEF와 재정 협력 강화
COP 8	2007 Madrid (Spain)	• 협약 이행 증진을 위한 '10년 전략계획(2008-2018)' 채택: 협약의 검토에서 실질적 이행으로 이동 • 토지 황폐화 관련 의제(CST) • 재정문제 관련 남북 격차 해결 방안 촉구
COP 9	2009 Buenos Aires (Argentina)	• 지역사무소를 지역협력체로 확대, 개편 • GM 보고 체계 및 책임 관련 일부 개선 • CRIC의 상설 기구화 결정
COP 10	2011 Changwon (Korea)	• GM 거버넌스 결정 • UNCSD(Rio+20)에 적극 대비 • 창원 이니셔티브: UNCCD의 과학적 프로세스 증진, 추가 자원 동원 및 파트너십 구축 촉진

출처: KIEP 보고서(2010: 23-24); www.unccd.int 참고, 재구성.

유엔사막화방지협약은 회원국의 국가 및 지역 차원의 행동계획 등 사막화 방지 대응계획 수립을 지원하고, 사막화 피해국의 문제 해결 능력 배양, 기술 및 재정적 지원 모색, 지식과 기술 교환, 협약 이행의 주기적인 모니터링 및 그에 따른 정책적 조치를 권고하는 등의 내용을 규정하고 있다. 모든 당사국은 사막화 방지를 위해 필요한 자료 수집, 정보와 기술 교환, 가뭄 피해 완화 및 사막화 퇴치를 위한 프로그램의 이행에 필요한 재정적 지원에 협력해야 한다. 사막화의 직접적인 영향을 받고 있는 아프리카, 아시아, 남미와 캐리비안, 북지중해 연안 지역 국가들의 경우 국가행동계획(National Action Plan: NAP)을 수립하고 이의 조정과 이행에 책임 있는 국가조정기관(National Coordination Body: NCB)을 설치하여 각국의 상황과 사막화방지협약을 연계하는 책임자를 두어야 한다. NCB의 구성은 사막화 방지에 대한 각국의 입장과 이를 위한 제도적 준비를 반영한다. 이들 국가는 사막화의 원인을 찾고, 이와 관련되는 사회적·경제적 요인들에 특별한 관심을 기울이고, 사막화 방지를 위한 적절한 기술과 지식을 확보하는 데 노력해야 한다. 간접적으로 사막화의 영향을 받는 국가들은 NAP를 수립하거나 또는 일반적인 사막화 방지전략을 채택할 수 있다. NAP는 원칙적으로 협약 이행을 위한 의무적인 기구이고 사막화방지협약의 목적, 구체적 사항, 그리고 사막화방지협약의 운영 원칙을 각 국가 차원에서 어떻게 적용하는지를 평가하는 기준이 되기도 한다(Briassoulis, 2011). NAP는 통합적 국토이용 정책을 수립하고 특정 지역의 사막화 영향을 저지하기 위한 다양한 수단을 통합하고, 성공적으로 사막화 방지 정책을 이행하며, 재정 정책의 근거를 제공해야 한다. NAP는 협약 당사국이 각국의 포괄적인 지속 가능 발전 계획과 전략의 일부분으로 삽입되는 전략적 계획으로 간주되기도 한다. 선진국들은 적절하고 예측 가능한 재정 지원이나 기술자원을 통해 개도국의 사막화 방지 노력에 참여할 의무를 가진다(Article 6, 20). 모든 당사국은 협약을 이행하는 데 사용한 수단을 보고할 의무가 있으며(Article 26), NAP를 채택한 국가들은 정기적으로 진행 상황을 보고할 의무가 있다.

유엔사막화방지협약은 법적 구속력을 가진 유일한 사막화 방지 국제협약이지만 자체적인 재원도 없고 계획 이행을 지원하기 위한 새로운 재원 마련 수단도 규정하고 있지 않다. 대신에 조약은 기존의 재정 지원 채널을 통한 자원 조달과 이런 재원 조달 노력을 용이하게 하기 위한 글로벌 메커니즘(Global Mechanism: GM)을 설치했다. 당사국총회의 감사를 받는 GM은 기존의 재정기관과 재원 활용의 효율성을 향상시키고 개도국에 대한 재정 지원을 용이하게 하는 중재적 기관(brokering body)으로 작용한다. 6차 당사국총회에서 지구환경기금(GEF)이 사막화방지협약을 위한 재정기관으로 지정되어 향후 생물다양성협약과 기후변화협약과의 발전적 연계가 사막화방지협약의 재정적 전망을 밝게 할 것으로 기대된다.

3) 사막화방지협약의 특징

유엔사막화방지협약은 사막과 싸우는 것이 아니라 토양 훼손의 진행을 역행시켜 공동체의 삶의 질을 향상하고 빈곤을 줄이는 데에 초점을 맞추고 있다. 이런 두 가지 목적, 즉 빈곤 퇴치와 환경 보호를 동시에 추구한다는 점에서 사막화방지협약은 지속가능 발전 협약으로 간주되기도 한다. 사막화방지협약은 환경과 개발의 상호연계성을 강조하고 이를 위한 다 학제 간 접근과 이론적 통합, 자연자원의 지속가능한 이용 및 보존, 각 분야의 정책, 개발계획, 그리고 이행을 위한 다양한 전략을 고려하는 통합적 환경정책(EPI)을 모색한다. 각국의 국가행동계획(NAP)은 지역 특성에 맞는 지속 가능한 토지관리, 자원 보존 기술, 전통적 방법의 보존과 활용, 자연자원 이용에 대한 결정과 이행의 모든 과정에서 참여적 정책 결정과 집행으로 사막화 방지를 위한 통합적 환경정책의 절차적 수단이다. 사막화방지협약은 효과적 이행을 위해 지역공동체, 국가적 · 지역적 · 국제적 프로그램을 유기적으로 통합하고, 모든 이해 당사자의 참여와 전통적 삶의 방식 및 지혜를 새로운 과학적 연구 결과와 통합하며, 사막화방지협약과 인과 관계에 있는 생물다양성협약과 기후변화협약과의 강력한 연계를 추진함으로써 통합적 환경정책을 구현하고자 노력하는 데 목적이 있다. 유엔사막화방지협약의 이러한 특성은 다음 세 가지로 정리할 수 있다.

(1) 빈곤과 환경문제의 연계

토양 오염의 주된 원인은 지나친 방목, 산림 훼손, 농지관리 실패, 목재 연료 과소비 등으로 영농과 직접적인 관련이 있다. 토양 훼손의 가장 심각한 현상인 사막화는 식량 생산 감소, 빈곤과 굶주림의 주된 원인이 되고 있다. 곡물 생산성이 개발도상국의 성장과 빈곤의 주된 결정 요인이기 때문에 유엔사막화방지협약은 지속 가능한 토지 이용과 관리를 강조함으로써 빈곤지역 주민의 삶을 향상시키는 것을 행동계획에 포함시키고 있다. 유엔사막화방지협약은 사막화와 가뭄이 기아, 빈곤, 열악한 영양 및 건강 상태, 이주와 공동체 와해 등으로 인해 발생하는 사회·경제적 문제와 상호 작용 관계에 있음을 인식하고(Article 4.2 a), 이러한 인식을 바탕으로 사막화와 가뭄의 물리적·생물적·사회경제적 측면을 모두 성찰하는 통합적 접근의 필요성을 명시하고 있다 (Article 4.2 c). 유엔사막화방지협약은 또한 사막화의 영향을 받는 국가들에서 사막화의 발생 원인과 진행에 영향을 미치는 사회·경제적 요인에도 특별한 주의를 기울이고 있다.

(2) 참여적 협약 이행

사막화방지협약문에 제시되는 사막화의 정의와 전체적인 이론적 틀은 협약이 인간과 그들이 살고 있는 자연 간의 밀접한 연계를 중요시하고 있음을 나타낸다. 협약은 사막화의 영향을 받고 있는 지역의 개발과 환경문제에 대해 각각의 특수한 상황에 맞는 해결 방안을 제공하기 위해 참여적이고, 분산적이며, 통합적인 접근 방법을 처방하고 있다. 협약은 사막화 방지를 위한 활동을 고안하고 이행하는 데 지역공동체 중심의 참여적 접근 방법을 추구하고 지역공동체의 생활 조건 개선을 명시적으로 공약하고 있다는 점에서 전략적이고 혁신적이다 (Article 2.2). 특히 협약의 이행을 위해 국가, 지역, 마을공동체의 행동계획을 수립하고 농부나 목축업자 등 토지 이용에 관련된 모든 이해 당사자를 정책 결정과 이행, 그리고 국가행동계획 검토 과정의 모든 분야에 참여할 수 있는 기회를 제공하고 있다.

유엔사막화방지협약은 과학과 기술이 사막화 방지를 위한 정책 결정과 이행에 중요함을 인식하고 있지만 '과학(science)'이라는 용어 대신 '지식(knowledge)'이라는 광범위한 용어를 사용하여 다양한 인지적 자원을 활용할 것임을 강조했다. INCD 사무국에 조언하기 위한 국제전문가회의가 있지만 사막화방지협약의 협상 과정에서는 각 지역의 사막화 문제를 이해하고 해결책을 모색하는 데 적은 수의 과학자나 전문가보다는 광범위한 지식 기반의 확충을 위해 지역 비정부기구(NGO)들로부터의 정보에 의존했다. 사막화의 원인에 대해서도 단일한 요인을 제시했던 UNCOD와 달리 INCD에서는 환경적·사회적·정치적 요인 간의 복잡한 상호작용을 인정하고, 합리적인 토지 사용과 서구 기술의 수용에 기초한 '위로부터의 정책' 대신 모든 국가는 전통적 삶의 방식과 각 지역 고유의 지식과 방식, 지역공동체, 여성과 비정부기구의 참여를 모두 포괄하며, 사막화 방지 노력과 지역경제 발전을 통합하고, 물리적·생물적·사회경제적 측면을 모두 포함하는 '아래로부터의 접근 방식'을 강조했다(Warren, 1993).

(3) 다자 거버넌스

유엔사막화방지협약은 환경 보호와 빈곤 퇴치를 공동의 목적으로 추구하고, 본질적으로 지역의 현상을 글로벌 차원에서 다루는 야심차고 혁신적이며, 지속 가능한 발전을 위한 협약으로 평가된다. 사막화는 사회, 경제, 문화, 환경문제가 연계된 복잡한 사안으로 이에 대한 대응은 환경에 대한 관심과 발전 요구를 통합하고, 각 분야의 여러 정책과 기관, 프로그램 및 효과적인 다층적 조정을 필요로 하는 지난하고 장기적인 과정이다(Briassoulis, 2011). 국제적 협력과 파트너십, 지역공동체, 토지 소유자, NGOs 간의 협력, 자문, 네트워킹을 통한 다양한 수준의 교차적 조정이 강조되고, 참여, 형평, 개방과 투명성, 응답, 효율, 정당성, 책임성 등이 중요한 행동 요소로 간주된다. 토양의 건강성을 회복하기 위한 토지 활용이나 정책을 적극적으로 추진하기 위해서는 예측 가능하고 확실한 재원에 의해 지원되는 제도적 장치가 요구된다. 유엔사막화방지협약은 사막화의 원인과 결과에 연관된 여타의 국제환경협약과의 공조를 강조하는데, 제8조에 보면 특히 기후협약, 생물다양성협약과 정책적 조정이 권고되고, 이는 연구, 교육과 훈련, 체계적 관찰, 정보 수집과 공유 등의 부분에 공동 프로그램을 수행하도록 명시하고 있다. 사막화방지협약은 1998 람사르협약과 양해각서(MOU)를 체결했고, UNEP와 건조지역 토양오염 평가에 대한 공동 노력 및 UNDP, UNESCO, WMO 등과도 협조 체제를 발전시키고 있다.

4 유엔사막화방지협약의 성과와 한계

유엔사막화방지협약의 체결로 국제사회는 사막화를 인류 공통의 환경 위기로 정의하고 해결 방안에 대한 합의를 이끌어냈다. 사막화 현황과 방지에 대한 공론의 장이 만들어졌고, 협약의 제도적 발전(사무국, 당사국총회, GM, 과학기술위원회 등)으로 사막화 방지 목적을 달성하기 위한 잠재적 역량이 향상되었으며, 기후변화협약과 생물다양성협약 등 이미 수립되어 토양 훼손과 사막화 문제에 대한 논의를 진행하고 있는 다른 국제환경협약과의 공조가 가능하게 되었다. 개발도상국의 토지 황폐화에 대한 국제 원조가 증대되었고, 새천년 개발목표(the Millennium Development Goals: MDGs) 등 토양의 훼손을 막고 생산성을 높이는 프로그램들과의 협력을 통해 사막화 방지 대책을 수립하고 이행해 왔다. 유엔사막화방지협약은 환경 보호, 경제 발전, 사회 발전을 아우르는 행동계획을 가지고 시민사회의 참여, 빈곤 퇴치, 식량 안보, 양성 평등, 농촌지역의 생활 방식을 모두 포함하는 지속 가능 발전 정책 목적을 설정해 추진하고 있다.

유엔사막화방지협약에는 현재 195개국이 가입되어 있고, 이 중 사막화의 직접적인 영향을 받는 80여 개 국가가 시민사회의 참여하에 사막화 방지를 위한 국가행동계획을 작성하여 제출했다. 각국의 행동계획은 지역의 토지 황폐화의 원인과 영향을 자세히 기술하고 이들을 해결하기 위한 수단도 제시한다. 사막화의 직접적 영향을 받는 국가들은 더 나아가 사막화 방지를 위한 개별 국가들의 노력을 조정해서 역내 국가간 정책 조정인 지역 행동계획을 작성하여 제출했다. 사막화의 직접적인 영향을 받지 않는 국가들은 이러한 행동계획의 효과적 이행을 위한 기술적·재정적 지원을 약속하고 있다. 사막화방지협약의 효과적 이행에 가장 우려되었던 재정 안정성의 문제도 지구환경기금(GEF)이 협약의 재정적인 면을 담당하는 것으로 결정됨에 따라 완화된 것도 가시적인 성과라고 할 수 있다. GEF를 통한 재정 지원이 유엔생물다양성협약이나 기후변화협약에 비해 상대적으로 적지만 GEF가 재정적인 면을 담당하는 것은 사막화방지협약이 다루는 사막화, 토지 손상, 그리고 빈곤과 같은 문제들에 대한 원조 공여국들의 관심이 증가하고 있음을 반증하는 것이라는 점에서 중요한 발전이라고 할 수 있다.

그러나 유엔사막화방지협약의 실질적 이행의 성과에 대해서는 회의적 시각도 많은데, 가장 문제가 되는 것은 유엔사막화방지협약이 표방하는 사막화 방지 노력과 이행 및 성과 사이에는 상당한 괴리가 있다는 점이다. 사막화의 직접적 피해를 받는 국가들에서도 사막화 방지가 국가정책의 우선순위가 아닌 경우가 많고, 빈곤 퇴치를 위한 구체적 정책을 수립하는 데 환경이 고려되지 않는 경우도 빈번하게 발생하고 있다. 빈곤 퇴치 노력과 환경보호정책이 일치하지 않는 것은 우선 유엔사막화방지협약이 제도적으로 부적절한 이유도 있지만 그보다는 각국의 사막화방지협약의 이행을 담당하는 기관이 환경부, 산림부 등 여러 조직에 분산되어 있어서 정치적 권한이 약하기 때문이다(Kohlmeyer & Wyrwinski, 2007). 사막화되는 국가들의 행동계획이 지나치게 기술적이고, 사막화 방지를 위한 좀 더 강화된 국제적 공약을 요구하면서도 자국의 정책 결정 과정에 사막화 방지를 위한 노력이 구조화되어 있지 않은 경우가 많아서 선진국이나 사막화의 직접적 영향을 받지 않는 국가들은 별 부담 없이 유엔사막화방지협약 이행을 위한 기술적·정치적 지원을 하지 않는 상황이 발생하고 있다. 이는 원조 공여국들 간 효과적인 정책적 조정을 이루려는 노력에 소극적이고, 다른 한편으로는 행동계획의 이행을 위한 재정 지원 약속 이행을 주저하게 만든다. GEF가 토양 훼손과 황폐화를 새로운 중심사업 분야로 선정하면서 유엔사막화방지협약의 재정 부문을 담당하게 되었지만 여전히 당사국 간 사막화방지협약 이행을 위한 장기적인 재원 마련 의지는 없는 것으로 보인다. 원조 공여 국가들의 소극적 태도는 개도국에서 지속 가능한 자원 관리와 빈곤 감소를 위한 노력이 정책상의 우선순위가 되지 못하는 이유이기도 하다. 이러한 문제를 해결하기 위해 실질적인 실행 프레임워크를 만들기 위한 노력이 없었던 것은 아니다. '아바나선언'은 사막화방지협약을 통한 빈곤 감소와 지속 가능한 개발 목표 달성의 중요성을 재확인하고 협약의 신속하고 효과적인 이행을 결의했고, '나이로비선언'은 TerrAfrica Partnership,[4] 남북/남남협력, 2006년 '사막화 방지의 해' 등을 지원하기 위한 새로운 지역적 이니셔티브를 강화하고자 노력했다. 그러나 이 두 선언 모두 구속력 없는 선언적 내용만이 포함되었을 뿐, 사막화방지협약의 전략 이행에 별다른 역할을 하지 못하고 있다. 결국 유엔사막화방지협약의 지속 가능 발전이라는 도전적인 목표와 회원국들을 위한 최소 수준의 의무 규정 간의 괴리가 사막화방지협약의 이행 목표에 대한 공통의 기준 설정과 효과적 이행에 장애가 되고 있다(Kohlmeyer & Wyrwinski, 2007).

유엔사막화방지협약이 국제 환경기구들과 공조를 모색하고 있지만 아프리카 발전 파트너십, 빈곤 퇴치와 농촌지역 발전을 위한 빈곤 감소 전략 같은 개발 기구들과의 공동 노력은 여전히 구체화되어 있지 않다. 더구나 다양한 영역 간 참여를 강조하는 사막화방지협약의 특성은 특정 문제에 대한 비용편익적 전략이나 접근 방식과 갈등을 빚기도 하고 협약을 이행하는 데 장애가 되기도 한다. 유엔사막화방지협약의 이런

4) World Bank, GEF 등에 의해 사하라사막 이남 지역의 토지 황폐화 문제를 해결하기 위해 2006년 설립됨.

특징들은 선진국과 개도국 간의 갈등을 더욱 확대하기도 하고, OECD 국가의 사막화 문제에 대한 지원 확대에 부정적인 영향을 미친다. 유엔사막화방지협약이 '아프리카 협약'으로 간주되는 경향이 있다는 점도 사막화방지협약에 대한 국제사회의 광범위한 협력을 이끌어내기 어려운 요인으로 작용한다.

유엔사막화방지협약이 체결되기 전부터 농업 부문에 대한 투자나 건조지역에서의 토양 보존을 위한 지원을 해오던 UNDP, UNEP, IFAD(국제농업발전기금), 식량농업기구(FAO), 양자 협력에 기초한 개발기관들의 기존 투자나 지원이 유엔사막화방지협약을 통해 지역에 전달되도록 하는 것도 어려운 문제이다. 이론적으로는 유엔사막화방지협약이 다양한 원조 공여자들 간에 사막화 방지를 위한 프로그램들을 조정함으로써 사막화 방지 관련 원조의 효율성을 향상시켰다고 할 수 있다. 그러나 실제로는 이러한 조정이 충분히 이루어지지 않고 있어서 각 기관들은 여전히 개별적으로 활동하면서 때로는 상호 갈등도 야기된다. 유엔사막화방지협약이 발효되고 20년이 지났지만 여전히 양자적·다자적 원조 공여자들에 의한 농업, 토지 훼손, 건조지역의 발전, 기타 사막화 관련 활동에 대한 투자의 적은 부분만이 사막화방지협약을 통해 전달되어 이행된다(Johnson, Mayrand, & Paquin, 2006). 이 때문에 사막화방지협약이 사막화되는 지역에 대한 투자를 효과적으로 조정하여 효율을 최대화하는 도구로 작용하기보다는 국제사회의 지속 가능 발전 거버넌스에 또 하나의 법적·제도적 장치를 추가한 것일 뿐이라는 비판이 나오고 있다.

유엔사막화방지협약은 다른 환경협약인 생물다양성과 기후 변화에 비해 과학적 기반이 약하다는 문제도 제기된다. 유엔 공동조사단(Joint Inspection Unit: JIU)에 따르면, 유엔사막화방지협약은 UNCED 3대 협약 가운데 협약에 대한 이해와 인식이 가장 낮은 것으로 나타나고 있다. 과학적 연구가 국가들 간의 환경문제의 원인, 결과 해결책에 대한 합의를 상대적으로 쉽게 도출할 수 있는데 비해 사막화 과정에 대한 과학적 기반의 불확실성은 사막화의 개념에 대한 갈등을 야기하고 사막화에 대한 과학적 토론을 정치적인 것으로 변질시킬 수 있다. 배출 규제라는 명확한 목표를 가진 기후변화협약이나 생물다양성 보존을 목적으로 하는 생물다양성협약과 달리 사막화방지협약은 특정 시기를 기준으로 설정된 보존 또는 감축 목표, 이행에 대한 압력 등이 명확하게 설정되어 있지 않다. 과학기술 자문을 담당하는 CST의 활동이 COP의 결정 내용과 동떨어지는 현상을 보이는 경우도 있고, 협약의 이행이 피해 지역에 실질적으로 기여하는지에 대한 평가와 모니터링 기능이 취약하여 객관적인 지표와 협약의 목표를 설정하는 데 어려움을 겪고 있다. 사막화 방지 행동에 대한 명확한 가이드라인이나 과학적으로 표준화된 기준이 없는 것은 협약의 이행을 어렵게 하는 요인이다. 유엔사막화방지협약의 제도적 장치, 즉 당사국총회, 사무국, 재정 기제, 과학기술위원회 간에 명확한 업무와 권한이 정해져 있지 않다는 것도 사막화방지협약이 구속력이 약한 협약으로 평가되는 이유이다.

유엔사막화방지협약 당사국 간의 입장 차이는 협약의 효과적 이행을 어렵게 하는 근본적 요인이 되고 있다. 유엔사막화방지협약은 피해국이자 개발도상국인 당사국과 원조국인 선진국으로 이루어져 있는데 사막화의 피해를 받는 개발도상국을 선진국이 일방적으로 지원하는 구조로 되어 있어서 당사국 간 공감대가 형성되기 어려운 실정이다. 지금까지 당사국총회가 개최되어 오는 동안 지속 가능 발전 모델 개발, 예산 증액과 집행, 효율적 협약 이행, 기준 및 지표 마련 등에 대해 선진국과 개발도상국 간의 첨예한 입장차가 있어 왔고, 이는 실질적이고 효과적인 협약 이행을 어렵게 하고 있다.

5 사막화 방지를 위한 국제협력사업 확대를 위한 한국의 노력

우리나라는 사막화가 진행 중인 지역은 없지만, 중국과 몽골의 급속한 사막화가 원인이 되어 발생하는 황사의 직접적인 피해를 입고 있다. 한국 정부는 1999년 유엔사막화방지협약을 비준했고, OECD 개발 원조의 사막화 방지 원조 부문에서도 주로 산림과 환경 보존 분야에 중점을 두고 조림과 산림 개발 프로젝트 위주로 교육훈련과 연구조사를 병행하고 있다. 유엔사막화방지협약의 발전에도 적극 참여해서 2011년 제10차 당사국총회를 개최했고 이를 계기로 사막화 방지 및 산림 분야 국제협력사업 확대 방안을 모색하고 있다. COP 10에서는 현재까지 수행된 10개년 전략계획 이행의 진전에 대한 검토와 전략의 이행이 건조지역에 미치는 전반적인 영향을 평가하는 데 사용될 수 있는 주요 지표 및 관련 방법론에 대한 합의가 마련되었으며, 전략계획의 실행을 증진시키는 데 목적을 둔 '창원 이니셔티브'가 모든 당사국의 지지를 얻으며 채택되었다(박수진 외, 2012).

유엔사막화방지협약의 이행을 위해 우리나라는 과거 단시일에 산림녹화를 성공적으로 마무리한 경험과 경제 개발을 병행한 경험을 바탕으로 국제사회에서 인정받는 산림녹화 기술을 개도국에 전수하고, 경제 성장과 산림녹화를 연계시켜 사막화 방지를 위한 지원이 현지의 고용 창출, 지역 환경 개선 등 지역 주민의 생활에 실질적인 도움을 줄 수 있는 사업의 발굴을 통한 지속 가능 성장의 성공한 모델을 제시하고자 노력하고 있다. 사막화 방지를 위한 산림녹화는 임산물 생산과 무역(음식, 산출물, 장식용 식물, 야생동물고기), 임업 부문에 대한 투자로 지역사회에 상당한 경제적 이익과 소득 창출을 가져올 수 있다(<표 5-3> 참조).

표 5-3 지역별 비목재 임산물의 경제적 가치

(단위: 달러)

아프리카	아시아	유럽	북미/중미	호주	남미	세계
724,451	3,395,433	1,600,796	108,074	42,648	234,107	6,105,508

출처: FAO(2005: 116).

표 5-4 우리나라의 사막화 방지사업 현황

사업명	기간	면적	사업비와 지원 근거
중국 서부지역 사막화 방지 조림사업	2001~2005	8,040ha	US $5million KOICA
중국 네이멍자치구 비야누르시 조림사업	2008~2010	1,000ha	US $1million KOICA
민간단체를 통한 중국 쿠부치사막 산림생태복원사업	2006~2010	1,400ha	16억 원 정부황사피해방지종합대책
몽골 고비사막과 룬솜 등 2개 지역 그린벨트 조림사업	2007~2016	3,000ha	113억 원 정부황사피해방지종합대책
미얀마 중부 건조지역 산림녹화사업	2008~2010	150ha	14억 원 (US $1.5 million) 산림청과 KOICA
한-인니 산림 분야 기후변화 대응역량 강화사업	2008~2013	300ha	US $5 million KOICA 지원사업
키르기스스탄 산림보존 역량 강화사업	2010~2012		US $ 1million KOICA 지원사업
튀니지 코르크참나무 숲 지속가능 개발사업	2007~2010		US $ 0.6million KOICA 지원사업

자료: KIEP 보고서(2010: 86-92)에서 발췌하여 재구성.

우리나라 사막화방지사업 지원의 94%가 아시아지역 개발도상국의 조림사업에 중점을 두고, 중국·몽골·미얀마 등 동아시아 사막화 피해국들과 산림 분야에 대한 양자 간 양해각서 체결 및 다양한 협력 사업을 추진해 오고 있다(<표 5-4> 참조).[5] 특히 동북아 지역에서는 17개 정부 관계 부처가 합동으로 수립한 황사 피해 방지 종합대책을 바탕으로 사막화로 인한 황사 피해 저감 노력을 지속적으로 진행하고, 중국·몽골 사막화방지협약 아시아사무소 등이 참여하는 동북아 산림네트워크(NEAFAN)를 구축하여 운영하고 있다. 한국국제협력단(KOICA)도 아시아 여러 개도국을 대상으로 산림 분야 사업을 수행하고 있는데, 직접 프로젝트를 수행하기도 하지만 푸른아시아, 한중미래숲, 환경운동연합 등 민간단체가 참여하는 개도국 사막화 방지 프로그램을 지원한다.

1960년대 후반 이후 서구 선진국들 사이에서 개별 프로젝트 단위에 따른 개발원조계획의 비효율성에 대한 반성이 일어나고, 특정 국가에 대한 원조 규모와 무분별 배분을 수원국의 요구와 우선순위에 따라 종합적으로 계획하는 국가별 지원전략(Country Assistance Strategy)의 중요성이 강조됨으로써 현재 대부분 선진 원조 공여국의 경우 국가별 지원전략에 따라 원조계획을 수립하고 사업을 시행하도록 하고 있다. 우리나라도 2000년대 중반 이후부터 유상원조, 무상원조 각각에 대한 국가별 지원전략을 수립했으나 최근에는 26개 주요 협력 국가에 대해 유·무상 통합 지원 전략을 시행하고 있다(KEIP, 2010).

사막화 방지와 산림 분야를 위한 국제적 노력은 정부 대 정부 간 협력사업인 경우가 많지만 사업이 시행되는 해당 지역의 기후, 경제구조, 사회·문화적 환경을 면밀히 분석하고 현지의 지식과 전통적 생활 방식을 고려한 방안·모색하고 국내 민간단체를 활성화해서 이들의 네트워크를 활용하는 것도 효과적인 방안이다. 덴마크, 독일, 일본 등 주요 국가의 경우 지역 주민이 스스로 산림을 관리하고 보호하는 한편, 커피·꿀 등 임산물 채취를 통해 소득 개선도 함께 이루어지도록 하는 지속적인 관리에 인센티브를 제공하는 방안을 활용하고 있다.

사막화 문제에 대해 우리나라는 과거의 경험을 바탕으로 적극적인 활동을 전개하고 있으나 동시에 몇 가지 실행상의 문제점이 나타나고 있다. 우선 개도국 사막화 방

5) 아프리카에 대한 지원은 2%에 그치는 수준이다.

지를 위한 사업 주체가 산림청, KOICA, 환경부, 농림부 등 여러 기관에 분산되어 있고 각 기관의 정책 방향에 따라 개별적으로 사업이 수행되고 있어서 수혜사업의 중복을 초래하고 국가 차원의 정책적 일관성이 결여되어 기관 간 유기적 협력을 통한 통합적이고 체계적인 사업 효과를 내는 데 한계를 보이고 있다. 사막화 방지에 오랫동안 참여해 온 선진국의 경우 대부분 한 기관에서 국제 협력사업을 추진하되, 필요한 경우 다른 기관의 전문성을 활용하는 상호 협력 관계를 유지하는 체제를 갖추고 있다. 우리나라도 관련 부처가 전문성과 비교 우위에 기초한 협력 사업을 발굴해서 시행해야 하지만 사막화 방지를 위한 국제 협력의 기본 방향을 설정하고, 정책의 일관성 및 재원과 인력의 효율적 배치를 위해 각 주체 간 역할 분담 및 상호 협력을 도모하기 위한 상위 조정기구 설치가 필요하다고 본다. 또한 우리나라의 협력사업 유형은 단발성의 프로젝트 위주로 최근 '파리선언' 이후 국제 사회가 원조 수혜국의 행정부담 감소 및 사업의 지속 가능성 확보를 위해 수혜국 내 장기 프로그램을 활성화하는 지원을 확대하는 추세와 거리가 있다는 점도 문제점으로 지적된다.[6]

우리나라는 사막화 방지를 위한 조림과 관개시설 구축과 수원국의 농촌 개발이나 지역 주민의 고용 창출과 생계 유지사업(산림 훼손은 생계 유지를 위한 노력에서 비롯되기 때문에) 등을 시도하고 있어서 사업 초기 단계부터 현지 주민, 사회단체, 지역행정기관이 참여하는 참여적이고 통합적인 사막화 방지 지원을 시범적으로 시도할 필요가 있다. 장기적인 지속 가능 사업을 추진하여 지역 주민의 경제적 이익과 생태계 복원을 동시에 이룰 수 있게 하지 않으면 산림 훼손은 지속적으로 발생할 수밖에 없기 때문에 지역공동체의 참여는 필수적이다. 개발 원조에서 민·관 파트너십은 정부가 개도국의 개발을 위해 민간 부문의 재원과 전문성을 활용하는 협력 방법으로 개도국의 민간 부문 개발을 지원하는 한편 자국기업의 개도국 시장 진출을 촉진하는 방법으로 독일, 미국, 일본, 덴마크 등 선진 공여 국가들이 활용하는 제도이다. 우리

---

6) 파리선언(Paris Declaration on Aid Effectiveness, 2005)은 국제사회의 지속적인 원조에 따른 효과가 미미한 것에 대한 반성으로 원조 방식에 대한 재검토를 위해 제3차 원조 효과성 검토를 위한 고위급회담에서 발표된 것이다. 파리선언은 원조 효과를 증진하기 위해 다섯 가지 원칙, 즉 ① 수원국의 주인 의식, ② 수원국의 개발전략과 원조전략의 일치, ③ 공여국 간 원조전략의 강화, ④ 원조의 성과관리, ⑤ 상호책임성의 강화를 제시하고 이 원칙들의 이행을 위해 원조 당사국들이 이행공약(Partnership Commitment)을 체결하는 데 합의했다. 우리나라도 파리선언에 서명했고, 2011년 제4차 고위급 포럼을 개최했다.

나라의 사막화 방지를 위한 산림 분야 협력사업은 OECD/DAC의 구분에 따르면 주로 조림, 재조림 등 산림 조성사업과 교육 훈련과 연구조사에 집중되어 있는 반면 정책 수립, 기획, 전략, 제도적 역량 강화 및 정책자문 실적은 미미한 실정이다. 따라서 독일, 덴마크와 같이 개도국 정부의 사막화 방지를 위한 장기적인 정책 수립과 국가 역량 강화를 위한 정책자문 분야에도 관심을 가지고 노력할 필요가 있다.

6 맺음말

사막화는 다양한 원인에 의한 대자연의 변화에 의해 발생하므로 변화의 속도는 느리지만 일단 발생한 경우에는 그 영향이 크고 진행을 되돌리기 어려운 환경 위협이다. 기후 변화로 인해 사막화되는 지역도 예상보다 빠르게 확장되고 있다. 사막화에 대한 대응은 사막화의 영향을 받는 국가들의 정부정책과 국제 공동 노력이 조화를 이루어야 효과적으로 나타나기 때문에 각 국가의 이해 관계를 초월한 국제공조를 통해 실질적이면서도 지속적인 체제로 진행되도록 노력해야 한다. 유엔사막화방지협약은 지난 제8차 총회에서 모든 이해관계자 및 협력자들의 실행을 유도하는 전략적 목표들을 통합하여 지속 가능한 개발을 도모하고 사막화 및 토지 황폐화 그리고 빈곤퇴치를 위해 'UNCCD 10개년 전략계획(2008~2018)'을 수립하고 구체적인 목표와 실행계획을 개발하기 위해 노력하고 있다.

그러나 지난 20년 동안 유엔사막화방지협약은 이행 실적이 저조하고, 효과가 제한적이며, 불충분한 제도적·재정적 문제에 당면해 있다. 이로 인해 빈곤 퇴치와 환경보호를 동시에 달성한다는 도전적인 목표와 이의 이행을 위한 혁신적인 통합적 환경정책과 다층 거버넌스를 바탕으로 하는 사막화방지협약의 실질적 효과에 대해서는 회의적인 시각이 많은 것이 현실이다(COP 8, 2007). 명확한 기준 없이 지속 가능 발전보다는 환경적 도구이거나 개발을 위한 수단으로 인식되고 있는 것도 유엔사막화방지협약의 성과를 저해하는 요인이다. 유엔사막화방지협약의 이행상의 문제점을 개선하고 적절한 재원을 확보하기 위해 사막화 문제를 발전기획과 환경보존 정책에 통합하는 것을 우선적으로 추진하는 10개년 전략도 그 이행은 여전히 불투명하다.

유엔사막화방지협약의 성공을 위해서는 국제사회의 새로운 경제 발전 노력과 적극적인 공조를 모색할 필요가 있다. OECD 공여국 개발 원조의 효율성을 강화하기 위한 파리선언과 경제발전정책에 대한 유럽합의는 국제개발계획에 상당한 변화를 가져올 수 있는 기준을 수립했다. 유럽의 개발 원조를 2015년까지 GDP의 0.7%까지 증가한다는 계획은 개발 협력에서 지역공동체에 대한 포괄적인 지원, 프로그램 중심의 접근, 다자간 개입, 수원국의 주인 의식 등을 강조한다. 과학적 연구 결과와 더불어 지역공동체의 삶의 방식과 전통적 지혜를 중시하고 모든 이해 당사자의 참여를 강조하며, 빈곤 퇴치와 환경 보존의 두 가지 목표를 추구하는 사막화방지협약은 새로 정립된 개발 원조 방향과 유엔 지속 가능 발전 목표를 실행하는 효과적인 도구가 될 수 있다. 따라서 개도국의 빈곤과 환경문제를 균형적으로 대응하기 위한 국제사회의 새로운 개발전략과의 공조는 유엔사막화방지협약의 실질적이고 효과적인 이행에 중요한 변수가 될 것으로 보인다.

모든 국제환경협약과 마찬가지로 각 지역의 토지 이용 관행이나 정책이 원인이 되어 발생하는 사막화를 방지하기 위한 노력은 지역의 서로 다른 제도적·정치적 체제와 사회문화적 맥락에서 이행되어야 한다. 식민지 지배의 수탈과 내전으로 세계 최빈국이었으나 단기간에 산림녹화와 농촌 개발에 성공한 사례로 인정받는 우리나라의 발전 모델은 비교적 유사한 역사를 가진 개도국에 효과적으로 적용될 수 있다는 평가를 받고 있다. 따라서 개도국의 사막화 문제 해결을 위해 우리나라의 경험을 전달할 수 있는 장기적이고 체계적인 전략의 수립과 추진이 필요하다.

제 6 장 습지보호협약

〈람사르협약(Ramsar Convention on Wetlands)〉

- 채택일: 1972. 11. 13
- 발효일: 1975. 8. 30
- 우리나라 가입일: 1993. 12. 21
- 우리나라 발효일: 1994. 1. 20

1 머리말

최근 들어 지구상의 4% 정도를 차지하는 습지가 세계적인 관심을 끌어모으고 있다. 가장 쓸모없다고 생각한 습지가 지구상 가장 중요하고, 생산력이 있으며, 생물다양성이 뛰어난 곳으로 인식되고 있다. 가치가 거의 없던 곳으로만 여겨지던 습지가 오히려 가치를 평가할 수 없을 정도로 가치가 높은 곳으로 인식되고 있는 것이다.

습지에 대한 가치의 중요성과 보호의 필요성에도 불구하고 20세기 중반까지도 이에 대한 공개적이고 가시적인 인식은 이루어지지 못했다. 이러한 과정에서 생태적·경제적으로 중요한 가치를 가지고 있는 습지는 지구상의 많은 지역에서 도시 팽창, 산업적·상업적 개발, 화학물질, 농약의 살포 등으로 훼손되었다. 1960년대에 이르러 세계자연보전연맹(The International Union for the Conservation of Nature and Natural Resource: ICUN)과 국제수금류·습지조사국(International Waterfowl and Wetlands Research Bureau: IWRB), 그리고 조류 보호를 위한 국제협의회(International Council for Bird Protection: ICBP)는 이와 같은 습지 파괴와 그 저지 필요성을 인식했다. 이들의 주최로 습지를 보호하기 위한 노력의 일환으로 일련의 국제회의와 실무자회의가 개최되었다. 그 협의 결과는 1971년 2월 이란의 람사르(Ramsar)에서 '물새 서식지로서 특히 국제적으로 중요한 습지에 관한 협약(Convention on Wetland of International Importance Especially as a Waterfowl Habitat)'이 채택되는 것으로 결실을 맺었다.

람사르협약의 목적은 동·식물의 기본적 서식지이자 생태적·경제적 가치가 높은 습지의 현명한 이용을 촉진하고 국제적으로 중요한 습지를 보호하는 것이다. 이 협약은 1975년 8월 30일 발효되었는데, 습지의 기능 및 경제적·문화적·과학적·여가적 가치를 존중해야 한다는 인식을 토대로 그 보전·개선을 목표로 하고 있으며,[1] 습지자원의 보전 및 현명한 이용을 위한 기본 방향을 제시하고 있다.

그러나 람사르협약은 환경문제에 대해 심각하게 고민하지 않았던, 국제환경협약의 역사에서 볼 때 이른 시기에 체결된 것이기 때문에 시대와 인식의 변화에 따라 내용의 변화가 요구되고 있다. 이러한 인식에 따라 이 장에서는 습지의 기능과 가치, 람사르협약의 채택 배경 및 주요 내용, 문제점 등을 살펴보고, 비판적 입장에서 그 평가와 함께 국내외 환경 거버넌스의 지속 가능한 시스템으로의 전환을 위한 개선 과제를 제안하고자 한다.

2 람사르협약의 배경

1) 습지의 기능과 가치

습지환경 보전에 관한 패러다임은 지속 가능한 목표를 달성하도록 요구하고 있다. 여기서 습지의 지속 가능한 목표 달성이란, 습지는 주위 환경과 단절된 공간으로 접근하지 않고 하나의 온전한 생태 시스템(ecosystem) 또는 전체론적 접근(holistic approach)을 통해 목표의 달성이 가능함을 의미한다. 특히, 1992년 리우에서 있었던

1) The Ramsar Convention on Wetland of International Importance Especially as a Waterfowl Habitat, 11 I. L. M. 963(1972). 이 협약은 1982년 12월 3일 파리의정서 및 1987년 5월 28일 당사국 총회에서 부분적으로 개정되었다.

‘국제 물과 환경에 관한 국제회의(International Conference on Water and Environment)’에서 습지 보전은 통합수자원관리(Integrated Water Resource Management)적 차원에서 접근되어야 함을 강조하고 있다(James, 2007).

습지(濕地, wetland)의 사전적인 의미는 ‘물기가 축축한 땅’을 지칭하는 말로, 간단하게 말하면 물을 담고 있는 땅이라고 할 수 있다. 일반적으로 습지는 물에 따라 동식물의 생활과 주변 환경이 결정되는 곳이며, 1년의 일정 기간 이상 물에 잠겨 있거나 젖어 있는 지역을 의미하는데, 습지에 대한 상세한 정의는 나라마다 또는 전문가마다 조금씩 차이가 있다.

람사르협약에서는 식생과 토양보다는 수문학(水文學)적 관점에서 다음과 같이 정의를 내리고 있으며, 통상적으로 인정되는 2m의 수심을 초과하는 6m의 수심까지로 습지의 범위를 확대하여 정의하고 있다. “습지란 자연 또는 인공이든, 영구적 또는 일시적이든, 정수(渟水) 또는 유수(流水)이든, 담수(淡水), 기수(汽水) 혹은 염수(塩水)이든, 간조 시 수심 6m를 넘지 않는 곳을 포함하는 늪, 습원, 이탄지(泥炭地), 물이 있는 지역” 또한 제2조 1항에서는 습지에 인접한 하천변과 섬, 그리고 습지 내 있는 저수위 시 6m를 초과하는 해양도 함께 고려되고 있으며, 양어장, 농경지 연못, 관수 농경지, 저수지, 운하 등과 같은 곳도 습지로 분류하고 있다.

미국의 EPA(U.S. Environmental Protection Agency)에서 사용하고 있는 습지의 정의는 람사르협약의 정의와 다르다. “습지는 빈번히 또는 일정 기간 이상 동안 물에 잠겨 있거나 젖어 있는 곳이며, 일반적으로 물기가 많은 지역에 적응해 살아가는 생물들에게 적당한 식생을 제공해 주는 곳이다. 습지는 늪, 소택지, 습원 등이나 비슷한 지역을 말한다.”

우리나라 「습지보전법」(1999년 8월 7일 시행)에서는 “습지란 담수·기수 또는 염수가 영구적 또는 일시적으로 그 표면을 덮고 있는 지역으로서 내륙 습지 및 연안 습지를 말한다.”라고 규정하고 있다. ‘내륙 습지’는 육지 또는 섬 안에 있는 호(湖) 또는 소(沼)와 하구 등의 지역, ‘연안 습지’는 만조 시에 수위선과 지면이 접하는 경계선으로부터 간조 시에 수위선과 지면이 접하는 경계선까지의 지역으로 정의하고 있다.

현재까지 습지의 가치에 대한 완전한 이해는 이루어지지 못하고 있는 실정이지만, 일반적으로 습지는 생태적·경제적으로 큰 가치를 가지고 있는 것으로 알려지고 있다(박태윤·이동근, 1997). 습지가 제공하는 기능과 가치는 무수하지만, 다음과 같이 정리해 볼 수 있다.

(1) 오염물질의 정화

습지는 다양한 방법으로 물을 흡수하고, 저장하며, 배출하면서 수질을 향상시킨다. 부영양화(富營養化)를 일으키는 영양염류를 제거하고 도시하수를 정화하여 용존산소 감소를 방지하며 탁도를 감소시킨다(방상원, 2006). 예컨대, 습지는 지표수의 유수를 막고, 무기영양물을 제거 또는 보유함으로써 생물화학적 산소요구량을 감소시키고, 먼지와 유기폐기물을 제거하며, 금속과 병원체를 감소시킨다.

많은 습지식물은 농약, 공업용수 그리고 탄광에서 발생하는 하수 등에 존재하는 유독성 물질을 제거하는 능력을 가지고 있는데, 어떤 습지식물은 그 세포조직 안에 인근 주위 물 속에 있는 중금속의 100,000배 농도로 축적할 수 있는 것으로 밝혀졌다.

또한, 미생물은 유기물을 먹고 살기 때문에 오염원을 정화하는 역할을 한다. 미국의 EPA는 1991년 사우스캐롤라이나 주에 소재하는 콩가리 습지지역(Congaree Bottomland Hardwood Swamp)에 습지의 수질 정화 기능을 대체하는 정수처리장을 건설하기 위해서는 5백만 달러(추가적인 운영 비용은 제외)가 소요될 것이라고 추

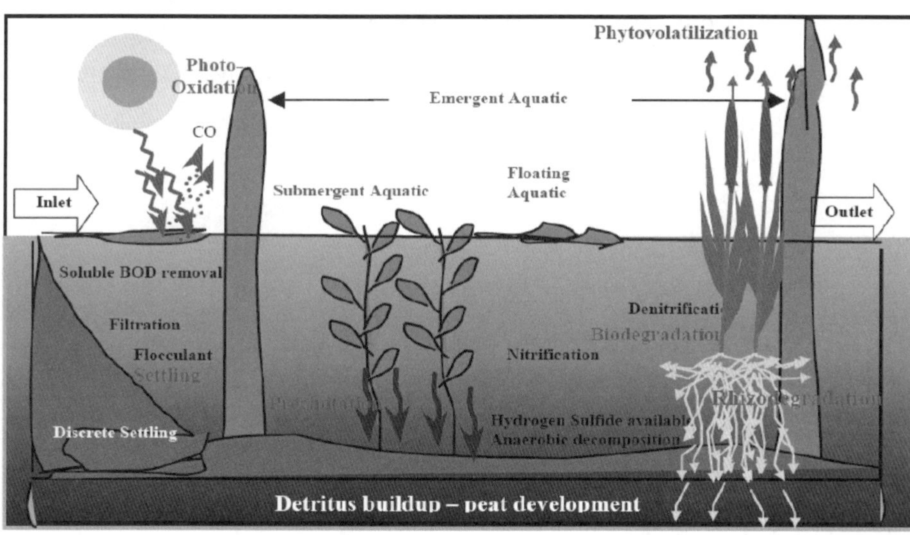

그림 6-1 습지에서의 오염물질 정화

출처: Sang Weon Bang, Sun Young Ahn, & Ju Hyeon Park(2006)

산한 바 있다(EPA, 2013).

(2) 생산적 기능

습지는 수많은 어패류의 산란장이며, 각종 포유동물, 어류, 조류 등의 서식지이다. 습지는 철새, 악어, 고기, 곤충 등의 멸종 위기종을 포함해 수많은 야생 동식물에게 영양분과 서식처를 제공한다. 또한 산소의 생산과 영양분의 재생을 촉진해 민감한 생태계를 유지한다. 이러한 점 때문에 습지는 지구상에서 가장 생명력이 풍부한 지역이라 할 수 있다. 담수 습지에는 전 세계 생물종의 40% 이상, 특히 포유류의 12% 이상이 서식하고 있는데, 어떤 특정 습지는 매우 많은 고유종을 갖고 있어 아마존 강에는 1,800여 고유 어종이 서식하고 있다.

습지 생태계의 생산력은 평균 3,000g/m^2 · yr 이상으로 알려져 있으며, 이는 열대우림 생태계의 생산력과 비슷하다(박수영, 2000). 종 다양성 측면에서 열대우림과 견줄 수 있는 산호초 지대는 모든 해양생물의 25% 정도를 가지고 있다. 산호가 서식하는 모래톱에는 4,000여 종의 어류와 800여종의 산호류를 비롯해 100만 종 이상의 생물종이 서식한다고 한다. 또한 습지는 유기물 등 풍부한 영향을 함유한 물질을 축적 · 운반하는데, 생물다양성은 이 유기물에 크게 의지하고 있다.

습지는 인간이 필요로 하고 삶을 더욱 윤택하게 하는 어패류와 같은 음식과 목재, 땔감, 사료 등 생활용품을 제공하는데, 약 10억의 인구가 단백질을 섭취하기 위해 주로 어류를 먹고 있고 아시아 지역에서는 습지식물 중 하나인 벼를 재배하여 쌀을 주식으로 살아가고 있다.

(3) 홍수 및 폭풍 방지

습지는 홍수와 가뭄을 조절하는 스펀지 역할을 한다. 습지의 토양은 단위 부피당 보유할 수 있는 물의 양이 많고 배수 관개로가 복잡하고 조직적이어서 우기나 홍수에 과다한 수분을 습지 토양 속에 저장했다가 건기에 지속적으로 주위에 공급함으로써 자연 댐의 역할을 한다. 즉, 습지는 남는 물을 축적하는 저수지(reservoirs) 역할을 하며, 습지에 서식하는 나무와 식물들은 물의 흐름을 유지시킴으로써 수량의 극심한 변화를 막고 홍수 발생을 완화시킨다.

특히 연안 습지의 경우, 홍수로 인한 빗물을 저장하여 단기간의 홍수량을 조절해 홍수의 피해를 줄인다. 미네소타 자연자원국(Department of Natural Resources)은

0.4ha(4,000m^2, 약 1,200평)의 습지는 6,000m^3 이상의 수량을 머금을 수 있다고 보고하고 있는데, 이는 습지 1m^2당 약 1.5m^3의 물을 저장할 수 있다는 의미이다(EPA, 2013).

또한 습지는 태풍의 격렬한 에너지를 흡수하여 태풍의 영향을 감소시키는 '자연방파제' 역할을 한다. 연안 습지는 폭풍에 의한 큰 파도와 같은 기상 변화로부터 육지를 보호하는 기능을 하는데, 바람과 파고를 경감시키며 해상으로부터 육지로 들어오는 각종 물질을 습지 내에 퇴적시키는 역할도 수행한다.

(4) 지하수의 충전

습지는 오염물질과 유해한 침전물을 걸러내는 필터 작용을 하면서 지하수를 충전하기도 한다. 즉, 물이 지하수층으로 이동할 때 녹지 않는 물질 등을 여과하며, 염수의 유입을 막고, 지하수로 이동된 물은 다시 습지로 유출되어 지표수가 되어 습지를 유지하는 것이다. 많은 경우, 연중 대부분의 시기에 물을 공급하고 있으며, 정화된 지하수는 음료수, 농업용수, 공업용수 등 공중의 소비로 이용된다.

습지는 인, 질소와 같은 높은 수준의 영양소를 처리하는 데 매우 효과적인데 미국 플로리다의 삼나무 늪지(cypress swamps)는 모든 질소의 98%와 모든 인(燐)의 97%를 지하수로 들어가기 전에 제거한다고 한다(Ramsar, 2002).

(5) 기후 조절의 기능

거대한 탄소의 저장고(reservoir)인 동시에 잠재적 탄소 발생원(source)인 습지는 탄소의 저장고냐, 온실 효과 기체의 발생원이냐를 결정짓는 주요한 원인이 토양에 있다고 할 수 있다. 습지의 토양은 간헐적으로 물이 넘치거나, 물이 빠지거나, 혹은 건조한 상태를 반복하면서, 다양한 미생물 군집이 이산화탄소, 아산화질소, 메탄의 생성과 제거를 담당하게 된다.

또한, 습지는 일종의 완충(buffer) 지역을 형성해 해안과 제방의 침식을 막아 수질을 향상시키는 역할을 할 뿐만 아니라 기후 유지의 역할 또한 수행한다. 습지는 이산화탄소, 메탄, 수증기, 아산화질소, 염화불화탄소 등 온실가스를 저장하고, 그 허용 한도를 유지하면서 지구 기후의 안정화에 기여한다.

지표면의 약 6%를 차지하는 습지는 거시적인 기후 조절 측면에서는 대기 중으로 탄소 유입을 차단하여 지구온난화의 주범인 이산화탄소의 양을 적절히 조절해 주며,

미시적 측면에서는 한 지역의 대기 온도 및 습지 등을 조절하는 국지적 기후 조절 기능을 가진다.

(6) 여가적 · 관광적 · 문화적 기능

람사르협약의 전문(前文)에서 "습지는 경제적 · 문화적 · 과학적, 그리고 여가적으로 큰 가치를 가지고 있는 자원이다."라고 선언한 것처럼, 습지는 문화 또는 자연유산으로서의 가치, 그리고 연구나 교육의 장으로서도 중요한 역할을 한다. 습지는 휴양 및 관광, 교육, 연구 등의 기회를 제공하고 있다. 사냥, 낚시, 탐조, 사진 촬영 등 습지지역에서의 레크리에이션 활동은 경제에 상당히 이바지하고 있다(EPA, 2013).

습지가 지닌 다양한 동식물은 물론 자연 그대로의 아름다움은 관광활동의 이상적인 목적지가 되고 있다. 훌륭한 경관을 지닌 많은 습지지역이 국립공원 또는 세계유산 지역으로 지정되었고, 이러한 지역은 관광객과 여가활동을 즐기려는 사람들로부터 많은 수입을 창출하고 있다.

또한 환경교육을 위한 장소로서의 가치도 높아 많은 청소년층이 생태계에 대한 체험학습을 하고 있으며, 습지 탐사 또는 조류 관찰 같은 생태관광이 활발히 이루어지고 있다.

한편, 문화적 가치는 습지의 기능으로서 거의 다루어지지 않아 왔으나, 많은 습지가 종교적, 역사적, 고고학적 또는 다른 문화적 측면에서, 즉 지역사회는 물론이고 한 국가가 갖는 유산이라는 관점에서 중요한 의미를 갖는다.

2) 람사르협약의 의의 및 체결 배경

습지는 지구상 존재하는 자연환경 중에서 가장 생산성이 높은 지역으로 알려져 있다(Navid, 1989). 앞서 살펴본 바와 같이, 생물의 생산에서부터 오염물질의 정화, 홍수 및 폭풍 방지, 기후 조절, 지하수의 충전, 용수의 공급, 여가적 · 관광적 · 문화적 기능에 이르기까지 습지는 인간에게 다양한 편익을 제공해 왔다. 그럼에도 불구하고 상대적으로 습지의 중요성은 간과되어 왔으며, 오랜 기간 동안 농업적 이용을 위한 토지로만 주목받아 왔다. 이러한 과정에서 지구상의 많은 지역이 관개와 매립, 오염 등으로 훼손된 것이다.

습지 보전을 위해 람사르협약과 같은 국제협약이 필요한 이유는 무엇일까? 이는 람사르협약의 전문에서 그 단서를 찾을 수 있다: ① 습지가 물새를 보호하는 서식처로서 중요한 생태학적 기능을 수행하고 있다. ② 물새가 계절적인 이동을 하면서 국경을 넘기 때문에 국제적인 자원이라고 할 수 있다. ③ 습지가 경제적·문화적·과학적, 그리고 여가적으로 큰 가치를 가지고 있으며 그 손실은 회복할 수 없다. ④ 국가정책과 공동의 국제적 조치와의 결합은 습지 및 동·식물의 보전의 보장을 위해 중요한 역할을 한다.

이처럼 습지 또는 습지에 의해 영향을 받는 생태계가 여러 국가의 국경에 걸쳐 있다는 점과 습지에 서식하는 물새가 여러 국가의 국경을 넘나드는 자연자원이라는 점은 국제 협력의 필요성을 높이고 있다. 그리고 협약의 명칭만을 보면 물새를 보호하는 데에 초점이 맞추어져 있는 것 같지만, 습지를 생태계로 파악하고 그 적용 범위를 넓혀 왔기 때문에 이제는 서식처의 보호에 중심이 옮겨져 있다고 판단된다. 네이비드(Navid, 1989)는 국제 사회가 이동 철새의 개체군과 그들의 서식지가 감소하는 것을 우려하면서 생태계의 중요성과 보호를 위해 공개적으로 생태계 중심주의를 채택한 최초의 협약이라는 점에서 람사르협약의 중요성을 평가했다.

람사르협약은 단순히 물새 서식지에 대한 관심뿐만 아니라 물새의 서식에 필요한 어류와 파충류 등을 포함하고 있으며, 1973년 멸종 위기에 처한 야생 동식물의 국제거래에 관한 협약, 1979년 이동성 야생동물의 보전에 관한 협약, 1992년 생물다양성 협약 등 생태계 보호를 위한 다른 국제 협력의 시초가 되었다. 또한 람사르협약은 기존 협약이 흡수 통합된 형태가 아니라 자연 보전과 관련한 단일 형태의 최초 협약이라는 점에서도 큰 의의를 지니고 있다(김홍균, 2008; Kruchek, 2003).

또한 람사르협약은 천연자연 보존과 지속 가능한 사용에 관한 최초의 현대적 국제 환경협약으로 습지 및 그 자원의 보존과 환경에 대한 영향을 최소화하기 위한 국가적 조치와 국제적 협력을 그 내용으로 하고 있다. 람사르협약은 특정 생물종의 보존을 넘어 그러한 생물종의 생존에 중요한 의미를 갖는 특정 생태계의 보존을 대상으로 하는 범지구적 차원의 환경 협력이다(정장훈, 2012).

람사르협약은 1980년대까지는 그 역할이 미미했는데, 최근 생물다양성의 원천으로서 습지의 중요성이 부각됨에 따라 세계적으로 주요한 협약으로 대두되었다. 1990년대에 들어서면서 가입국의 수가 급증했는데, 1990년에는 60개국에 불과했던 것이 2013년 7월 현재 168개국(지정 습지 2,131개소, 205,490,520ha)으로 증가했다(The

Ramsar Convention Wetlands, 2013).

3 람사르협약의 주요 내용

람사르협약은 전문에서 "생태 · 사회 · 경제 · 문화적으로 커다란 가치를 지니고 있는 습지를 보전하고 현명한 이용을 유도함으로써 자연생태계로서의 습지를 범국가적 수준에서 체계적으로 보전하고자 함"을 가장 큰 목표로 하고 있다(정장훈, 2012). 습지 및 그 동식물의 보전은 장기적인 국가정책과 공동의 국제적 조치와의 결합을 통해 확보될 수 있다는 맥락에서, 습지 보호를 위한 의무적 보호 대상의 지정과 정책 수립, 그리고 그 정책의 실효성 확보를 의무화하고 있다.

1971년 합의가 도출된 이후, 1975년 12월 유네스코의 접수로 국제협약으로서 람사르협약의 효력이 발생되었고, 3년마다 협약에 가입한 나라들이 협약의 이행에 관한 당사국총회를 개최하고 있다. 당사국총회는 람사르협약에서 중요 의제를 의결하는 것으로, 지금까지 제11차 람사르 당사국총회가 개최되었으며, 우리나라도 2008년 창원시에서 COP 10를 유치 · 진행했다.

또한 람사르협약은 다른 관련 협약 혹은 국제조직들과 협력 체계를 구축하고 있다. 특히 람사르협약 사무국은 1990년대 중반 이후 지속적으로 환경 관련 국제협약 및 기구들과 긴밀히 교류를 진행하고 있다. 예를 들어, 생물다양성협약, 사막화방지협약, 기후변화협약, 야생동물 중 이동종의 보전에 관한 협약, 세계유산협약 등과 협력 각서를 교환하고, 다양한 협력사업을 시행하고 있다. 이러한 측면에서 람사르협약은 좀 더 광범위한 관점에서 습지의 환경 보호를 추구하고 있으며, 나아가 습지 주변 지역의 자연, 삼림 등에까지 그 범위를 넓혀나가고 있다고 판단된다.

1) 습지의 정의

람사르협약에서는 식생과 토양보다는 수문학적 관점에서 다음과 같이 정의를 내리고 있으며, 통상적으로 인정되는 2m의 수심을 초과하는 6m의 수심까지로 습지의 범위를 확대해 정의하고 있다. 이러한 정의는 강, 호수, 연못, 연안지역, 늪, 삼각주, 산호초 등을 폭넓게 아우르고 있다고 해석할 수 있으며, 운하, 저수지, 농업용 연못 등과 같은 인공적인 습지를 포함하게 된다. 한편, 이 협약은 습지 목록에 포함시키기 위해 당사국이 습지를 지정할 때 물새 서식처로서 중요한 경우에는 습지에 인접한 강기슭 및 연안지대, 습지 내에 있는 간조 시에 수심이 6m를 넘는 섬 또는 해역이 습지의 경계에 포함될 수 있다고 규정하고 있다. 람사르협약에 따른 습지의 분류 체계는 연안 습지, 내륙 습지, 인공 습지로 구분하고, 지리적 위치와 인공성·자연성의 특성을 기준으로 하고 있다.

2) 습지 목록

람사르협약 당사국은 협약 가입 시 자국 영역 내에 1곳 이상의 적절한 습지를 지정하여, 국제적으로 중요한 습지 목록에 의무적으로 등록해야 하며, 이에는 정확한

표 6-1 람사르협약 습지 분류 체계

대분류	계	소분류	코드	비고
연안 습지	해양	Permanent shallow marine waters	A	연안습지로 연안석호(costal lagoons) 암석해빈(rocky shores) 산호초(coral reefs) 등 포함
		Marine subtidal aquatic beds	B	
		Coral reefs	C	
		Rocky marine shores	D	
		Sand, shingle or pebble shores	E	
	하구	Estuarine waters	F	삼각주(delta) 감조 늪원(tidal marshes) 열대삼림성 소택지(mangrove swamps) 등을 포함
		Intertidal mud, sand or salt flats	G	
		Intertidal marshes	H	
		Intertidal forested wetlands	I	
	호소 소택	Costal brakish saline lagoons	J	
		Costal fresh water lagoons	K	
		Karst and other subterranean hydrological systems	Zk(a)	
내륙 습지	하천	Permanent inland deltas	L	하천 습지(wetlands along rivers and streams)
		Permanent rivers / streams / creeks	M	
		Seasonal / intermittent / irregular rivers / streams / creeks	N	
		Permanent freshwater lakes	O	

	호수	Seasonal / intermittent freshwater lakes	P	호수형 습지(wetlands associated with lakes)
		Permanent saline / brackish / alkaline lakes	Q	
		Seasonal / intermittent saline / brackish / alkaline lakes and flats	R	
	소택	Permanent saline / brackish / alkaline marshes / pools	Sp	늪원(marshes) 소택지(swamps) 산성 습원(bogs) 등
		Seasonal / intermittent saline / brackish / alkaline marshes/ pools	Ss	
		Permanent freshwater marshes / pools	Tp	
		Seasonal / intermittent marshes / pools	Ts	
		Non-forested peatlands	U	
		Alpine wetlands	Va	
		Tundra wetlands	Vt	
		Shrub-dominated wetlands	W	
		Freshwater, tree dominated wetlands	Xf	
		Forested peatlands	Xp	
		Freshwater spring: oasis	Y	
	지열대	Geothermal wetlands	Zg	
		Karst and other subterranean hydrological systems	Zk(b)	
인공 습지	내수면 어업지	Aquaculture	1	양어장(fish and shrimp ponds) 관개 농개지 (irrigated agricultural land) 염전(saltpans) 저수지(reservoirs) 자갈 채취지(gravel pits) 오수처리지(sewage farms) 도랑(canals)
	농경지	Ponds	2	
		Irrigated land	3	
		Seasonally flooded agricultural land	4	
	염전지	Salt exploitation sites	5	
	도시 및 공업지	Water storage areas	6	
		Excavations	7	
		Wastewater treatment areas	8	
		Canals and drainage channels, ditches	9	
		Karst and other subterranean hydrological systems	Zk(b)	

출처: http://www.ramsar.org를 참조하여 정리.

구획 및 지도상의 경계가 표시되어야 한다. 그 선정에서 생태학적, 식물학적, 동물학적, 호소학적, 수문학적 차원에서 그 습지의 국제적 중요성을 고려해야 한다. 나라별로 독특한 생물지리학적 특성을 가진 지역, 희귀 동식물의 서식지, 특히 물새 서식지로서의 중요성을 가진 습지 등이 지정되는데, 우리나라는 협약 가입 시 원시 생태계의 보고로 대표적 고층 습지인 강원도 양구군의 대암산 용늪(1.06km^2)을 람사르습지로 선정했다(람사르협약, 제2조 제1항, 제2항, 제4항).

표 6-2 람사르협약의 습지 등록 기준

<table>
<tr><th colspan="3">국제적으로 중요한 습지를 지정하기 위한 기준</th></tr>
<tr><td colspan="2">[그룹A] 대표적이고 희귀하거나 독특한 습지 유형을 포함하는 지역</td><td>[기준 1] 적절한 생물지리학적 지역 내에서 대표적이고 희귀하거나 독특한 사례에 해당하는 자연적 또는 거의 자연 상태에 가까운 습지</td></tr>
<tr><td rowspan="8">[그룹B] 생물다양성 보전을 위해 국제적으로 중요한 지역</td><td rowspan="3">생물종 및 생태공동체에 근거한 기준</td><td>[기준 2] 감소종, 멸종위기종, 심각한 멸종위기종 또는 위험에 처한 생태공동체를 유지하는 습지</td></tr>
<tr><td>[기준3] 특정 생물지리학적 지역의 생물다양성을 유지하는 데 중요한 식물군락 또는 동물종을 유지하는 습지</td></tr>
<tr><td>[기준 4] 동식물 생명 주기의 중요한 단계에 있는 식물 및 동물종을 유지하거나 좋지 않은 상황이 발생했을 때 피난처를 제공하는 습지</td></tr>
<tr><td rowspan="2">물새에 근거한 특정 기준</td><td>[기준 5] 20,000마리 이상의 물새를 정기적으로 유지하는 습지</td></tr>
<tr><td>[기준 6] 어떤 물새의 종 또는 아종 집단의 1%를 정기적으로 유지하는 습지</td></tr>
<tr><td rowspan="2">어류에 근거한 특정 기준</td><td>[기준 7] 고유 어종 또는 해당 과에 속하는 어류가 상당 부분 서식하거나, 생활 단계, 종들 간 상호작용, 습지의 혜택 및 가치를 대표하는 어류 개체군을 유지하여 지구의 생물다양성에 기여하는 습지</td></tr>
<tr><td>[기준 8] 어류의 먹이, 산란 장소, 치어가 자라는 곳 또는 습지 내외의 어류군이 의존하는 이동 경로의 중요한 근원이 되는 습지</td></tr>
<tr><td>다른 분류군에 의한 특정 기준</td><td>[기준 9] 조류를 제외한 습지 의존 동물종 또는 아종 집단의 1%를 정기적으로 유지하는 습지</td></tr>
</table>

출처: The Criteria for Identifying Wetlands of International Importance.(http://www.ramsar.org/-key_criteria.htm)

람사르 습지 목록에의 등록 기준, 즉 어떠한 습지가 국제적으로 중요한 습지인가에 대해서는 1980년 제1차 당사국총회에서 공식적으로 합의된 이래 1987년 및 1990년 당사국총회에서 개정했다. 그 후 1996년 제6차 당사국총회에서 어류 및 어업에 근거한 새로운 기준을 제시했으며, 1999년 결의안에 따라 대표성 및 고유성, 생물다양성에 근거해 두 개의 집단으로 새롭게 편성되었다(구본학, 2009). 제9차 당사국총회(2005)에서 조류를 제외한 습지 의존성 동물종을 포함하기 위해 9번째 기준이 추가되었는데, 이를 정리하면 <표 6-2>와 같다.

람사르협약은 국제적으로 중요한 습지를 지정할 때, 당사국이 지정한 장소에 대한 심사 없이 그대로 인정된다. 그러나 이를 보완하기 위한 맥락에서 습지 목록 중에 몽트뢰 등재(Montreux Record)는 현재 위협을 받는 곳을 알려주고 있다. 몽트뢰 등재의 목적은 긴급한 국가적·국제적 보전이 필요한 지역에 대한 관심을 가질 필요성을 확인시켜 주는 것이다. 따라서 몽트뢰 등재는 국가와 지역 당국에 습지 위협에 대한 기술적 해결 방안에 대해 유용한 조언을 제공하고, 공중의 관심을 불러일으킨다는 점에서 중요한 의미가 있다고 할 수 있다.

한편, 람사르협약은 당사국에게 습지 목록에 등록된 습지를 보호하기 위한 특별한 법적 의무를 부과하고 있지 않다. 다만 당사국은 그 영역 내의 습지를 목록에 추가하거나 이미 목록에 포함된 습지의 구획을 확장하거나 '긴급한 국가의 이익'으로 인해 이미 목록에 포함된 습지의 구획을 삭제 또는 축소할 권리를 가지는데, 이러한 경우에는 가능한 한 조속히 사무국에 그 변경을 통지해야 하며, 물새의 보전·관리 및 현명한 이용에 대한 국제적 책임을 고려해야 한다(람사르협약, 제2조 제5항, 제6항).

이와 관련하여 '긴급한 국가의 이익'에 대한 개념 정의는 두고 있지 않기 때문에 당사국은 자의적으로 '긴급한 국가의 이익'을 정당화할 가능성이 있을 수 있다(김홍균, 2008)는 비판적인 시각이 있다. 또한 등록된 습지의 삭제 또는 당사국의 등록된 습지의 범위를 변경하거나 축소할 권리는 람사르협약의 실효성을 약화시킬 수 있다. 한때 국제적으로 중요하다고 여겨지던 자연자원의 상실을 허용하며 그 상실에 대한 안전장치를 마련하고 있지 않기 때문이다.

3) 국가계획의 수립 · 시행

당사국은 습지 목록에 포함된 습지의 '보전'과 자국 영토 내에 있는 습지의 '현명한 이용'을 촉진하기 위해 국가 차원의 계획을 수립하고 이행해야 한다(람사르협약, 제3조 제1항). '현명한 이용' 요건은 습지 목록에 등록된 습지를 포함하여 등록되지 않은 습지에도 적용된다고 명시하고 있지만, 무엇이 '현명한 이용'을 구성하는지에 대한 기준이나 관리지침이 없기 때문에 그 해석을 둘러싸고 논란이 꾸준히 제기되어 왔다.

이와 관련하여 제3차 당사국총회에서 처음으로 '현명한 이용'에 대한 공식적인 정의를 채택했다. 즉, "생태계의 자연적 특성의 유지와 양립하는 방법으로 인류의 이익을 위한 지속 가능한 이용"이 그것이다. 여기서 '지속 가능한 이용'은 미래 세대의 수요를 충족하기 위한 잠재력을 유지하는 동시에 현재 세대에게 계속적으로 최대한의 이익을 제공할 수 있도록 습지를 사용하는 것을 의미한다. 이러한 개념 정의는 생태계의 자연적 가치 및 자원의 보전을 지속 가능한 이용과 결부시키고 있다고 할 수 있다(Kruchek, 2003).

또한 제9차 당사국총회에서는 종전의 '지속 가능한 이용'에 대한 개념에 '생태적 특성'을 보완했는데, 이는 "주어진 시기에 성격짓는 생태계 구성 요소, 과정, 이익 및 서비스 등의 조합"이라고 정의하고 있다(Ninth Conference of the Parties, 2005). 따라서 습지의 현명한 이용은 지속 가능한 개발의 틀 안에서 생태적 접근 방법의 이행을 통해 성취되는 생태적 특성의 유지라고 할 수 있다.

한편, 람사르협약은 당사국에 습지 보호를 위한 국가계획의 수립 및 이행을 요구하고 있지만, 구체적인 의무를 부과하지 않고 있으며, 관련 기준을 제시하지 않고 있다. 국가계획의 수립 및 이행의 범위가 지리학적 경계에 국한하는지에 대해서는 침묵하고 있다. 그 결과 국가계획의 월경오염에도 적용되는지 또는 해외지원 개발사업을 위해 환경적으로 안전장치를 갖추어야 하는지 등에 대해서는 불분명한 상황이다.

당사국에 정기적인 보고 의무는 없다. 그러나 당사국은 목록에 등록된 습지가 기술 개발, 오염, 기타 인위적 간섭의 결과로 그 생태학적 특성이 변했거나, 변하고 있거나 또는 변하게 될 우려가 있는 경우 가능한 한 조속히 이에 관한 정보를 입수하도록 조치를 취하고 그 정보를 사무국에 통지해야 한다(람사르협약, 제3조 제2항). 이러한 통지 의무는 앞에서 언급한 몽트뢰 등재의 법적 근거로 해석해 볼 수 있다.

4) 자연보호구의 설치

당사국은 습지 목록에의 포함 여부에 관계없이 국내 습지에 자연보호구(nature reserves)를 설치함으로써 습지 및 물새의 보전을 증진해야 한다(람사르협약, 제4조 제1항). 당사국이 긴급한 국가 이익을 위해 목록에 포함된 습지의 구획을 삭제 또는 축소하는 경우에는 가능한 한 습지자원의 손실을 보상(compensate)하고, 특히 동일 지역 또는 다른 지역에 종전 서식지에 상당하는 부분을 보호하기 위해 새로운 자연보호구를 설치해야 한다(람사르협약, 제4조 제2항).

자연보호구의 설치는 협약의 생태계 중심주의 접근 방법과 조화되는 것으로 사용 규제보다 서식지 보호에 초점이 맞추어져 있다. 그러나 자연보호구는 다른 국가에서 기인하는 오염이나 변화에 취약할 수 있다.

이와 관련하여 김홍균(2008)은 협약이 자연보호구 내에서의 행위 제한에 대해 아무런 규정을 두고 있지 않은 점은 당사국의 국내 규정 또는 지역적 협력을 통한 습지 보호를 소홀히 하는 것이라고 보고 있다. 현재 자연보호구에서 허용되는 행위가 어떤 것인지, 금지되는 행위가 어떤 것인지 알 수가 없다는 측면에서 비판의 목소리가 나오고 있는데, 일부 국가는 자연보호구 내에서 사냥, 야생동물 피난처의 획득 등을 규제하는 등 자국의 자연보호구와 관련한 독자적인 보전정책을 가질 수 있지만 그것이 협약에서 요구하는 것은 아니라고 볼 수 있다.

5) 정보 교환

당사국은 습지가 둘 이상의 당사국 영역에 걸쳐 있는 경우 또는 수계(水系)가 당사국에 의해 공유되고 있는 경우, 협약상 의무의 이행에 관해 상호 협의하는 동시에, 습지 및 그 동식물의 보전에 관한 현재 및 미래의 정책 및 규제를 조정하고 지원하기 위해 노력해야 한다(람사르협약 제5조). 이 밖에도 습지 및 그 동식물에 관한 연구·정보 교환, 물새 개체군의 증가 노력, 전문인력 양성 등에 관해 규정하고 있다(람사르협약 제4조 제3항, 제4항, 제5항).

특히, 비정부기구인 세계자연보전연맹(IUCN)의 역할을 강조하고 있는데, 이에 따르면 IUCN은 상설 사무국으로서, 당사국총회의 소집, 지원, 습지 목록의 유지, 정보 교환, 습지 목록의 변경 또는 습지 특성의 변화에 관한 권고 등의 시행을 위해 중요한 기능을 수행하도록 규정하고 있다(람사르협약, 제8조).

4 람사르협약 당사국총회의 주요 논의 사항 및 평가

1) 당사국총회의 주요 논의 사항

당사국총회는 람사르협약에서 가장 중요한 의제를 의결하는 것으로, 전체 회원국에 의한 협약 및 부속서를 개정하고, 협약의 이행을 위한 권고문 및 결의문을 채택한다. 모든 당사국회의의 관련 자료들은 COP 5에서 설립된 과학기술 검토패널과 상임위원회의 검토를 거쳐 총회에서 의제가 상정되어 결정된다. 상임위원회는 매년 개최되며, 매 3년마다 개최되는 총회를 대비해 협약의 이행 정도를 매년 평가하고 있으며, 람사르가 정한 대륙별 가입국 수에 비례해 위원을 선출한다.

당사국총회의 일반적인 절차는 다음과 같다.

첫째, 당사국총회는 의제 및 의사 진행 규칙을 채택한다.

둘째, 각종 위원회를 지정한다.

셋째, 옵서버 승인 및 입회 후, 협약의 전략계획 및 사업계획을 논의한다.

넷째, 소위원회를 지정하여 지역회의 및 기술 세션 보고와 논의가 진행된다.

다섯째, 모든 소위원회의 보고 결과를 참조하여 결의문 및 권고문을 채택한다.

여섯째, 차기 상임위원회 당사국을 선출하고, 당사국총회 보고서를 채택한다.

당사국총회의 권고문과 결의문은 협약의 흐름과 습지 관련 혹은 환경 관련 주제가 어떻게 진행되어 왔는가를 확인하는 데 매우 중요한 역할을 하고 있다. 현재까지 이란(1971년)과 독일(1974년)에서 개최된 회의와 COP 1에서 COP 11이 진행되면서, 112개의 권고문과 196개의 결의문이 채택되었다(The Ramsar Convention on Wetlands, 2013). 당사국총회의 권고문과 결의문은 영어, 프랑스어, 스페인어로 번역되어 있으며, 람사르 홈페이지(www.ramsar.org)에서 확인할 수 있다.

권고문(Recommendations of the COPs)은 람사르협약에서 추구하는 사업 혹은 계획을 제시하거나 이를 위해 당사국의 협조를 구하는 내용들이 주를 이루고 있다.

표 6-3 람사르협약 당사국총회 주요 논의 사항

개최 연도		도시/국가	주요 내용
제1차	1980	칼리아리 / 이탈리아	• 국제적으로 중요한 습지 기준 채택(Criteria for identifying wetlands of international importance) • 국가 습지목록 작성(National Wetland Inventories)
제2차	1984	그로닝겐 / 네덜란드	• 당사국회의의 실행 방안 작성(Framework for implementing the Convention on Wetlands of International Importance • 람사르습지로 등록되지 않은 습지의 보전활동 및 보호(Conservation action and protection of wetlands not designated for the List of Wetlands of International Importance)
제3차	1987	레지나 / 캐나다	• 상임위원회 신설(Establishment of a Standing Committee) • 현명한 이용의 지침 채택(Wise use of wetlands)
제4차	1990	몽트뢰 / 스위스	• 람사르 등록 습지 D/B화(Wetland restoration) • 몽트뢰 등재 신설(Establishment of the Montreux Record) • 람사르 사무국 설치 일원화(스위스 그랜드)
제5차	1993	구시로(釧路) / 일본	• 구시로 성명서 채택(The Kushiro Statement and the framework for the implementation of the Convention) • 과학기술 검토패널 설치(Establishment of a Scientific and Technical Review Panel)
제6차	1996	브리즈번 / 호주	• 국제적으로 중요한 습지 기준에 어류 채택(Adoption of specific criteria based on fish for identifying Wetlands of International Importance) • 람사르와 물에 관한 결의문 채택(Ramsar and water: Adoption of population estimates for operation of the specific criteria based on waterfowl)
제7차	1999	산 호세 / 코스타리카	• 국제조직과의 협력(Partnerships with international organi-zations) • 국가계획의 수립·시행을 위한 지침 채택(Guidelines for developing and implementing National Wetland Policies) • 람사르 습지 보전상 수상
제8차	2002	발렌시아 / 스페인	• 통합적 유역관리를 위한 습지 보호 지침 채택(Principles and guidelines for incorporating wetland issues into Integrated Coastal Zone Management[ICZM]) • 효과적 습지관리를 위해 문화적 가치를 부각시킬 수 있는 지침 제시(Guiding principles for taking into account the cultural values of wetlands for the effective management of sites)

제9차	2005	캄파라 / 우간다	• CEPA 프로그램 지침 개발(Establishment of an Oversight Panel for the CEPA activities of the Convention) • 현명한 이용을 위한 개념적 틀의 제시(A Conceptual Framework for the wise use of wetlands and the maintenance of their ecological character)
제10차	2008	창원 / 대한민국	• 인류의 건강과 습지에 관한 선언(The Changwon Declaration on human well-being and wetlands) • 적극적이고 실질적인 활동 단계의 틀을 제공(A Framework for processes of detecting, reporting and responding to change in wetland ecological character)
제11차	2011	부쿠레슈티 / 루마니아	• 지역 이니셔티브 선언(Regional initiatives 2013-2015 in the framework of the Ramsar Convention) • 습지의 관광적 · 여가적 가치를 부각(Tourism, recreation and wetlands) • 국제 간 습지관리(Partnerships and synergies with Multilateral Environmental Agreements and other institutions)

출처: Decisions of the Conference of the Contracting Parties<http://www.ramsar.org>. 참조하여 정리.

반면, 결의문(resolutions of the COPs)은 지난 COP 이후 혹은 사업 진행 이후 얻은 결과나 진행 사항들을 제시하고 있다. 그러나 권고문과 결의문이 중복되거나 반복적인 내용이 많다는 지적에 따라 당사국회의의 효율성 문제가 꾸준히 제시되면서, COP 8부터는 결의문만 채택하게 되었다. 당사국총회의 주요 논의 사항을 정리하면 <표 6-3>과 같다.

<표 6-3>에서 보는 바와 같이 당사국총회는 COP 1 이후 많은 변화를 거듭하고 있지만, 당사국총회는 습지의 현명한 이용과 생태적 특성 유지를 원칙으로 일관성 있게 진행되어 오고 있다고 할 수 있다. 주요 논의 사항을 고려해 볼 때 람사르협약은 초기(COP 1-COP 4), 성장기(COP 4-COP 7), 발전기(COP 7-COP 11)로 구분해 볼 수 있으며, 주요 결의 내용은 다음과 같다.

먼저, 초기 당사국총회에서는 사무국의 운영, 상임위원회의 설치, 재정과 예산, 협약의 공용어 등을 다루고 있으며, 참여 당사국 및 등록 습지 수의 확대에 초점이 맞추어져 있다고 이해해 볼 수 있다. COP 3에서 '현명한 이용'의 개념을 해당 생태계의 자연적 특성이 유지되는 틀 속에서 인간에게 혜택을 주는 습지의 지속 가능한 이용으로 정의했으며, COP 4에서 발족한 실무위원회가 작성한 '현명한 이용에 대한 개념

의 실행을 위한 지침'이 채택되었다.

둘째, COP 4에서 람사르 사무국의 설치가 일원화되었으며, COP 5에서 과학기술 검토패널이 설치됨에 따라 협약의 의사 결정 및 과학적이고 기술적인 전문가의 조직적인 참여가 제도적으로 가능하게 되었다. 과학기술 검토패널의 경우 습지의 보존, 복원, 람사르습지 기준, 조류독감, 습지생물 다양성과 관련한 다양한 지침을 작성하여 당사국의 습지 행정 집행을 돕고 있다.

셋째, 습지의 보전과 현명한 이용 노력을 증진하기 위해 호주 브리즈번에서 열린 COP 6에서 제정하고 COP 7에서 시상을 시작했다. COP 7, COP 8에서는 개인, 기구, 정부를 기준으로 시상했으나, COP 9부터는 관리, 과학, 교육 분야를 기준으로 시상하고 있으며, 수상자에게는 트로피와 미화 1만 달러를 수여하고 있다.

넷째, 호주 브리즈번에서 COP 6에서 협약의 목적을 국가 차원의 이행과 국제적인 협력으로 달성하기 위해 '전략계획 1997~2002'가 채택되었다. 이 전략계획에 대해 COP 7에서 중간평가가 이루어진 후 스페인 발렌시아에서 개최된 COP 8에서 수정·보완하여 '전략계획 2003~2008'을 채택했다. '전략계획 2003-2008'은 습지의 현명한 이용, 국제적으로 중요한 습지 목록, 국제 협력 강화라는 3개의 근간(Three Pillars)이 되는 행동을 중심으로 실행되고 있으며, 이는 꾸준하게 이어져 COP 11에서 '전략계획 2009~2015'이 채택되었다. 국제 협력 강화는 습지의 보존과 현명한 이용을 위해, 그리고 접경 습지 지역의 수자원과 습지의 관리 및 두 나라 이상의 습지에 서식하는 종의 관리를 위해 다른 국제협약, 국제조직과의 협력이 필요하다.

다섯째, COP 6에서 '람사르와 물'이라는 결의문이 채택되었다. 이 결의문은 지하수의 충전, 수질 개선, 홍수 경감, 수자원과 습지와의 밀접한 관계를 포함한 습지의 수문학적 기능들을 인정하고 있다. 또한 강 집수역(集水域) 단위에서 습지 보전과 수자원 관리의 통합적인 계획 수립을 강조하고 있으며, 수자원의 부족, 수질 악화, 관련한 습지 생태계의 파괴 등에 관한 문제들을 다루고 있다. COP 6 이후, 람사르협약은 2000년 3월 일본에서 열린 제3차 '세계 물 포럼'에 참가하는 등 물 문제에 대해 적극적으로 다양한 접근을 하고 있다.

한편, COP 6 이후 회의의 국제의제는 인식 증진 프로그램(Communication, Education Public Awareness: CEPA), 지역 협력 이니셔티브, 생물 관련 국제협약과의 긴밀한 협력 관계를 다루는 의제가 채택되는 등 매우 다양해지게 되었다. 특히,

CEPA 프로그램을 통해 협약을 구성하는 다양한 단계별로 습지 관련 정보 교류, 교육, 대중 인식 과정에서 효율성과 그 가치를 인식하고, 일반인들의 생활 속에 습지의 현명한 이용 정신을 심도록 노력하고 있다는 것을 알 수 있다.

2) 람사르협약의 평가

람사르협약은 습지의 보호와 관련된 국제 협력을 촉구하는 토대를 제공하는 국제협약이다. 크루체크(Kruchek, 2003)는 람사르협약이 특정 종보다는 습지를 보호하려는 국제법적 노력을 반영하고 있으며, 최초의, 단일 형태의 생태계(습지) 자연보전 문제와 관련해서 유일한 범세계적 차원의 협약이라고 보고 있다. 이러한 점은 이 협약이 습지 보호에만 국한하지 않고, 다른 생태계의 보호를 위한 추가적인 협약에 좋은 모델이 될 수 있음을 의미한다.

또한, 람사르협약은 전문을 통해 습지 보전의 원칙을 강하게 천명하고 있는데, 습지의 기능 및 가치에 대한 재평가가 이루어지면서 람사르협약의 중요성이 강조되고 있는 시점이다. 그러나 이 협약에는 강제력이 약하다는 일반 협약이 갖는 한계 외에도 생태계를 보호하기 위한 국제 환경 협력 체계로서 문제점이 많이 발견되고 있다.

우선, 당사국의 판단에 의해 습지 등록이 이루어진다는 점이다. 협약 가입 시 당사국이 습지 목록에 등록하는 습지가 당사국의 경계 내로 한정하고, 습지 등록이 별도의 심사 없이 당사국의 판단에 전적으로 의존하기 때문에 범세계적 차원에서 정작 중요한 습지가 누락될 가능성이 존재한다(김홍균, 2008).

둘째, 당사국이 습지 목록에 등록된 모든 당사국의 습지에 대한 보전 의무를 갖는 것인지, 아니면 자국의 습지에 대해서만 의무를 부담하는지가 분명하지 않다(신현덕, 1998).

셋째, 당사국은 협약 가입 시 자국 영역 내 1곳 이상의 적절한 습지를 지정하여 국제적으로 중요한 습지 목록에 의무적으로 등록해야만 한다. 그러나 당사국에게 습지 목록에 등록된 습지를 보호하기 위한 특별한 법적 의무를 부과하지 않고 있다는 측면에서 문제가 발생할 가능성이 크다. 또한, '긴급한 국가 이익'을 이유로 습지 목록에 등록된 습지의 경계를 삭제 또는 축소할 수 있는데, '긴급한 국가 이익'이라는 주관적이고 자의적인 판단에 의해 습지 목록이 관리될 소지가 있으며, 삭제·축소에 따른 대체 습지의 조성 등 안전장치를 갖추지 못함으로써, 습지의 상실 내지 파괴를 묵인할 가능성이 있게 된다(김홍균, 2008).

넷째, 각국의 습지 보전을 감시하기 위한 구체적인 기준 및 국가 시행 조치, 그리고 국내 입법 기준에 대한 지침이 마련되어 있지 않아 습지 보호를 촉구하는 수준에 그칠 가능성이 많으며, 의무 위반에 대한 규제 수단이 마땅치 않다(박태윤・이동근, 1997).

다섯째, 습지 보호를 위한 정기적인 보고 또는 측정과 관련한 규정이 없는 것도 지적되고 있다. 박태윤・이동근(1997)에 의하면, 생태학적 변화가 있을 경우 사무국으로서의 역할을 수행하는 세계자연보전연맹(ICUN)에 보고하도록 규정한 규정 역시 보고 요건을 갖추고 있지 않기 때문에 실효성이 낮다고 한다. 또한, 보고를 할 정도로 생태계 변화가 알려진 경우에는 이미 손을 쓸 수 없을 정도로 환경 파괴가 진행된 경우가 많다는 점에서 보고 의무는 뒷북치기의 일환이 될 가능성이 크다고 지적되고 있다.

이 밖에도 개발사업과 관련하여 환경영향평가 절차를 규정하고 있지 않은 점, 분쟁 해결 절차를 갖추고 있지 않은 점, 습지 복원 등 협약의 효과적인 시행을 위한 기금을 마련하고 있지 않은 점, 개도국의 습지 보전과 연구를 지원하기 위한 재원이 부족한 점 등도 람사르협약이 갖는 한계로 지적된다.

람사르협약이 습지 보호를 위한 정책의 실효성을 확보하는 데 여러 가지 문제점이 존재함에도 불구하고, 국제사회는 람사르협약에 지속적으로 참여하고 있다. 1970년대 초기 협약 체결을 주도하는 지역은 유럽이었으나, 1990년대에 들어서면서 가입국의 수가 급증해 2000년대에도 지속적으로 이어지고 있다. 즉, 1990년에는 60개국에 불과했던 것이 2013년 7월 현재 168개국(지정 습지 2,131개소, 205,490,520ha)으로 증가했다.

이와 관련하여 정장훈(2012)은 생태계 보호를 위한 최초의 국제적인 정책적 노력으로서 람사르협약의 설립과 전 세계적 확산이 어떠한 정치경제적 조건 속에서 이루어졌는가를 분석했다. 그는 환경 개선을 위한 자발적 동기 부여 및 경제적 이익이 부족함에도 불구하고, 다양한 국제사회의 청사진으로서 국제 규범의 영향력이 각 국가로 하여금 람사르협약을 채택, 비준하도록 만드는 데 중요한 역할을 한 것으로 보고 있다.

5 우리나라의 대응 및 향후 정책 제언

1) 람사르협약의 국내 이행과 문제점

우리나라는 1995년 3월 인도에서 열린 아태지역회의 때 람사르협약 가입 의사를 표명하고, OECD 가입 후 강원도 인제군 소재 '대암산 용늪'을 협약 등록 습지로 지정하여 1997년 3월 28일에 가입했으며, 1997년 7월 28일부터 발효되었다. 우리나라가 그동안 추진한 현황의 특성을 살펴보면 다음과 같다.

첫째, 1999년 2월 8일 습지보전법을 제정해 그에 따라 습지 조사 및 습지 보전 기본계획을 수립했으며, 우수지역에 대한 습지보호지역 지정을 추진했다. 람사르협약의 국내 이행을 위한 법적인 기반 구축에 따라 체계적이며 효율적인 협약 이행을 위한 행동계획(Action Plan)을 수립했으며, 2013년 7월 현재 습지보호지역 지정 현황은 <표 6-4>와 같다.

표 6-4 우리나라 습지보호지역 지정 현황(2013년 7월 현재)

구분	습지보호지역 지정 현황		람사르습지 등록 현황	
	지정 개수	면적	개수	면적
환경부	18개소	117.126㎢	13개소	13.682㎢
국토해양부	11개소	212.850㎢	5개소	163.49㎢
지방자치단체	3개소	6.634㎢	-	
총계	32개소(336.610㎢)		18개소(177.172㎢)	

주) 구체적인 람사르습지 등록 현황은 부록으로 첨부함.
출처: 환경부(2013).

둘째, 1999년 5월 10~18일 코스타리카에서 열린 제7차 당사국총회에 처음으로 당사국 자격으로 참가해 우리나라의 습지 보전정책 및 협약 이행 노력을 소개하고 습지 보전을 위한 국제적인 노력에 동참하기 시작했다. 1999년 10월에는 협약 사무부총장 필립스(Bill Phillips) 방한 때 강화도 남단 갯벌을 답사하고, 습지보전법을 소개하기도 했으며, 11월 개최된 제24차 상임위원회에 참가해 순천만 생태계 조사를 위한 '소액기금 지원'사업을 위해 지원을 요청하는 등 활발한 논의를 전개해 왔다.

특히 교육·홍보 강화의 맥락에서 습지 보전을 위한 각종 국제회의에 참가하여 외국의 습지 보전 노력을 배우고, 우리나라의 습지 보전정책을 알림으로써 습지 보전을 위한 국제적인 노력에 적극 동참하기도 했다. 예를 들어, 세계 습지의 날(2월 2일) 행사, 습지 보전 및 현명한 이용을 주제로 한 전시회, 갯벌의 경제성 평가 자료 번역 및 배포, 습지 보전에 대한 홍보 자료 제작·배포, 세미나, 심포지엄 등을 개최하여 지속적인 홍보활동을 추진하고 있다.

셋째, 우리나라 정부는 1999년 이후 습지 보전 및 관리사업에 많은 노력을 기울여 왔다. 특히 환경부와 해양수산부는 습지 보전을 위해 겨울철 조류 동시 센서스, 야생조수 치료센터, 보호지역 지정, 생물다양성협약, 지속적인 모니터링, 방문자센터, 생태공원 조성 등 매우 괄목할 만한 사업을 펼쳐 왔다. 그러나 이러한 다양한 사업들이 국제적인 흐름에 따르기보다는 단위사업 형태로 진행되고 있다는 측면에서 문제가 많다(주기재·도윤호, 2006).

넷째, 2008년 10월 경상남도 창원에서 제10차 당사국총회를 개최했으며, 창원 주남저수지와 창녕 우포늪이 공식 탐방지로 선정되었다. '건강한 습지, 건강한 인간'을 주제로 열린 회의에서는 33개의 다양한 의제가 논의되었고, 이 가운데 합의를 통해 32개의 결의문이 채택되었다. 이 중 우리나라에서 주도한 기후 변화와 습지 등 다섯 가지 주제를 통해 인류 복지는 건강한 습지에 달려 있다는 메시지를 담고 있는 '창원선언문'이 결의문으로 채택된 것이 가장 큰 성과물이라 볼 수 있다.

표 6-5 지방자치단체의 시·도지사 지정(2013년 7월 현재)

지역명	위치	면적(㎢)	특징	지정 일자
대구 달성 하천 습지	대구광역시 달서구 호림동, 달성군 화원읍	0.178	흑두루미, 재두루미 철새도래지, 노랑어리연, 기생초 등 습지식물 발달	2007.05.25
대청호 추동습지	대전광역시 동구 추동 91번지	0.346	수달, 말똥가리, 흰목물떼새, 청딱따구리 등 희귀동물 서식	2008.12.26
송도갯벌	인천광역시 연수구 송도동 일원	6.110	저어새, 검은머리갈매기, 말똥가리, 알락꼬리도요 등 동아시아 철새 이동 경로	2009.12.31
총계	3개소	6.634㎢		

출처: 환경부(2013).

또한, 제10차 당사국총회 이후, 창원 시민들뿐만 아니라 국민들이 습지를 환경 자산이자 지역 경제 발전의 견인차로 인식하게 되었으며, 습지와 자연환경에 대해 더 많은 관심을 가지게 된 것으로 보인다. 실제로 <표 6-5>를 보면 지방자치단체의 단체장이 지정한 습지가 당사국총회 이후 증가하고 있다는 것을 알 수 있다.

그러나 '창원선언문' 이후 후속적인 대책 없이 선언적 의미에 머물고 있는 습지보전법의 한계를 극복하고, 지역적 특성에 맞는 구체적인 실천계획 및 습지보전관리 조례 등을 수립하는 것이 무엇보다도 시급하다. 의무를 규율하고 구속하는 시스템이 없이 실질적으로 의무를 준수하려는 능동적인 태도가 앞선다면, 현명한 이용이라는 개념과는 거리가 멀어지기 때문이다. 이러한 맥락에서 다음 절에서는 지속 가능한 시스템으로의 전환을 위한 몇 가지 정책적 제언을 제시하고자 한다.

2) 람사르협약 문제 해결을 위한 융합 연구의 필요성

다음에서는 람사르협약과 관련된 다양한 문제를 해결하기 위한 융합 연구 사례를 소개하고자 한다. 아래의 선택된 사례는 우리나라 환경정책 과정에서 발생하는 환경파괴, 이해관계자 간의 갈등관리, 환경영향평가 등 다양한 부문을 포괄할 수 있는 연구 분야로 볼 수 있다.

(1) 지속 가능한 시스템으로의 전환을 위한 '전환관리(transition management)' 연구

네덜란드에서 논의되고 있는 '전환관리' 연구는 학제적 연구와 정책이 상호작용하고 있어 연구자들에게 관심의 대상이 되고 있다. 이 연구는 환경을 포함한 과학기술과 사회가 상호작용하면서 공진화(共進化)한다는 명제를 토대로 현실의 사회·기술 시스템을 변화시키는 프로그램들을 시행하고 있다. 이 논의는 기존의 사회·기술 시스템을 좀 더 지속 가능한 사회·기술 시스템으로 전환하기 위해 새로운 맹아를 담고 있는 사회·기술 수요를 창출하고 확산시켜야 한다는 것을 강조한다(Kemp et al., 2007).

전환관리론의 주된 관심은 재생 가능 에너지와 같은 사회적으로 바람직한 기술의 개발과 활용을 어떻게 촉진할 것인가, 나아가 에너지 시스템처럼 경로의존적이며 고착된 거대 사회·기술 시스템을 어떻게 지속 가능한 시스템으로 전환시킬 것인가에 있다. 이러한 맥락에서 과학기술사회학, 제도주의론, 복잡계 이론, 기술혁신 연구 등을 토대로 에너지, 환경, 보건·의료 분야의 연구를 통합하는 학제적 접근을 통해 사회·기술 시스템의 장기적인 변화를 설명하기 위한 이론과 정책을 개발하고 있다(Kemp et al., 2007).

네덜란드 경제부는 2004년 '에너지 정책에서의 혁신'이라는 문건을 발표했는데, 이는 새로운 유형의 혁신정책을 제시한 것으로 그동안 구호 수준에 머물렀던 지속 가능한 사회·기술 시스템으로의 전환 논의를 뛰어넘어 구체적인 정책 방향과 추진 방식을 제시하고 있다. 지속 가능한 시스템을 구축하기 위해서는 새로운 에너지 기술만이 아니라 그것이 생산되고 활용되는 사회 시스템의 변화가 수반되어야 함을 지적하고 있다. 그리고 그 전환 과정은 한 세대 이상의 시간이 필요할 것이라는 장기적인 관점을 제시하고 있다. 초창기 소규모 정책으로 출발했던 '에너지 전환'은 이제는 정책의 주류로 부상하고 있으며, 교통 분야, 환경 분야와 같은 영역에서도 새로운 역할 모델로 자리 잡고 있다(Kemp et al., 2007).

람사르협약의 경우에도 이러한 전환관리를 통해 협약상의 한계점을 새로운 시각에서 개선 방안을 도출해 볼 수 있다고 본다. 예를 들어, 우리나라에서 진행하고 있는 생태공원이나 방문자센터 설립 등은 사업이 진행됨과 동시에 평가가 함께 이루어져야 하는데, 습지 관련 대부분의 사업은 평가가 체계적으로 이루어지지 않아 문제가 발생하고 있다. 따라서 정책 과정에시 전환관리 연구자, 습지 관련 공무원, 시민사회 조직 등 이해관계자 간의 활발한 상호작용과 토론을 기반으로 습지가 생산되고 활용되는 사회 시스템의 변화를 이루어야 할 것이다.

현재 전환관리론은 논의가 발전하는 과정에서 정책 영역과 활발하게 상호작용하여 이론과 실천이 서로 결합되는 모습을 보이고 있다. 그러므로 습지 목록화나 습지 모니터링 사업이 진행되면서 부족한 부분은 개별 사업이 유기적인 연계 하에서 시너지 창출이 가능하도록 전환관리를 통해 체계적으로 설계할 수 있다고 본다.

(2) 과학기술 조직과 시민사회 조직의 협력(CSO-RO partnership)에 관한 연구

독일의 윈데마을은 150여 가구, 700여 명이 사는 조그만 농촌이지만, 독일 정부가 '미래를 준비하는 마을'로 지정하면서 바이오에너지마을로 유명해졌으며, 매년 5,000명이 넘는 사람들이 방문하고 있다. 바이오에너지마을은 지역 농가와 산림에서 생산된 바이오매스를 활용해서 전기와 난방을 공급한다. 석유나 전기 같은 외부 에너지원에 의존하지 않고 에너지를 자급할 수 있으며, 생산된 전기를 판매해 경제적 이익을 얻는 에너지 자급자족 마을이다. 이 마을의 초기 기획안은 경제학, 환경학, 지리학, 사회학을 전공한 연구자들이 '지속 가능한 발전을 위한 학제간 연구센터'를 설치하여 1998년부터 마을 프로젝트를 시작했다. 이들은 지속 가능한 생활 양식을 구현하기 위한 프로젝트를 주변 마을에 제시했고, 타당성 평가를 통해 윈데마을을 프로젝트 후보지로 선택했다(진상현, 2007). 이 마을은 인문사회 연구자, 과학기술 연구자, 시민사회의 협력을 통해 지역의 혁신 주체인 대학이 지역사회 밀착형 융합 연구를 수행하고, 그것을 지역사회에서 구현한 자생적인 지역혁신 사례라고 할 수 있다.

이러한 흐름은 EU 차원의 연구개발 사업에도 반영되어 최근에는 시민사회 조직(Civil Society Organization)과 과학기술 조직(Research Organization)의 협력을 통해 과학기술 활동에 시민사회의 참여를 촉진하기 위한 프로젝트가 진행되고 있다. 이는 과학기술 조직의 전문성과 시민사회 조직의 현장 경험을 결합하는 프로젝트이다(Stirling, 2006; European Research Advisory Board, 2005).

람사르협약의 경우에도 위와 같은 지역사회 문제 해결형 연구를 적용시켜 볼 필요가 있다. 예를 들어, '창원선언문' 이후 후속 대책이 없는 습지보전법의 한계를 극복하고, 지역적 특성에 맞는 구체적인 실천계획 및 습지 보전관리 조례 등을 수립하는 것을 기획한다고 가정할 때, 지역 주민들이 출자하고 정책 과정에 적극적으로 참여함으로써 시민사회가 혁신활동의 주체로서 활동해야 할 것이다.

특히 협약 이행을 위한 구체적인 기획·평가 과정에서 과학기술자만이 아니라 수요자의 참여가 필요하다. 실제 현장에서 문제에 접한 당사자나 문제 해결 활동을 수행하는 사회 서비스 조직, 시민단체, 비영리조직과 같은 주체가 참여해 현장 목소리를 사업 선정과 평가에 반영하는 것이 무엇보다 중요하다고 본다.

(3) 사회적 갈등 조정으로서 'ESTEEM' 연구

EU에서는 틀 짜기(Framework) 사업의 일환으로 지역사회에서의 새로운 에너지 기술 수용 과정에서 발생하는 사회적 갈등을 해결하기 위해 시민사회 참여를 기술 도입 초기부터 고려하는 조정 방식을 연구해 왔다. 환경 친화적 성격을 지니고 있는 재생 에너지 도입 과정에서 크고 작은 사회적 갈등이 나타나 사회적 수용 과정에 여러 가지 문제가 발생하고 있기 때문이다.

ESTEEM(Engage STakeholdErs through systEmatic toolbox to Manage new energy projects)은 갈등 조정 연구를 집약해 체크리스트의 형태로 이해 조정 방안을 제시한 조정 수단이다. 프로젝트 책임자와 NGO, 정책담당자, 지역 시민사회 등의 이해관계자 간 의사 소통을 활성화하고, 프로젝트의 사회적 수용도를 높이기 위해 수행해야 하는 다양한 행동계획을 제시하고 있다(Raven et al., 2009).

ESTEEM은 재생 에너지 기술을 지역사회에 착근시킬 때 프로젝트 참여자가 지역사회의 경제적 · 사회적 · 지리적 · 문화적 특수성을 이해하고, 자신의 계획을 지역사회의 조건에 적용시켜 가는 학습 과정이 중요함을 강조하고 있다. 이와 함께 외부 평가자나 컨설턴트의 참여를 통해 프로젝트 책임자가 자신의 의사결정에 성찰적 접근 방식을 취할 수 있도록 하는 것이 필요하며, 지역 시민사회의 참여가 기술의 사회적 수용에 긍정적인 영향을 미친다는 관점을 취하고 있다. 그리고 문제를 해결하기 위해 수용 과정을 여섯 단계로 구분하여 각 단계마다 프로젝트 책임자와 컨설턴트가 해야 할 일들을 정리하고 있다(Raven et al., 2009).

ESTEEM의 방법론을 적용하여 기술 도입 프로젝트를 성공적으로 수행한 사례로는 네덜란드의 온실가스 무배출 발전소(Zero Emission Power Plant: ZEPP) 프로젝트를 들 수 있다. 네덜란드의 소도시인 드라흐텐(Drachten)에서는 발전 과정에서 발생하는 이산화탄소를 포집하여 지하에 저장함으로써 온실가스를 전혀 배출하지 않고 전기를 생산할 수 있는 발전소를 건설하기 위해 ESTEEM 방법론의 여섯 단계를 모두 적용하여 실행했다. 이 과정을 거치면서 시설 도입으로 인해 경관이 나빠지는 것에 대한 지역사회의 우려, 발전소의 고용 효과 및 긍정적 측면 등이 검토되었으며, 이를 반영한 발전소 입지 및 설계 방식, 발전소 폐열의 활용, 지역의 녹색 이미지 강화 전략들이 논의되었다(송위진 외, 2011).

지금까지 성장 위주의 정책으로 인해 우리나라뿐만 아니라 전 세계 여러 나라는 무분별한 개발 위주의 경제정책을 펼쳐 왔다. 이에 따라 날로 심각해지는 환경문제에 공동으로 대응하기 위한 국제환경협약이 람사르협약을 포함하여 3,800여 개에 달한다.[2] 그러나 이러한 환경 협력 및 환경 보호와 관련된 조치들은 산업생산성에 엄청난 충격을 줄 것으로 예상할 수 있다. 따라서 이와 관련된 이해관계자들 간의 갈등은

---

2) 제1장 국제환경협약의 전개와 전망 참조.

지속적으로 나타나고 있으며, 특히 생태적으로 중요한 위치를 차지하는 습지 문제는 한 국가만의 문제가 아니라 근접 국가, 나아가서는 지구 전체의 심각한 갈등 문제로 발전할 가능성이 크다.

또한, 람사르협약과 같은 환경 보호 및 환경 협력 논의의 현대적 경향은 만들어진 조약의 유연성이 더욱 강화되는 방향으로 나아가고 있다는 측면에서 ESTEEM의 연구를 활용해 볼 필요가 있다고 본다. 람사르협약의 핵심은 만들어진 협약의 특성을 구체화해 나가면서 의무 준수가 아니라 의무의 실시를 통해 효과적인 협약 구성의 취지를 실현해 나가는 것이기 때문이다. 예컨대, 어떤 나라는 협약을 준수하고 우리나라는 경제적 이익에 좀 더 초점을 두면서 시간을 벌려는 무임승차(free-rider)가 발생할 경우, 이와 관련된 갈등을 조정하고 문제를 해결하는 방법론으로서 ESTEEM을 적용해 볼 수 있을 것이다.

6 맺음말

최근 과학기술을 통한 사회문제 해결이 중요한 이슈로 부상하고 있다. 미래창조과학부는 '사회문제 해결형 연구개발사업', 'C-Korea 사업'을 기획하고, '과학기술 기반 사회문제 해결 종합 실천계획'을 추진하고 있다. 산업통상자원부는 '사람 중심의 따뜻한 연구개발(R&D) 중장기 전략 로드맵'을 제시하면서 '국민 편익 증진 기술개발사업'에 관심을 기울이고 있다. 보건복지부 역시 '국민 건강문제를 해결하는 R&D 중장기 계획'을 세웠다. 이와 같은 각 부처들의 사회문제 해결을 위한 노력은 양극화, 저출산·고령화, 기후 변화, 자원·환경문제 등 우리 사회의 주요 문제에 대한 적극적인 대응으로 판단된다.

우리나라의 경우 1990년대 중반 이후 습지 분야는 물론이고 환경 전반에 걸친 국민적 관심과 비정부기구(NGO)의 노력으로 환경 분야가 많은 발전을 해오고 있다. 하지만 국제적인 수준에 버금가는 영향력을 행사하거나 국제적인 협력 체계를 갖추었다고는 볼 수 없다. 물론, 람사르협약의 이행을 위해 우리나라에서도 람사르 등록 습지를 확대하고, CEPA 프로그램을 새롭게 개발해 지원하고 있으며, 다양한 사업을 통해 괄목할 만한 수준의 성과를 쌓아가고 있다. 그렇지만 성숙 단계에 접어들고 있는 람사르협약이 새롭게 진화할 수 있는 접근이 필요하며, 정부가 추진하고 있는 과학기술을 통한 사회문제 해결과의 연계가 필요한 시점이다. 이를 통해 람사르협약의 사회적 의미와 정당성을 높이는 데 기여할 수 있기 때문이다.

따라서 람사르협약의 유연성이 더 강화되는 방향으로 나아가고 있는 패러다임에서는 협약의 이행 정도를 점검하고 향후 계획을 수립하는 당사국총회에 초점을 맞춘 협력 방식은 지양하고 새로운 접근이 필요하다. 사회문제 해결을 위한 과학기술 및 환경정책에서는 사회문제 해결이 최우선 목표이며, 협약은 그것을 달성하기 위한 수단으로 문제 해결에 기여하는 방식으로 전개되어야 한다. 이러한 맥락에서 람사르협약의 문제 해결을 위한 융합 연구의 필요성이 더욱 커질 것으로 기대된다.

특히, 람사르협약의 이행을 위한 구체적인 기획·평가 과정에서 과학기술자만이 아니라 수요자의 참여가 무엇보다도 필요하다. 실제 현장에서 습지와 관련된 문제에 접한 당사자나 문제 해결 활동을 수행하는 시민단체, 비영리조직, 사회 서비스 조직과 같은 주체가 참여하여 현장 목소리를 과제 선정과 평가에 반영해야 할 것이다.

[부록 1]

우리나라 람사르습지 목록 등록 현황

□ 람사르 습지 지정(18개소, 177.172㎢) (2013년 7월 현재)

지역명	위치	면적(㎢)	특징	지정 일자
대암산 용늪	강원 인제군 서화면 대암산의 큰용늪과 작은용늪 일원	1.060	우리나라 유일의 고층 습원	1997.3.28
우포늪	경남 창녕군 대합면, 이방면, 유어면, 대지면 일원	8.540	우리나라 최고(最古)의 원시 자연늪	1998.3.2
신안 장도습지	전남 신안군 흑산면 비리 산109-1~3번지 일원	0.090	도서지역 최초의 산지 습지	205.3.30
순천만·보성갯벌	전남 순천시 별양면, 해룡면, 도사동 일대, 전남 보성군 호동리, 장양리, 영등리, 장암리, 대포리 일대	35.500	흑두루미 서식 · 도래 및 수려한 자연경관	2006.1.20
물영아리 오름	제주 남제주군 남원읍	0.309	기생화산구	2006.10.18
두웅습지	충남 태안군 원동면 신두리	0.065	신두리사구의 배후 습지로 희귀 야생 동식물 서식	2007.12.20
무체치늪	울산시 울주군 삼동면 조일리 일원	0.184	희귀 야생 동식물이 서식하는 산지습지	2007.12.20
무안갯벌	전남 무안군 해제면, 현경면 일대	35.890	생물다양성 풍부 지질학적 보전 가치 있음	2008.1.14
오대산 국립공원습지	강원도 평창군, 홍천군	0.017	이탄 습지, 산지 습지. 토탄층이 86㎝ 형성	2008.10.13
강화매화마름 군락지	인천시 강화군	0.003	인공습지-논습지 멸종위기 2급 매화마름 군락지, 금개구리 서식	2008.10.13
물장오리 오름	제주도 제주시	0.628	산정 화구호, 강우에 의해 유지, 멸종위기 1급 매, 2급 팔색조 등 서식	2008.10.13
제주1100 고지습지	서귀포시 색달동, 중문동 및 제주시 광령리	0.126	산지 습지로 멸종위기종 및 희귀 야생 동식물 서식	2009.10.12
서천갯벌	충청남도 서천군 서면, 유부도 일대	15.300	다수의 멸종위기종 조류 및 전 세계 물떼새 개체 수의 1% 이상이 서식(검은머리물떼새)	2009.12.2
고창·부안 갯벌	전북 부안군 줄포면과 보안면, 고창군 부안면과 심원면 일대	45.500	다수의 멸종위기종 조류 및 전세계 물떼새 개체 수의 1% 이상이 서식(흰물떼새)	2010.2.1

동백동산습지	제주도 제주시 조천읍 선흘리	0.590	지하수 함양률이 높고 생물다양성이 풍부한 곶자왈지역	2011.3.14
운곡습지	전북 고창군 아산면 운곡리	1.797	생물다양성이 풍부하고 멸종위기종 수달 등 서식	2011.4.7
증도갯벌	전남 신안군 증도면 증도 및 병풍도 일대	31.300	국제적 보호 조류가 서식하는 연안 습지	2011.9.1
한강밤섬	서울시 영등포구 여의도동 및 마포구 당인동 일원	0.273	서울 한강의 하중도로서 철새도래지 및 서식지	2012.6.21

[참조 2]

우리나라 람사르습지 목록 후보 습지 현황(2013년)

□ 경관적 가치 우수 습지

대상 습지	사유	주요 사진
한반도	- 한반도 모양의 지형적 특성 - 남한강 습지보호지역으로서 상징성	
토교저수지	- 멸종위기종 14종이 분포 - 독수리, 두루미 등 겨울철 탐조 장소	
화진포	- 동해안 석호 중 원형이 잘 유지 - 법적 보호종 및 특정 식물종이 서식	
옥산습지	- 천연원시림에 가까운 극상림이 발달 - 도시형 생태 코리더 회복 핵심 시범 습지	
동천	- 순천만 갈대밭 유지의 주요 하천 - 순천을 대표하며, 정원박람회 핵심 지역	

□ 생태적 가치 우수 습지

대상 습지	사유	주요 사진
초평도	- 민간인 통제구역 내의 하중도형 습지 - 생태적 · 경관적으로 보호 가치가 높음	
장단반도	- 임진강 하구의 기수성 하구 습지 - 독수리의 서북부 최대 월동지	
양의대	- 인간의 간섭 최소로 생태·환경이 잘 보전 - 멸종위기종 및 법적 보호종이 다수 분포	
왕등재	- 지리산국립공원 내 습지 - 국내 유일의 알칼리성 고산 습지로 보전 상태 양호 - 환경부 멸종위기종 및 천연기념물 서식	

제 7 장 생태계 보호 관련 협약

〈멸종 위기에 처한 야생 동식물의 국제 거래에 관한 협약(Convention on International Trade in Endangered Species of Wild Fauna and Flora: CITES)〉

- 채택일: 1973. 3. 3
- 발효일: 1975. 7. 1
- 우리나라 가입일: 1993. 7. 9
- 우리나라 발효일: 1993. 10. 7

〈생물다양성협약(Convention on Biological Diversity: CBD)〉

- 채택일: 1992. 6. 5
- 발효일: 1993. 12. 29
- 우리나라 가입일: 1994. 10. 3
- 우리나라 발효일: 1995. 1. 1

〈나고야의정서(Nagoya Protocol)〉

- 채택일: 2010. 10. 29
- 발효일: 미발효
- 우리나라 가입일: 2011. 9. 20
- 우리나라 발효일: 미발효

〈바이오 안전성에 관한 카르타헤나의정서(Cartagena Protocol on Biosafety)〉

- 채택일: 2000. 1. 29
- 발효일: 2003. 9. 11
- 우리나라 가입일: 2007. 10. 3
- 우리나라 발효일: 2008. 1. 1

1 머리말

인간을 포함한 지구상의 생물은 서로 영향을 주고받으며 생태계에서 공존한다. 이러한 지구 생태계는 오늘날까지 많은 종(種)이 출현하고 사라지면서 변화해 왔다. 이전에는 주로 기상이나 지형 등에 의한 환경 변화나 종 간의 경쟁에 의해 많은 종이 사라지게 되었다면, 문명이 발달한 오늘날에는 급격한 기후 변화나 인간의 활동으로 인한 환경문제가 생태계를 위협하고 있다. 특히 빠른 속도로 지구상의 생물종이 감소하고 있는 상황은 생태계에 큰 영향을 미치고 있으며, 인류에게도 심각한 위협이 되고 있다.

국제적으로는 자연과 생태계 보호의 중요성을 인식하고 생태계 파괴에 대처하기 위한 전지구적인 차원의 대책을 추진해 왔다. 이러한 노력의 하나로 생태계 보호를 위한 일련의 국제환경협약이 등장하게 되었다. 습지 보호를 위한 람사르협약(1971년)을 시작으로 멸종 위기에 처한 야생 동식물의 국제 거래에 관한 협약(1973년), 생물다양성협약(1979년) 등이 대표적이다. 람사르협약이 생태계 '환경'을 보호하고자 그 중에서도 습지를 중점적으로 보호하는 협약이었다면, 이 장에서 소개되는 멸종 위기에 처한 야생 동식물의 국제 거래에 관한 협약과 생물다양성협약은 생태계를 구성하는 '생물종'의 감소를 막고 '생물다양성'을 보전하고자 하는 것이 주된 목적인 협약이다.

이 장에서 다루는 협약들은 야생 동식물의 감소와 생물다양성 보전을 위해 선언적 의미와 기여가 크다고 평가되고 있으나, 한편으로 협약의 실효성 문제나 협약 당사국 간의 민감한 이해 관계가 발생하는 문제점을 가지고 있다. 우리나라의 경우 국내외 야생 동식물의 감소 및 다양성 감소가 생태계를 위협하는 국제적 문제임을 인식하고 있음에도 불구하고, 야생 동식물의 보호 및 관리가 여전히 미흡하다. 이러한 측면에서 생태계 보호 레짐의 주요 체제를 구축하고 있는 두 협약과 관련된 이슈와 우리나라의 대응에 관한 논의가 필요하다고 할 수 있다.

2 멸종 위기에 처한 야생 동식물의 국제 거래에 관한 협약

1) 협약 체결 배경과 연혁

지구상에 존재하는 수백만 종의 동식물 중 수많은 종이 멸종 위기에 처하거나 급격한 수준으로 감소되고 있다는 것은 널리 알려진 사실이다. 최근 호랑이나 코끼리와 같이 널리 알려진 야생동물이 멸종 위기에 처해 있는 상황은 야생 동식물을 보호해야 할 필요성을 더욱 강조하고 있다. 그러나 국제적으로 국가 간 야생 동식물의 거래가 이루어지고 있으며, 그 규모는 매년 수십억 달러로 추정되고 있다(CITES 홈페이지). 야생 동식물의 국제 거래는 수억 개의 식물 및 동물 표본을 포함하고 있는데, 국제 거래에서 일부 동식물의 이용 수준이 높아지는 것은 서식지 손실, 심각한 종의 감소 내지 멸종에 이르게 하는 원인이 된다. 특히 야생 동식물에 대한 국제 거래가 점차 확대되고 있는 추세이기 때문에, 야생 동식물의 보호를 위한 국제적 협력은 필수적이다.

오늘날 멸종 위기에 처한 종들에 대한 보호의 필요성은 국제적으로 당연한 것으로 여겨지고 있지만, 과거에는 이러한 국제적 논의는 쉽게 수용되기 어려웠다. 국제적 논의의 시발점은 1960년 자연보호단체인 IUCN(The International Union for Conservation of Nature and Natural Resources)의 제7차 총회로, 야생 동식물의 이용 및 국제 거래와 보존에 관한 국제적 논의와 국제협약에 대한 필요성이 처음으로 제기되었다. 이후 1963년 IUCN 회의에서는 희귀 생물종 및 위기종과 그 부산물의 수출입 및 수송의 규제에 관한 국제협약의 체결을 요구하는 결의를 채택해 협약의 초고가 발표되었다. 정식 협약이 체결된 것은 초고 발표 이후 10년이 지난 후에야 이루어졌다. 1973년 3월 3일에 워싱턴에서 81개국 대표자들의 동의하에 「멸종 위기에 처한 야생 동식물의 국제 거래에 관한 협약(Convention on International Trade in Endangered Species of Wild Fauna and Flora: CITES 또는 워싱턴 조약)」이 체결되었고, 1975년 7월 1일부터 발효되어 1979년 6월에 개정된 협약 조항이 적용되고 있다.

CITES는 1992년 체결된 생물다양성협약(Convention on Biological Diversity: CBD)

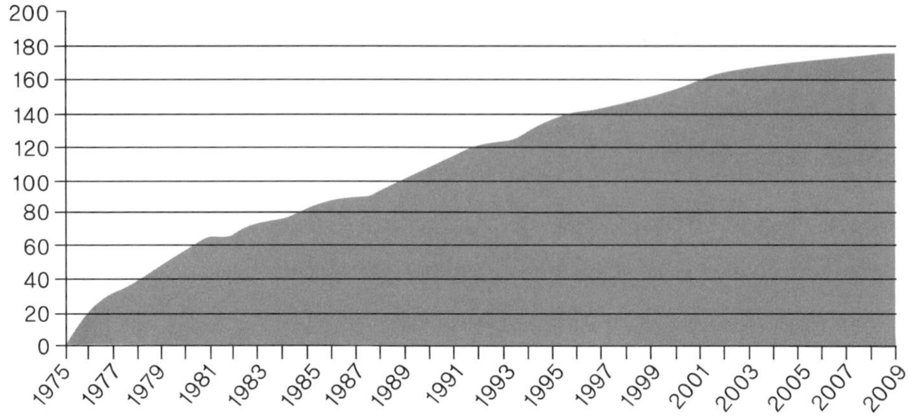

그림 7-1 CITES 가입 국가 수

출처: CITES 홈페이지(www.cites.org)

과 함께 국제사회가 생물다양성 보전을 위해 협력할 수 있는 주요 체제를 구축하고 있다. 대부분의 국가가 CITES 협약에 가입하고 있는데, 2013년 7월 현재 178개국이 가입되어 있다. 우리나라의 경우 1993년 7월 9일 전 세계에서 120번째로 가입하여 같은 해 10월 7일부터 협약이 발효되었다(유엔환경계획 한국위원회, 2002).

CITES는 1975년에 규제가 강화된 이래, 멸종 위기에 처한 수천 종과 개발과 절멸로부터 위협받고 있는 식물과 동물을 보호해 왔다. 1989년에는 처음으로 코끼리 어금니를 얻기 위해 아프리카 코끼리를 도살하여 도매한 행위에 대응하여 보호 범위가 기록된 부속서에 코끼리를 포함시키는 등 국제 거래 금지의 대상이 되는 생물종을 부속서에 포함시키고 이를 회원국들이 보호하도록 했다. 그러나 CITES가 효력을 발휘하고 있음에도 불구하고 국제적으로 야생 동식물의 거래 규모는 여전히 증가 추세에 있다. 특히 지구상의 많은 야생 동식물은 주로 개발도상국에 존재하는데, 이들 국가는 경제적 이유에서 그들의 야생 동식물의 보호를 회피하고 있는 실정이다.

2) 주요 내용

(1) 목적 및 기본 원칙

CITES는 회원국 사이에 협약 해당 종의 국제 거래가 있을 경우 협약의 규정에 따라 거래하도록 하며, 멸종 위기에 처했거나 보호가 필요한 야생 동식물의 과도한 포획과 거래를 방지하고 전체 거래량을 관리하는 것을 목적으로 하고 있다. CITES의 전문(preamble)은 협약이 추구하는 바를 다음과 같이 명시하고 있다.

> 많은 아름답고 다양한 형태의 야생 동식물은 현세대와 다음 세대에 의해 보호되어야 할 지구의 자연 체계의 필수불가결한 부분임을 확인하며;
> 미적, 과학적, 레크리에이션 및 경제적 관점에서 볼 때 야생의 동식물의 가치는 날로 증가하고 있음을 감안하며;
> 국민과 국가들은 그들 자신이 야생 동식물의 최대의 보호자가 되어야 함을 확인하며;
> 또한 야생 동식물이 국제 교역을 통해 과잉 채집되는 것으로부터 보호하기 위해서는 국제 협력이 필수적임을 확인한다.

이와 같은 목적을 달성하기 위해 CITES는 국제 거래를 제한하는 야생 동식물을 보호의 시급성과 중요성에 따라 3범주(부속서 Ⅰ, Ⅱ, Ⅲ)로 분류해 각 부속서에 명시하고 있으며, 부속서에 명시된 해당 종에 대해 거래를 차별적으로 규제하고 있다. 협약서에서 제시하고 있는 기본 원칙은 다음과 같다.

1. 부속서 Ⅰ은 멸종 위기에 처한 종으로 국제 거래로 그 영향을 받거나 받을 수 있는 모든 종을 포함한다. 이에 포함된 종의 표본(specimen)의 국제 거래는 종의 생존을 위협하지 않기 위해 특별히 엄격한 규제를 받아야 하며, 매우 예외적인 상황일 경우에만 허가될 수 있다.
2. 부속서 Ⅱ는 다음에 해당하는 종을 포함한다.
   a) 현재 반드시 멸종 위기에 처해 있지는 않지만 생존을 위협하는 이용으로부터 보호할 목적으로 표본의 거래를 엄격하게 규제하지 아니하면 멸종 위기에 처할 수 있는 종
   b) 이를 효과적으로 통제하기 위해 규제해야 하는 그 밖의 종
3. 부속서 Ⅲ은 협약 당사국이 자기 나라 관할권 안에서의 과도한 이용 방지를 목적으로 국제 거래를 규제하기 위해 다른 협약 당사국의 협력이 필요하다고 판단해 지정한 종을 포함한다.
4. 협약 당사국은 협약의 조항에 따라 인정되는 예외적인 경우를 제외하고 부속서 Ⅰ,Ⅱ,Ⅲ에 명시된 해당 종의 거래를 허가하지 않는다.

(2) 협약 구성과 주요 내용

CITES는 전문 및 25개조로 구성된 본문과 4개의 부속서로 구성되어 있다. 협약의 주요 내용은 부속서 I, II, III에 포함된 야생 동식물의 국제 거래를 규제하기 위한 규정(제3, 4, 5조), 협약에 가입한 당사국이 조치해야 할 사항(제8, 9조), 비당사국과의 거래에 관한 규정(제10조), 당사국총회 개최(제11조) 및 당사국 협약 규정을 이행하지 못한 경우 조치에 대한 규정(제13조) 등으로 구성된다.

① 거래 규제 내용

CITES는 부속서에 포함된 종에 대해 차별적으로 다른 규제를 가하고 있다. 부속서 I에 포함된 종의 국제 거래를 원하는 자는 관련 당사국의 지정된 과학 당사국으로부터 수출입 허가를 받도록 되어 있는데, 수출입 허가를 받을 수 있는 요건이 매우 까다로워 비상업적 용도 외에는 허가받는 것이 거의 불가능하다. 부속서 II 및 III에 포함된 종의 국제 거래는 수출허가서를 받으면 되지만, 위 세 부속서에 포함된 종의 국제 거래에는 어떠한 경우에도 해당 거래가 대상이 된 종의 생존에 위협이 되지 않는다고 판단했을 때에만 허가를 발급하도록 되어 있다.

보존이 가장 시급한 부속서 I에 포함된 종의 표본을 수출입하기 위해서는 그 수출입허가서를 사전에 발급받아야 한다. 수출허가서가 발급되기 이전에 수입허가서가 발급되어야 하며, 이를 통해 수출입 당사국 모두 사전에 거래에 동의했음을 확인한다. CITES는 부속서 I에 포함된 종의 수출입 허가에 대해 각 요건을 다음과 같이 규정하고 있으며, 요건을 충족하고 있다고 인정될 때에 허가서를 발급하고 있다.

- 수입 허가: ① 수입의 목적이 종의 생존에 해를 주지 않고, ② 종을 인수받을 자가 살아 있는 표본을 수용하고 보호할 적절한 설비를 갖추고 있으며, ③ 표본이 주상업적 목적으로 이용되지 않을 것으로 인정될 때 수입허가서가 발급된다.
- 수출 허가: 수입국의 관리 당국으로부터 수입허가서가 발급된 경우에 한해 발급할 수 있으며, ① 수출이 해당 종의 생존에 해롭지 않고, ② 그 표본이 동식물 보호에 관한 수출국의 법을 위반하지 않으며, ③ 살아 있는 표본의 경우 상해, 건강에 대한 피해 또는 학대에 대한 위험으로부터 최소화할 수 있도록 준비되어 선적될 것으로 인정될 때 수출허가서가 발급된다.

부속서 Ⅱ의 수출입의 경우 수출허가서만을 필요로 하는데, 앞서 부속서 Ⅰ 해당 종의 수출 허가 조건 가운데 ①, ②, ③의 요건을 충족해야 하고, 부속서 Ⅲ에 해당되는 종의 수출은 ②, ③의 요건을 충족해야 하며, 그 수입을 위해서는 수출 허가와 같은 요건을 충족하거나 원산지 증명서를 사전에 제출하도록 되어 있다. 그 밖에 재수출이나 반입을 위해서는 이에 관한 허가서를 사전에 발급받아 제출해야 하며, 각 유형의 종에 따라 허가 요건을 상이하게 규정하고 있다.

다만, CITES는 몇몇 예외 조항을 두고 있는데, 특정 표본이 세관의 관할 하에서 당사국의 영토를 통과 또는 경유하거나, 그 표본이 개인의 소지품 또는 가재 도구이거나, 박물관용 표본 및 과학자나 과학기관 사이에 비상업적으로 대여, 증여, 교환되는 등의 사유가 있는 때에는 적용되지 않는다. 한편 비당사국과의 거래에서는 기본적으로 무역 금지를 규정하고 있으나, 비당사국이라 할지라도 위와 같이 협약상의 수출입 요건을 충족하는 경우 무역을 허용하고 있다. 비당사국의 소관 관청에서 협약상의 승인에 필요한 사항과 본질적으로 '상응하는 문서(comparable documentation)'를 발부할 경우 당사국은 비당사국과도 거래가 가능하다고 규정하고 있다.

② 협약 당사국의 조치 사항

기본적으로 CITES는 국제적인 범죄의 유형을 규정하거나 위반에 대한 처벌을 과하지는 않고 단지 수출국과 수입국에 의해 실시되는 허가(permit) 제도이다 (이상돈, 1990). CITES에 조인하는 회원국은 국제 간 거래 시 협약 사항을 지켜야 할 법적 의무는 가지고 있으나, CITES가 각 회원국의 국내법을 대신하지는 않는다. 따라서 CITES 협약 및 부속서가 법적 구속력을 갖기 위해서는 각 회원국의 관련 국내법 제정이 필요하며, 각 나라마다 국내법에서 정하는 규제의 강도와 내용은 다를 수 있다. 또한 CITES는 협약에 포함되어 있는 해당 종에 대한 국제 거래만을 다루기 때문에 각 회원국의 영토 내에서 생기는 일에 대해서는 적용되지 않는다. 요컨대 CITES의 집행 및 위반행위에 대한 구체적인 제재는 각국에 맡겨져 있는 체계이며, CITES에서는 각 협약 대상국이 협약에 위반되는 종의 거래와 소지에 대해 처벌을 과하고 위반 품목을 몰수하거나 수출국으로 반송하는 등의 조치를 취해야 한다고 규정하고 있는 정도이다.

앞서 협약 규제 내용에서와 같이 CITES에 포함된 종에 대한 거래는 국가 간 교역에 대해 종의 생존성이 교역으로 인해 위태롭게 되지 않는다는 점이 과학적으로 확인되었을 경우에만 허용하고 있다. 또한 해당 종을 수입, 수출, 재수출 또는 해상으로부터 반입할 경우 국가기관의 허가서 또는 증명서 발급 절차를 거쳐야 한다. 이에 따라 CITES는 모든 당사국에 대해 수출입 허가서 및 발급을 담당할 관리 당국(management authority)을 최소한 1개 이상 지정하고, 수출입 과정이 동식물의 생존에 미치는 영향력을 판정할 1개 이상의 과학 당국(scientific authority)을 지정하도록 하고 있다. 또한 각 협약 당사국은 부속서상의 야생 동식물의 거래와 관련하여 수출입 업자의 성명과 주소, 발급된 허가서와 증명서의 숫자, 종류, 거래 상대국, 표본의 숫자 또는 양과 종류 등 부속서 Ⅰ, Ⅱ, Ⅲ에 해당되는 종과 관련된 거래 기록을 유지하고, 그 기록의 연례보고서 및 협약 이행 상황에 관한 격년 보고서를 CITES 사무국에 제출할 의무를 가지고 있다.

표 7-1 CITES 주요 내용 및 대상 동식물

구분	부속서 I	부속서 II	부속서 III
규제 대상종 분류	멸종 위기에 처한 종 중 국제 거래로 그 영향을 받거나 받을 수 있는 종	현재 멸종 위기에 처해 있지는 않으나 규제하지 않으면 멸종 위기에 처할 수 있는 종	협약 당사국이 자기 나라의 관할권 안의 과도한 이용 방지를 목적으로 국제 거래를 규제하기 위해 다른 협약 당사국의 협력이 필요하다고 판단하여 지정한 종
규제 내용	상업 목적의 국제 거래 금지(학술연구 목적의 거래만 가능) 수출·입국의 양국 정부에서 발행되는 수출입 허가서 필요	상업·학술·연구 목적의 국제 거래 가능 수출국 정부가 발행하는 수출허가서 필요	상업·학술·연구 목적의 국제 거래 가능 수출국 정부가 발행하는 수출허가서 및 원산지증명서 필요
주요 대상 종	호랑이, 코끼리, 코뿔소, 고릴라 등	하마, 왕뱀, 카멜레온 등	바다코끼리 등 각국에서 지정한 종
대상 종 현황 (2011. 1 기준)	926종	33,790종	266종

출처: 식품의약품안전청(2010) 재작성.

3) 협약 관련 쟁점 사항과 문제점

CITES는 멸종 위기에 처한 야생 동식물을 국제 거래로부터 보존하기 위한 성공적인 국제협약으로 평가되고 있으나 몇 가지 문제점을 지적받고 있다.

(1) 규제 대상 해당 종 지정의 문제

규제 대상 해당 종의 지정을 위해서는 명확한 범위 및 기준을 명시해야 하나, 이러한 부분이 미흡하다고 지적되고 있다. CITES 제1조는 '종(species)'을 '종, 아종(subspecies), 또는 지리적으로 분리된 이들의 집단'으로 정의하고 있는데, 구체적으로 어떠한 그룹의 동물과 식물이 보호 대상이 되어야 하는가가 불분명하다(이상돈, 1990). 또한 멸종 위기에 처해 있는 야생 동식물이 CITES에 해당되는 종으로 지정되는 문제에서 CITES는 아무런 지침을 두고 있지 않기 때문에 어떤 종자를 멸종 위기에 처한 종으로 지정할 것인가를 두고 분쟁의 여지가 있다.

지정 절차에서도 CITES의 보호 대상으로 특정 종을 등록하려면 당사국총회의 2/3 이상의 찬성이 있어야 하며, 그 종이 멸종 위기에 처했다고 인정받기 위해서는 그 종의 개체 수, 숫자적 감소, 지리적 분포도 등 각종 통계자료가 요구된다. 이 절차에 따라 보호 대상으로 지정하려면 장기간 시간이 소요될 수밖에 없어 시급히 보호받아야 될 상황에 있는 생물종이 그동안 멸종의 속도가 더 가속화될 가능성이 있다.

또한 CITES의 부속서 Ⅲ은 각국이 지정하는 종이 대상이 되는데, 각국의 지정 기준이 상이하고 자국의 이해만을 고려하는 경향이 있을 수 있다. CITES가 국제 거래를 규제하기 위한 협약이므로 국제 거래가 있는 종만이 보호 대상이 되어야 할 것이나, 각 협약 당사국은 국제 거래가 없더라도 멸종 위기에 있는 종을 보호 대상으로 지정하려는 경향이 있다고 지적된다(이상돈, 1990).

(2) 규제의 실효성 문제

CITES가 포함하고 있는 몇몇 예외 조항은 악용될 여지가 많다. 이러한 예외 조항들은 협약의 실효성을 저해하는 요소로 지적받고 있다. 예로, 당사국의 영토를 단지 통과하는 종에 대해서는 조사 대상에서 제외하고 있는데, 이 규정은 밀매꾼들의 이용 대상이 되고 있다. 경유지에서의 국경 통과 절차를 간소화하기 위해 규정한 사항이지만 상대적으로 야생 동식물 거래에 대한 규제가 느슨한 국가에서는 불법 거래를 방관하게 만드는 요인이다.

또한, CITES 체결 이전의 교역 및 몰수된 야생동물에 관한 규정도 문제의 여지가 있다. 보호 대상으로 정해지기 이전에 취득한 야생 동식물은 CITES의 규제를 받지 아니한다고 규정되어 있는데(협약문 제4조), 이 조항은 선의의 상인들을 보호하기 위한 조항이었으나 멸종 위기에 처한 야생 동식물의 등재 절차가 장기간에 걸쳐 공개적으로 이루어지는 특성상 고의적으로 대량의 특정 야생 동식물을 획득하여 높은 이익을 취하려는 일부 업자들에게는 허점이라고 할 수 있다(최금란, 2005).

비당사국과의 국제 거래에도 역시 허점이 존재한다. CITES는 비당사국이 이 협약이 요구하는 서류와 유사한 서류를 발급하고 이 협약의 규정을 충실하게 이행하는 경우, 비당사국과 협약 당사국 간의 교역을 허용하고 있다. 그러나 이 조항은 비당사국과의 교역에 대해 획일적인 적용과 집행을 어렵게 만들어 야생 동식물을 거래하는 상인들이 규제가 약한 국가를 이용할 계기를 마련해 주고 있다. 특히 CITES의 협약 당사국이 발부하는 문서에 '상응하는 문서'가 어떤 것인지 구체적인 언급이 없기 때문에 비당사국과의 거래는 부정확하거나 허위문서가 발급될 여지가 존재한다.

(3) 규제 위반에 대한 제재의 한계

무엇보다 CITES는 대부분의 국제협약과 마찬가지로 협정 위반 시에 가해질 수 있는 제재의 형태나 종류를 구체적으로 명시하지 않고 있다. 즉, CITES는 오직 국제 거래만을 규제하며, 국제적인 영향이 있는 경우라고 해도 국내 거래는 규제 대상이 아니기 때문에 각국의 국내법에 따른 제재 및 조치가 이루어진다. 이러한 체제는 CITES가 추구하는 멸종 위기 야생 동식물의 보호라는 문제를 해결하기보다는 해당 동식물에 대한 위험의 시급성을 다소 완화시키는 데 불과한 것으로 볼 수 있다. 특히 각국의 국가 개발 및 경제활동이 야생 동식물의 서식지 파괴 등으로 종의 생존에 영향을 줄 수 있으나, 이는 CITES의 대상 밖의 사항이다. 야생 동식물의 서식지를 파괴하는 것은 멸종 위기 야생 동식물에 최대 위협이라고 할 수 있으나, 이에 개입하는 것은 국가 정책 및 계획에 대해 간섭하는 것이기 때문에 국제 거래를 규제하는 것보다 훨씬 민감한 문제이다.

4) 우리나라의 야생 동식물 보호·관리 정책

(1) 관련 법규 및 제도

우리나라는 1991년 법률 제4492호로 제정된 「(구)자연환경보전법」에서 '멸종 위기에 처한 야생 동식물'이라는 용어를 사용했다. 1997년 법을 개정하여 멸종 위기 및 보호 야생 동식물을 지정·관리하고, 이들을 불법적으로 포획·채취할 경우 최고 5년 이하의 징역, 3천만 원 이하의 벌금 등 벌칙을 대폭 강화함으로써 야생생물 보호를 위한 법적 체계를 마련했다. 2004년 2월에는 「자연환경보전법」과 「조수 보호 및 수렵에 관한 법률」에서 각각 규정하고 있던 야생 동식물 관련 규정을 통합하여 「야생동식물보호법」을 제정했고 동법 시행령·시행규칙이 2005년 2월 10일 제정되어 시행되고 있다. 「야생동식물보호법」에서는 종전의 멸종 위기 야생 동식물과 보호 야생 동식물을 각각 멸종 위기 야생 동식물 Ⅰ급과 Ⅱ급으로 구분하여 지정·관리하고 있다. 야생 동식물의 국제 거래와 관련된 주요 관련 부처는 환경부, 식품의약품안전처, 관세청이며, 환경부에서 제시하고 있는 업무처리 지침서와 관련 법규에 따라 각 부처에서 해당 동식물의 국제 거래를 규제하는 업무를 수행하고 있다.

기본적으로 관련 법규에 따라 국가는 야생 동식물의 서식 실태 등을 파악하여 종합적인 보호 시책을 세워 시행해야 하는 의무가 부과된다. 환경부의 경우 환경부 장관

표 7-2 CITES 관련 우리나라 부처 및 관련 법규

관련 부처	관리 당국	과학 당국	해당 동식물	관련 법규	비고
환경부	자연자원과	국립생물자원관	조류, 포유류, 양서·파충류, 곤충류, 식물류 등	야생동식물보호법 (제2조, 16조)	4개 환경관리청 및 4개 지방환경관리청에서 수출입 승인
농림축산식품부		국립수산과학원	수산생물	농림축산식품부 고시(고래 포획 금지에 관한 고시)	
식품의약품안전처	한약정책과	생약연구과	약재용 동식물	약사법	
관세청			전종	관세법 (제226조)	

출처: 환경부(2011) 재작성.

이 5년마다 멸종 위기 야생 동식물 보호 기본계획을 세우고, 시·도지사는 이에 대한 세부계획을 수립할 의무를 규정해 놓고 있다. 또한 관련 법규를 위반해 포획, 수입 또는 반입한 야생동물을 사용해 만든 음식물 또는 가공품인 사실을 알면서도 먹거나 취득·양도·운반·보관하는 행위와 덫·창애·올무 등 야생동물을 포획할 수 있는 도구를 제작·판매·보관하는 행위에 대해 엄격하게 처벌하고 있다. 이 밖에도 멸종 위기 야생 동식물에 대한 중장기 보전 대책을 세워 시행하도록 하고 있다.

환경부가 수립한 야생 동식물 보호 및 관리를 위한 기본계획을 살펴보면 야생 동식물 보호 및 서식 환경 보호를 위한 분야별 대책, 지자체 세부계획 수립의 지침, 유관 기관과의 협력 방안 등을 주요 내용으로 하고 있다. 2011년 수립된 계획에는 '야생 동식물 보호를 통한 국가 생물다양성 보전 및 생물자원 활용'의 정책 목표에 따라 정책 방향 및 주요 정책 과제를 제시하고 있다([그림 7-2] 참조).

정책 목표

야생 동식물 보호를 통한 국가생물다양성 보전 및 생물자원 활용

정책 방향

- 과학적·체계적 조사를 바탕으로 야생 동식물 보호 및 관리 선진화를 통한 국가 생물다양성 보전
- 야생생물자원에 대한 체계적 활용 기반 마련 및 인프라 구축을 통해 생물자원 활용 극대화
- 지자체 등 유관 기관과의 협력 체계 구축으로 야생 동식물의 효율적인 보호 및 관리, 대국민 참여와 협력 제고

주요 정책 관리

- 야생 동식물 서식 실태 조사
- 멸종 위기 야생 동식물 지정, 관리
- 서식지 보호 및 관리 강화
- 야생 동물 보호, 관리 강화
- 야생생물자원 활용 기반 강화
- 국제 교류 및 협력 증진
- 야생 동식물 보호 기반 구축

그림 7-2 야생 동식물 보호관리 정책 추진 방향(2011~2015, 환경부, 2011)

구체적으로 우리나라 멸종 위기 야생생물은 Ⅰ급 및 Ⅱ급으로 구분하여 지정하여 보호하고 있다. 야생생물의 구분의 경우, 멸종위기 야생생물 Ⅰ급은 자연적 또는 인위적 위협 요인으로 개체 수가 현저하게 감소되어 멸종 위기에 처한 야생생물로서 관계 중앙행정기관의 장과 협의하여 환경부령이 정하는 종을 말하며, 멸종 위기 야생생물 Ⅱ급은 자연적 또는 인위적 위협 요인으로 개체 수가 현저하게 감소되고 있어 현재의 위협 요인이 제거되거나 완화되지 아니할 경우 가까운 장래에 멸종 위기에 처할 우려가 있는 야생생물로서 관계 중앙행정기관의 장과 협의하여 환경부령이 정하는 종을 말한다. 현재 우리나라는 포유류, 조류, 파충류, 양서류, 어류 등 Ⅰ급 51종 및 Ⅱ급 195종으로 총 246종의 야생생물을 지정하여 관리하고 있다(<표 7-3> 참조).

표 7-3 국내 멸종위기 야생생물 지정 현황

(단위: 종)

구분	총계	포유류	조류	파충류	양서류	어류	곤충류	무척추 동물	육상 식물	해조류
전체	246	20	61	3	4	25	22	31	77	2
Ⅰ급	51	11	12	1	1	9	4	4	9	-
Ⅱ급	195	9	49	2	3	16	18	27	68	2

출처: 환경부 홈페이지.

(2) 협약 관련 이슈와 국내 상황

CITES의 사무국이나 해당 당사국별로 주 감시 국가를 선정해 감시하고 있어 국제적으로 문제가 발생할 경우 국제적인 비난을 받을 수 있으며, 국제 외교에도 영향을 미치게 된다. 우리나라의 경우 한약 사용 문화권에 속해 그동안 멸종 위기에 처한 야생 동식물을 이용한 한약재를 대량으로 사용해 왔다. 그러나 협약에 가입하고 난 후 협약 관리 대상 동식물을 무분별하게 사용함에 따라 많은 국제적 비난을 받아 왔으며 주요 이슈가 되어 왔다(방용석, 2011). 특히 국제적 이슈가 되는 주요 규제 대상 종인 호랑이, 코뿔소, 고래, 곰 등과 관련해 문제가 되어 왔다.

① 호랑이/코뿔소 보호

호랑이는 전 세계에 5천~7천 마리 정도 생존하는 것으로 추정되며, 그 수가 급격히 감소하고 있어 국제적인 보호 조치가 없을 경우 멸종이 우려되는 종이다. 호랑이의 멸종 원인은 서식지의 감소, 호랑이 가죽이나 고기, 뼈에 대한 수요 등 다양하나 국제사회는 이 중 특히 호랑이 감소의 원인으로서 우리나라와 같은 한약재 사용 국가를 지목하고 호랑이 보호에 적극적으로 참여할 것을 강력히 요구하고 있다.

코뿔소의 경우 전 세계에 걸쳐 1만여 마리밖에 남아 있지 않아 멸종이 우려되는 종으로서, 코뿔소 감소의 가장 큰 원인은 밀렵으로, 코뿔소 뿔의 가격은 같은 무게의 금값보다 비싸게 거래될 정도여서 생계의 어려움을 겪고 있는 많은 아프리카인이 목숨을 걸고 밀렵에 나서는 실정이다. 특히 코뿔소 뿔(서각)은 주로 한약재, 단검집 등으로 이용되고 있어 호랑이의 경우와 마찬가지로 한약재 사용 국가인 우리나라, 대만, 중국 등 동아시아 국가에 대한 비난이 고조되고 있다. 이에 따라 정부에서는 1983년부터 수입이 금지된 서각의 불법 유통을 근절하기 위해 강력한 단속을 실시해 왔으며, 호랑이 뼈(호골)의 국내 유통 억제를 위해 관계 법률의 개정을 통해 1993년 10월부터 국내 수입을 금지시키고 있으며, 1995년 3월부터 국내 유통을 금지시키고 있다.

② 고래 보호

고래는 CITES 협약에서는 물론 국제포경회의(International Whaling Convention: IWC)에서도 1986년부터 일절 상업적 포경을 금지하고 있으며, 제10차 CITES 당사국총회(짐바브웨, 1997년 6월)에서 일본 및 노르웨이는 개체 수가 증가하고 있는 밍크고래에 대해 상업적 국제 거래의 허용을 제안했으나, 투표 결과 부결되었다. 최근 고래 및 상어의 남획과 불법 거래가 국제적인 관심사로 대두되면서 많은 나라가 우리나라를 주시하고 있는데, 고래 포획 금지에 관한 고시를 규정하여 고래 포획 인·허가 및 고래 어업 활동 등을 관리하고 있다.

③ 국내 상황

우리나라는 그간 잘못된 보신 풍조로 인해 야생동물이 보신·기호식품으로 인식되어 수요가 끊이지 않았고, 야생동물의 희소성으로 높은 가격에 거래됨에 따라 야생동식물 밀렵이 여전히 이루어지고 있다. 우리나라의 멸종 위기 야생 동식물의 위협 요인으로는 여러 가지가 있으나 그 중에서도 밀렵 및 약용이 가장 큰 문제가 되고 있다. 이러한 문제를 해결하고자 환경부에서는 밀렵 근절을 위해 야생동물 밀렵·밀거래 방지 대책을 범정부적으로 수립해 추진하고 있다. 환경부에서는 밀렵방지대책본부를 설치하고 밀렵감시단을 운영해 야생동물 밀렵 단속을 실시하고 있으며, 민간단체 등과 합동하여 불법 엽구 수거활동을 벌여 전국 야산에 설치된 올무, 덫 등의 불법 엽구를 수거하고 있다. 이전에 전국적으로 성행하던 밀렵·밀거래는 2001년을 기점으로 지속적으로 줄어드는 추세에 있으나, 여전히 암암리에 이루어지고 있는 야생동식물을 위협하는 행위에 대한 감시 강화가 요구되는 실정이다. 또한 멸종 위기 동물의 밀렵행위, 야생동물 포획 및 밀렵 도구 제조·유통행위 등에 대해 처벌이 미약해 야생동물 보호·관리와 관련해 이를 위반하는 행위에 대한 처벌을 대폭 강화할 필요가 있다(이준복, 2008).

표 7-4 야생동물 밀렵·밀거래 단속 현황

(단위: 건)

연도	2000	2001	2002	2003	2004	2005	2006	2007	2008	2009	2010
단속 건수	834	1,401	1,033	808	762	603	678	804	819	726	771

출처: 환경부(2011).

(3) 국내 이행의 문제점 및 한계

우리나라는 CITES의 국내 이행을 위해 환경부 및 관련 부처에서 관련 법규의 이행 및 소관 업무를 수행하고 있다. 그러나 CITES의 이행 및 관리에서 몇몇 문제점이 드러나고 있어 국제적 멸종위기 종에 대한 보호 및 관리에 대한 정책적 관리의 강화가 요구되고 있다.

① CITES 종 수입 허가 기준의 상이

CITES종 허가 기준에서 보호시설 유무가 부속서별로 다르다. 협약 부속서별 허가 기준에 부속서 I에 포함된 동식물의 경우에는 동식물을 수용하고 보호할 적절한 시설의 여부가 허가 기준이지만 부속서 II, III의 경우에는 보호시설 유무가 허가 기준이 아니다. 그러나 수입 시 제출 서류에 보호시설이 필요한 경우에 한해 보호시설 기준 및 사진을 제출하도록 되어 있어 상이한 기준에 따라 이행에 어려움이 발생하고 있다. 보호시설에 대해서는 과학 당국에서 검토하도록 되어 있으나 보호시설이 필요한 종의 명시나 보호 기준에 대해 명확한 기준이 없을 뿐만 아니라 너무 광범위하여 기준 제시에 어려움이 있고, 실질적으로 보호시설이 필요한 종일 경우에도 허가서가 신청된 다음에야 검토되는 부분이 있어 문제점이 드러나고 있다(환경부, 2011).

② CITES 종 수입 허가 절차 관리의 취약

국내 CITES 종 수입 절차는 수입 대행자, 수입 동물 판매점, 개인 등 수입을 원하는 신청인이 신청서를 유역 및 지방환경청에 접수하면 처리기관에서 확인 및 검토를 통해 허가증을 교부함으로써 수입이 이루어진다. 처리기관에서는 CITES 부속서에 해당 여부, 수출입 용도의 적절성 여부, 구비서류 확인 등의 검토를 실시하고 과학 당국의 검토 의견을 반영해 허가 여부를 결정하게 되어 있다.

현재 CITES 종 수입 시 구비서류에 수출허가서, 매도확약서 등의 제출로 수입자격허가증을 받기 전에 우선 수입되는 형태를 보이고 있어 절차상의 문제점이 존재한다. 또한 이의 행정 처리 기간이 민원 편의를 위해 7일 이내에 처리하도록 되어 있는데, 실질적으로 처리기관에서 시간적 여유를 가지고 충분한 검토가 이루어지기 어렵다. 특히 CITES 종이 국내 고유종이 아니므로 국내 유입 시 발생할 수 있는 다양한 문제점에 대한 면밀한 검토가 이루어질 필요가 있으나, 과학 당국의 업무 과중, 시간적 제약 등으로 검토가 용이하지 않은 부분이 있다(환경부, 2011).

③ 반입 이후 관리의 어려움

2008년~2010년 국제적 멸종 위기 야생동물의 국내 수입 현황을 보면, 부속서 II 해당 종(76.9%)이 많은 부분을 차지하고 있으며, 주요 수입 목적은 상업 및 거래 목적(87.1%)으로 수입된 경우가 가장 많다(환경부, 2011). 이렇게 수입된 CITES 종의 최종 구매자는 동물원 등 전시시설과 애완동물 구매자인데, 개인이 직접 수입하거나 일부 개인 사업자, 동호회 운영자 또는 도매상 등을 통해 수입된다. 이와같이 수입에 대해 일정한 자격 또는 면허 없이 요건으로 갖춰야 할 서류를 제출하면 수입이 가능한 상황으로 전문적이지 않은 경로를 통해 수입이 되고 있다. 특별한 자격 요건이나 보호시설이 없어도 수입이 가능하면 무분별한 수입이 이루어질 수 있다. 또한 수입된 이후에는 동물원 등 전시시설 및 전문사육시설이나 동호회 및 개인 사업자, 수입 동물 도매상 및 판매망을 통해 개인에게 유통된다. 이렇게 소규모 및 다양한 경로로 이루어지는 수입 유통구조를 가지고 있어 전문적인 관리자에 의한 사후 관리가 되지 않는 부분이 있다.

④ 관리 당국 및 과학 당국의 한계

CITES 이행을 위해 부처별로 관련 법규 및 소관 업무를 추진하고 있으나, 정부기관의 통합 및 개편으로 주요 이행 업무를 관장하는 관리 당국 및 과학 당국의 소속 변경 및 체제 개편 등 제도 이행 체계의 정립이 미흡했다. 잦은 이행 조직의 체계 변경 역시 업무를 수행하는 당국에도 업무 혼선 등 부정적인 영향을 미칠 수 있다.

또한 아직까지 국내 관리 당국 및 과학 당국의 전문적 역량이 미흡하다는 점도 한계점으로 지적된다. 이는 우리나라뿐만 아니라 대부분의 국가에도 해당되는 사안으로 볼 수 있는데, 국내 CITES를 집행하는 데 필요한 전문인력 등 제도적 여건이 미비한 실정이다. 담당 전문인력의 절대적인 수 및 전문 역량의 미흡은 관리 실태에 악영향을 미칠 수 있다는 점에서 문제가 크다고 할 수 있다. 2010년 환경부 국정감사에서는 이러한 문제가 지적되었는데, 수입된 CITES 종에 대한 관리 실태 조사 결과, 4년간 과학 및 의학연구 목적 등 실험동물로 2,215마리, 질병, 관리 소홀 등(실험동물 제외)으로 3,092마리가 폐사한 것으로 드러났으며, 2008년도부터 CITES 종에 대한 관리 실태 점검이 매우 부실한 것으로 나타났다(세계일보, 2010). 이러한 문제의 주된 원인으로는 형식적인 점검, 관리 인력의 절대적인 부족, 전문 역량의 부족 등이 문제로 지적되고 있어 이에 대한 정부의 관리가 요구된다.

3 생물다양성협약

생물다양성협약(Convention on Biological Diversity: CBD)은 1992년 리우회의에서 기후변화협약과 함께 탄생한 대표적인 환경 분야 국제협약으로, 기후변화협약, 사막화방지협약과 함께 유엔 3대 협약으로 꼽힌다. 자연환경의 중요성에 대한 인식이 제고됨에 따라 생태계의 보전을 위해 이루어진 생태계 보호 관련 국제협약은 습지 보호를 주목적으로 하는 람사르협약(1971년)을 필두로 하며, 인간과 환경에 관한 스톡홀름 선언 이후 체결된 세계유산조약(1972년), 멸종위기 야생동·식물보호협약(1973년), 본 조약(1979년), 남극해양생물자원보존협약(1980년) 등이 있다. 생물다양성협약은 이와같이 생태계 보호를 위한 일련의 국제적 협약의 연장선상에서 탄생했다. 그 외, 기후변화협약(1992년), 사막화방지협약(1994년), 교토의정서(1997년) 등도 포괄적인 의미에서 바이오 분야와 연관되어 있다고 볼 수 있다. 생물다양성협약의 필요성이 처음 공식적으로 제기된 것은 1987년 국제자연보전연맹(IUCN)의 건의에 따른 것이다. 이에 따라 유엔환경계획(UNEP)이 생물다양성 보전에 관한 국제적 행동계획을 수립했고, 이후 수차례의 특별실무위원회와 정부간 협상회의가 개최된 끝에 1992년 5월 케냐의 나이로비에서 채택되었으며, 같은 해 6월 브라질 리우데자네이루에서 개최된 유엔환경개발회의(UNCED), 일명 지구정상회담에서 158개국이 서명했다. 우리나라는 154번째 회원국이 되었다. 대표적인 내용은 생물다양성의 보전, 지속가능한 이용 및 유전자원의 이용으로 발생하는 이익의 공평한 분배 등 세 가지를 들 수 있다. 이후 관련된 후속 조치로서, 유전자 변형 생물체에 의한 악영향을 방지하기 위해 2000년 '바이오 안전성에 관한 카르타헤나의정서'가 채택되었고, 2010년에는 유전자 변형 생물체의 국가 간 이동에서 발생하는 피해에 관한 규칙을 검토하는 '책임·구제 추가 의정서'와, 유전자원에서 발생하는 이익의 공정하고 공평한 공유를 담보하기 위한 'ABS에 관한 나고야 의정서'도 채택되기에 이르렀다.

1) 협약 제정의 의미

생태계를 보호하고 자연 파괴 및 고갈을 해결하려는 국제적 노력은 포경, 멸종위기종 거래, 생물다양성, 어종 감소, 사막화, 산림 감소 등 다양한 이슈들을 포괄한다. UNEP에 따르면 현재 지구상에는 모두 3천만 종의 생물종이 존재하지만, 이 중 매년 2만 5천~5만여 종이 사라지고 있는 것으로 추정된다. 생물다양성협약은 생물다양성과 관련된 모든 측면을 포괄하는 첫 국제협약으로, 자연자원의 유한성 및 생물종 보존의 필요성을 처음 확인하고, 지속 가능한 환경자원 이용을 위해 국제적 협력을 기울이게 된 전환점이 되었다. 또한 생물다양성이 감소 또는 소실될 위험성이 있을 경우 확실한 과학적 증거가 없다는 이유만으로 그러한 위험을 제거하거나 감소시킬 수 있는 조치를 유예시킬 수 없다는 사전 예방적 원칙을 강조하고 있으며, 생물다양성을 보존하기 위해서는 노력과 투자가 필요하지만 궁극적으로 그 이익은 결국 우리에게 환경, 경제 등 여러 형태로 되돌아올 것임도 밝히고 있다(유엔환경계획 한국위원회, 2002: 25).

생물다양성협약은 특정 종(species)과 지역의 보호보다 포괄적인 의미에서 생물다양성의 보존과 지속 가능한 이용을 위해 전 세계 많은 국가 사이에 약속된 국제협약이라고 할 수 있다. 이전의 협약들은 생물다양성 보존을 위한 세부적 문제에 주안점을 두었으나, 생물종의 멸종이 가속화되고 개도국의 경제 개발이 활발해지는 등 전 지구적 차원에서 생태계 보호와 국가 간 생물자원의 공동 이용 필요성이 증가함에 따라 생물다양성협약이 체결되기에 이르렀다.

생물다양성협약은 국제기후변화법(International Climate Change Law)의 일환으로 볼 수 있다(Hildteth et al., 2009: 146-151). 생물다양성은 기후 변화와 서로 영향을 주고받는다. IPCC 제4차 보고서는 평균 기온이 섭씨 1도 상승하면 약 10%의 생물종이 멸종할 수 있다고 보고한 바 있다. 기후 변화로 훼손된 생태계는 생물유전적 다양성의 감소로 인해 탄소 저장 능력이 저감되고, 이는 다시 기후 변화를 가속화하는 결과를 낳는다. 따라서 생물다양성을 유지·관리하는 노력은 기후 변화 노력의 일환으로도 볼 수 있다. 실제로 생물다양성협약 당사국총회에서는 기후 변화 저감과 완화에서 생물다양성의 역할 등 기후변화협약 프로세스에 생물다양성과 기후 변화 간의 관계에 대한 정보를 제공하려는 노력을 기울이고 있다. 예를 들어, 2008년 본에서 개최한 제9차 당사국총회에서는 기후변화협약, 사막화방지협약 사무국과 협력하여 산성화, 기후 변화, 연안·해양 영양화 사이의 상호작용에 대한 정보를 수집할 것을 요청하기도 했다(박수진, 2011).

생물다양성협약은 기후변화협약, 사막화방지협약 등과 함께 표면적으로는 지구환경보호협약의 성격을 띠고 있지만, 생물다양성이 우리들의 생활과 산업에 깊게 연관되어 있다는 점에서 보존뿐만 아니라 이용에 관한 개념도 포함하고 있다. 따라서 생물다양성에서 다루어지는 주제는 자연을 포함한 생물다양성의 보존뿐만 아니라 농림수산업과 바이오산업에 이용되는 자원으로서의 생물체의 이용, 생명공학기술(biotechnology) 등의 기술과 지적재산권의 취급 등 상당히 폭넓은 분야를 포괄하고 있다. 이를 구체적으로 정리하면 다음과 같다.

- 생물다양성의 보존과 지속 가능한 이용을 위한 방법과 보상(incentives) 혜택
- 유전자원 이용에 관한 조절 및 통제
- 생명공학 기술을 비롯한 기술의 이용과 기술 이전
- 과학기술 협력
- 피해 평가
- 교육 및 대중 홍보

－재정 지원

－협약 이행을 위한 국가 보고서 작성

2) 협약의 체계 및 내용

생물다양성협약은 전문(Preamble) 외에 42개 조(Article)와 두 개의 부속서(Annex)로 이루어져 있다. 주요 내용은 크게 가입국의 생물다양성 보전 의무와 보전을 위한 협력 사항으로 구별된다(경기도보건환경연구원, 2001: 137). 첫째, 보전 의무로는 국가의 전략, 계획, 사업 수립, 조사와 감시, 보호지역 설정 등 현지 내(in-situ) 보전 조치와 종자은행 설립 등 현지 외(ex-situ) 보전 조치, 환경영향평가 수행 등이 포함된다. 둘째, 협력 사항으로는 타국 보유 유전자원 접근 시 유전자원 제공국의 사전 통보 합의(Advance Informed Agreement: AIA) 제도 도입, 생물다양성 보전기술 이전, 유전자 변형 생물체(LMOs)의 안전한 국가 이동 및 관리를 위한 의정서 채택 검토, 개도국의 재정 지원, 유전자원 제공국의 유전자원 결과 및 이익에 대한 우선접근 가능 조치의 마련 등이 있다.

(1) 전문

상징적 의미와 전반적 취지를 나타내고 있는 전문의 내용은 다음과 같이 요약해 볼 수 있다.

－생물다양성이 지닌 다양한 가치와 중요성의 인식

－생물다양성의 보존이 인류의 공통 관심사라는 확인

－자국의 생물자원에 대한 주권적 권리와 아울러 보존 및 지속 가능한 방식으로 사용 책임의 재확인

－생물다양성이 인간에 의해 현저히 감소되고 있다는 우려

－생물다양성에 관한 정보와 지식의 결핍과 적절한 조치의 수립 및 시행에 필요한 기본적 사항을 제공할 수 있는 과학기술 및 제도적 능력 개발의 필요성 인식

－원산지의 생물다양성이 현저히 감소, 소실되는 원인의 예측, 예방 및 방지의 필요성에 유의

－생물다양성이 현저히 감소하거나 소실될 위험이 있는 경우, 완전한 과학적 확실성의 결여가 이러한 위협을 예방하거나 최소화하는 대책을 지연시키는 구실이

되어서는 안 된다는 점에 유의

- 현지 내(in-situ) 보존과 자연환경 속에서 생존 가능한 종의 적절한 개체군 유지와 회복이 생물다양성 보존을 위한 기본적 사항임을 유의
- 현지 외(ex-situ) 보존도 중요한 역할을 하며, 그 조치는 가급적 원산국 내에서 이루어지는 것이 바람직함에 유의
- 토착사회 및 지역사회와 생물자원의 상호의존성과, 생물다양성의 보존 및 이용과 관련된 전통적 지식 · 기술 · 관습의 이용에서 발생되는 이익의 공평한 공유의 바람직함 인식
- 생물다양성 보존과 지속 가능한 이용 및 정책 결정과 시행의 모든 과정에서 여성의 중요 역할 인식
- 생물다양성의 보존과 이용을 위한 국가간, 정부간 기관 및 비정부 부문 간 협력의 필요성 강조
- 신규와 추가적 재원의 제공과 관련 기술에의 적절한 접근에 관한 규정의 역할 인정
- 최빈국과 군소 도서국가의 특별한 사정 유념
- 생물다양성 보존을 위한 투자의 필요성 인정
- 경제 · 사회 개발 및 빈곤 퇴치가 개발도상국의 최우선 과제임을 인식
- 인구 증가에 따라 식량 · 건강을 위한 생물다양성의 중요성 인정과 이를 위해 유전자원 및 유전기술에의 접근과 공유가 긴요하다는 점 인식
- 생물다양성 보존과 지속 가능한 이용이 국가간 우호 관계와 인류 평화에 공헌함
- 생물다양성의 보존과 지속 가능한 이용에 관한 기존 국제적 합의의 강화 · 보완
- 현 세대와 미래 세대의 이익을 위해 생물다양성 보존과 지속 가능한 이용의 결의

(2) 목적

생물다양성협약의 목적은 유전자원에 대한 적절한 접근, 관련 기술의 적절한 이전 및 재원 제공 등을 통해 생물다양성을 보존하고, 그 구성 요소를 지속 가능하게 이용하며, 또한 유전자원의 이용으로부터 발생되는 이익을 공정하고 공평하게 공유하는 데에 있다(제1조). 여기에서 "생물다양성(biological diversity)"이라 함은 육상 · 해양 및 그 밖의 수중 생태계와 이들 생태계가 부분을 이루는 복합생태계 등 모든 분야에서 생물체 간의 변이성을 말하며, 종 내의 다양성, 종 간의 다양성 및 생태계의 다

양성을 포함한다(제2조). "유전자원(genetic resources)"이라 함은 실질적 또는 잠재적 가치를 가진 유전물질을 말하며, "유전물질(genetic materials)"이라 함은 유전(heredity)의 기능적 단위를 포함하는 식물·동물·미생물 또는 그 밖의 유전적 기원이 되는 물질을 의미한다(제2조).

(3) 원칙

이 협약의 원칙은 제3조에서 확인되는데, 국가는 유엔 헌장과 국제법의 원칙에 따라, 자신의 환경정책에 의해 자신의 자원을 개발할 수 있는 주권적 권리를 가지며, 또한 자신의 관할 또는 통제지역 안에서의 활동으로 다른 국가의 환경 또는 자신의 관할권 밖 지역 환경에 피해가 발생하지 아니하도록 보장할 책임을 갖는다는 것이다. 이 협약에서는 이와같이 목적에서는 생물다양성의 보존과 지속 가능한 이용, 그리고 이익의 공유를 지향하나, 그보다 상위의 원칙으로는 각 국가의 주권적 책임을 강조한다. 즉, 협약의 목적을 달성하는 것은 좋으나, 원칙에 위배되지 않는 범위에서 추구해야 함을 천명하고 있는 것이다.

이러한 내용은 제4조인 관할 범위(Jurisdictional Scope) (a)에서도 다시 분명히 나타나고 있는데, 이 협약의 규정이 각 협약 당사국에 대해 적용되는 범위로서, 생물다양성의 구성 요소의 경우 자신의 국가 관할권 안의 지역으로 못박고 있다. 국가 관할권 이원지역 및 그 밖의 공동 관심사에 대해서는 다른 협약 당사국과 직접 또는 국제기구를 통해 협력하게 되어 있다(제6조).

(4) 보존 및 이용

각 협약 당사국은 현지 내 보존(제8조)과 생물다양성 구성 요소의 지속 가능한 이용(제10조)을 시행해야 한다. "현지 내 보존"이라 함은 생태계 및 자연 서식지의 보존과 자연환경에서 생존 가능한 종의 적정한 개체군의 유지 및 회복을 의미한다(제2조). 현지 내 보존의 구체적 내용으로는 생물다양성 보호지역제도나 특별 조치 필요지역 설정 및 관리 지침 개발, 생물자원 규제·관리, 파괴된 생태계 회복·복구, 생명공학에 의한 생물 변형체 이용 통제, 생태계·서식지 또는 종을 위협하는 외래종 도입 방지, 전통적 생활양식의 토착민과 현지 사회의 지식·기술 및 관습의 존중·보존·유지 등을 들 수 있다.

각 협약 당사국은 현지 내 보존을 보완하기 위한 목적으로 현지 외 보존(제9조)을 행할 수 있는데, "현지 외 보존"이란 생물다양성 구성 요소를 그 천연 서식지 외의 장소에서 보존하는 것을 말한다(제2조). 그 구체적 내용으로는 현지 외 보존 조치를 하더라도 가급적 생물다양성 구성 요소의 원산국 내에서, 그리고 가급적 유전자원의 원산국 내에서 시행하는 등 보완적 의미를 강조하고 있다. 같은 맥락에서, 위기종의 회복 및 복구를 추구하되 천연 서식지로 되돌리기 위한 대책을 채택한다는 내용도 포함되어 있다.

협약 당사국은 생물다양성의 보존뿐 아니라 지속 가능한 이용(제10조)도 도모해야 하는데, "지속 가능한 이용"이라 함은 장기적으로 생물다양성의 감소를 유발하지 아니하는 방식과 속도로 생물다양성의 구성 요소를 사용함으로써 현재 세대와 미래 세대의 필요와 열망을 충족시키기 위한 잠재력을 유지하는 것을 뜻한다(제2조). 구체적으로는 국가정책 결정 시 생물자원의 보존과 지속 가능한 이용에 대한 고려, 생물다양성 이용 시 부정적 영향을 회피하거나 최소화할 수 있는 대책의 채택, 보존 또는 지속 가능한 이용 요건에 부합되는 전통적인 문화 관습에 따라 생물자원의 이용 보호·장려, 생물다양성 감소지역 복구 대책의 개발·시행을 위해 지역 주민 지원, 생

표 7-5 부속서 I. 조사와 감시

1. 생태계 및 서식지	고도의 다양성, 특유하거나 위협받는 다수의 종 또는 황무지를 포함하고 있는 것
	이동성 종이 필요로 하는 것
	사회·경제·문화 또는 과학적 중요성이 있는 것
	대표적이거나 특유한 것, 또는 주요 진화 또는 그 밖의 생물학적 과정과 연관이 있는 것
2. 종 및 집단	위험에 처해 있는 종 및 집단
	사육종과 재배종의 야생 관련 종
	의학·농업 또는 다른 경제적 가치를 지니는 것
	사회·과학 또는 문화 중요성이 있는 것
	지표종과 같이 생물다양성의 보존 및 지속 가능한 이용에 관한 연구를 위해 중요한 것
3. 사회적·과학적 또는 경제적으로 중요하다고 평가되는 유전자원	

물자원의 지속 가능한 이용 방법 개발을 위해 정부와 민간 부문 간의 협력 장려 등을 포함한다.

보존과 이용을 위해 각 협약 당사국은 제7조에 정리된 바와 같이 조사와 감시(Identification and Monitoring)도 해야 하는데, 부속서 I은 그 범주를 규정해 두었다. 그 내용은 <표 7-5>와 같다.

(5) 자원 접근, 기술 이전, 이익 배분

이 협약이 가지고 있는 독특한 내용을 들자면, 유전자원에 대한 접근(제15조), 기술에의 접근 및 기술 이전(제16조), 그리고 생명공학의 관리 및 그 이익의 배분(제19조)이라 할 수 있다. 제15조에 의하면, 유전자원 접근과 관련해서 천연자원에 대한 주권적 권리는 자국이 가지고 있으므로 유전자원에 대한 접근을 결정하는 권한은 해당 국가의 정부에 있다고 규정하고 있다. 단지, 각 협약 당사국은 다른 당사국의 이용을 위해 유전자원에 대한 접근이 용이하도록 여건을 조성하고 이 협약의 목적에 반하는 제한을 하지 않도록 해야 한다. 또한 각 협약 당사국은 다른 협약 당사국이 제공한 유전자원에 기초한 과학적 연구는 그 협약 당사국의 충분한 참여와 가능한 경우 그 협약 당사국의 영토 안에서 개발·수행되도록 노력해야 한다.

제16조에 의하면 기술에의 접근 및 이전과 관련해서는 생물다양성의 보존과 지속 가능한 이용과 관련되거나, 유전자원을 이용하는 기술로서 환경에 심각한 피해를 끼치지 않는 기술에 대한 다른 협약 당사국의 접근과 기술 이전이 제공되거나 또는 이전이 용이하도록 하고, 생물자원을 이용할 수 있도록 조치하게 되어 있다.

제19조는 생명공학의 관리 및 이익 배분(Handling of Biotechnology and Distribution of Its Benefits)에 관한 조항으로, 이 협약에서 당사국들의 입장이 가장 민감한 부분이라 할 수 있다. 각 협약 당사국은 생명공학의 연구활동을 위해 유전자원을 제공하는 당사국이 그러한 연구활동에 효과적으로 참여하고 가능한 경우 유전자원 제공국 안에서 참여할 수 있도록 적절히 입법·행정 또는 정책적 조치를 취해야 한다. 또한 각 당사국은 다른 당사국이 제공한 유전자원을 기본으로 한 생명공학으로부터 발생하는 결과 및 이익에 대해 공정하고 우선적으로 접근할 수 있도록 실질적인 조치를 취해야 한다. 아울러 당사국은 생물다양성의 보존과 지속 가능한 이용에 부정적인 효과를 미칠 수 있는 생명공학에 의해 유전적으로 변형된 생물체의 안전한

이전·취급 및 사용과 관련하여 사전 통고 동의 등을 포함한 적절한 절차를 명시하는 의정서 제정의 필요성과 양식을 검토해야 한다. 마지막으로 각 당사국은 유전적으로 변형된 생물체를 다루는 데 필요로 하는 사용 및 안전 규정에 관한 모든 가능한 정보뿐 아니라 이러한 생물체를 도입하는 협약 당사국에 관계되는 특정 생물체의 잠재적이고 부정적인 영향에 관한 모든 가능한 정보를 제공해야 한다.

3) 거버넌스 체제

당사국총회(Conference of the Parties: COP)는 생물다양성협약의 최고 권한 기구로서, 협약을 비준한 각국 정부와 지역경제기구들로 이루어진다. 당사국총회는 협약의 진행 상황을 검토하고 사업 우선순위를 선정하며 구체적 계획을 제시하기도 한다. 협약의 원활한 이행을 위해 설립된 생물다양성협약 사무국은 몬트리올에 위치한 유엔환경계획(UNEP)에서 담당하고 있다. 사무국에서는 회의를 개최하고 보고서를 작성하며, 회원국 내에서 협약과 관련된 프로그램을 집행하는 데 도움을 주고 다른 국제기구와의 조율 및 정보 제공의 역할을 담당한다. 직원은 70명에 이르며, 각종 활동에 필요한 재원은 회원국이 공동으로 설립한 신탁기금을 통해 이루어진다. 사무국은 사무총장실(Office of the Executive Secretary), 협약 집행을 위한 기술적 지원국(Technical Support for Implementation), 과학, 평가 및 모니터링국(Science, Assessment and Monitoring), 주류화, 파트너십, 아웃리치국(Mainstreaming, Partnerships and Outreach), 바이오안전성의정서국(Biosafety Protocol), 나고야의정서국(Nagoya Protocol), 그리고 자원관리 및 콘퍼런스 지원국(Resource Management and Conference Services)으로 나뉘어 있다. 사무국 이외에도 협약에 전문적인 도움을 주기 위한 기관으로 과학기술자문기구(Subsidiary Body on Scientific, Technical and Technological Advice: SBSTTA)도 존재하는데, 이 기구는 당사국 전문가들로 구성되어 협약 이행과 관련된 과학·기술자문을 제공한다. 생물다양성 정보처리 체계(Clearing House Mechanism)는 과학·기술 정보 교환을 위해 인터넷 기반으로 운영되고 있다. 실제로 관련된 많은 정보를 이 체계를 통해 알 수 있다. 그 밖에 필요에 따라 실무위원회(ad hoc Committees)를 설치하여 당사국총회의 활동을 지원하기도 한다(유엔환경계획 한국위원회, 2002: 33).

4) 각국의 가입 현황

<표 7-6>은 생물다양성협약과 나고야의정서의 서명 및 채택 현황을 보여주고 있다. 나고야의정서는 2010년 생물다양성협약 제10차 당사국회의에서 채택된 것으로, "생물자원을 활용함으로써 생기는 이익을 공유하기 위한 지침(Access and Benefit-Sharing: ABS)에 관한 내용을 담고 있다. 생물다양성협약은 2012년 4월 현재 88개국이 서명했고 92개국이 채택했다. 나고야의정서의 경우 서명 국가는 92개국이나, 채택 국가는 5개국에 불과하다.

표 7-6 생물다양성협약과 나고야의정서의 서명, 채택 현황(2012년 4월 기준)

(단위: 개국)

<table>
<tr><th colspan="2" rowspan="3">구분</th><th colspan="5">생물다양성협약</th><th colspan="5">ABS Protocol
(나고야의정서)</th></tr>
<tr><th rowspan="2">서명</th><th colspan="4">채택</th><th rowspan="2">서명</th><th colspan="4">채택</th></tr>
<tr><th>비준</th><th>가입</th><th>수락</th><th>승인</th><th>비준</th><th>가입</th><th>수락</th><th>승인</th></tr>
<tr><td rowspan="6">대륙별 구분</td><td>아시아</td><td>11</td><td>10</td><td>2</td><td>1</td><td>·</td><td>13</td><td>1</td><td>·</td><td>·</td><td>·</td></tr>
<tr><td>북아메리카</td><td>·</td><td>·</td><td>·</td><td>·</td><td>·</td><td>·</td><td>·</td><td>·</td><td>·</td><td>·</td></tr>
<tr><td>남아메리카[3]</td><td>17</td><td>17</td><td>·</td><td>·</td><td>·</td><td>15</td><td>1</td><td>·</td><td>·</td><td>·</td></tr>
<tr><td>아프리카</td><td>28</td><td>27</td><td>1</td><td>1</td><td>·</td><td>31</td><td>2</td><td>·</td><td>1</td><td>·</td></tr>
<tr><td>유럽[4]</td><td>29</td><td>26</td><td>·</td><td>2</td><td>1</td><td>29</td><td>·</td><td>·</td><td>·</td><td>·</td></tr>
<tr><td>오세아니아</td><td>3</td><td>3</td><td>1</td><td>·</td><td>·</td><td>4</td><td>·</td><td>·</td><td>·</td><td>·</td></tr>
<tr><td colspan="2" rowspan="2">합계</td><td rowspan="2">88</td><td>83</td><td>4</td><td>4</td><td>1</td><td rowspan="2">92</td><td>4</td><td></td><td>1</td><td></td></tr>
<tr><td colspan="4">92</td><td colspan="4">5</td></tr>
</table>

출처: 한국바이오안전성정보센터(2012: 75-79) 재구성.

5) 생물다양성의 보존, 이용, 이익 배분

생물다양성협약은 크게 세 가지 목적을 제시하고 있다. ① 생물다양성의 보존, ② 다양한 생물다양성 자원 및 구성 요소의 지속 가능한 이용, ③ 유전자원의 상업적 이

3) 멕시코와 캐리비안 국가들을 포함한 그 이남 국가들을 모두 포함함.

4) 유럽연합도 가입 국가 수에 포함함.

용에서 발생하는 이익의 공정하고 공평한 분배가 그것이다.

우선 생물다양성의 보존은 전통적인 환경 보호의 목적을 가지고 있다. 이는 필수불가결한 인류 공통의 과제로 대두된 것이며, 실질적으로 생물다양성으로 대표되는 환경의 중요성에 대해 천명한 대원칙이자 목표라 할 수 있다. 구체적 과제로는 생물다양성의 손실 속도를 현저히 감소시키는 것이다.

두 번째 목표인 생물자원의 이용은 경제 개발과 관련된다. 국제협약에 의해 생물종을 보호만 하고 이용하지 못하게 한다면 풍부한 자연자원을 가진 국가들로서는 첫 번째 취지인 환경 보호에 선뜻 동의할 수 없을 것이다. 따라서 상업적 이익을 창출할 수 있도록 생물종을 적절히 이용할 수 있는 조항을 협약에 포함시킨 것이다. 또한 이 내용은 각 당사국이 자국의 규정이나 정책에 의거해 자국 내 유전자원의 이용을 규제할 수 있는 근거로서 작동하기도 한다. 그런데 생물자원 이용과 관련, 유전자 변형 생물체에 의해 악영향이 발생 가능함에 따라 이를 방지하기 위한 필요성이 대두되었고, 이에 '바이오 안전성에 관한 카르타헤나의정서'(2003년)와 유전자 변형 생물체의 국가 간 이동에서 발생하는 피해에 체계적으로 대응하기 위해 '책임구제 추가의정서'(2010년)가 채택되기에 이른 것이다.

세 번째 목표는 생물종을 상업적으로 이용하는 데 1개 이상의 복수 국가가 당사자일 경우 그 이익을 공정하고 공평하게 분배하도록 함으로써 국가 간 다툼을 방지하고자 한 것이다. 이 규정에 따르면 해당 자원을 이용하는 자는 유전자원의 이용에서 발생하는 이익을 자원 제공국과 공유해야 한다. 이것은 생물다양성이 풍부한 자원부국들로 이루어진 자원 제공국의 입장을 반영한 것으로, 자원으로서 생물체의 보호와 개발 및 이용이 각 국가의 주권에 속한다는 것을 국제적으로 인정한 것이다. 유전자원 제공국은 생물다양성을 보유하고 있는 국가들로, 이들은 유전자원을 이용함으로써 발생하는 이익에 관심을 가질 수밖에 없으며 일반적으로 유전자원의 접근을 촉진하기 위한 행위를 할 것으로 예측할 수 있다. 이는 기술 개발의 정도는 미흡하고 자원은 풍부한 개발도상국의 입장을 잘 대변하고 있다. 반면, 유전자원 이용국의 입장은 발전된 산업과 연구 능력을 보유하여 생물유전자원에 대한 적법한 접근 및 이용에 관심을 가지고 있지만, 공정한 이익 공유를 보장하는 의무를 지닌다. 따라서 ABS는 이러한 상반된 이해 관계의 균형을 유지하는 역할을 한다.

6) 나고야의정서의 배경 및 주요 내용

생물다양성협약과 관련한 하나의 문제점은 지나치게 명확한 조항을 만들어 합의를 하기가 어려웠다는 점이다. 이에 따라 좀 더 간결하고 무난한 텍스트로 전환할 필요성이 대두되었다. 2002년 설치된 ABS작업반회의는 7년간 8차에 거친 회의를 개최하여 방대한 내용의 문서를 작성했으나 이는 결국 좀 더 간결한 31개조의 텍스트로 대폭 축소되었고, 그럼에도 불구하고 몇 가지 논점에서 의견 불일치가 있었다. 장기간에 걸친 국제적 협상 끝에 일본 정부의 20억 달러 기부 선언이 있은 후 2010년 10월 일본 나고야(名古屋)에서 개최된 제10차 당사국총회(COP 10)에서 '생물자원을 활용함으로써 생기는 이익을 공유하기 위한 지침에 관한 나고야의정서(Nagoya Protocol)'가 극적으로 채택되었다. 따라서 이러한 과정은 "창의적 모호성의 걸작품(a masterpiece in creative ambiguity)"으로 여겨지며, 반드시 합리적 조항들로만 구성되었다기보다는 오히려 투명성, 법적 확실성, 균형감이 담보되지 않고 모순적인 대신 부분적 절충이 이루어진 수단(partially negotiated instrument)으로서의 가치를 지닌다(장호민, 2012). 이 내용은 결국 고위급 회담을 통한 정치적 타결에 의해 채택된 것이다. 대신 그 결과로 남은 생물다양성 보호와 이용의 모호함은 결국 각 국가와 당사국총회의 손에 그 운명이 넘겨지게 된 것이다.

나고야의정서는 생물다양성협약의 제3의 목적인 유전자원의 이용에서 발생하는 이익의 공정하고 공평한 공유를 핵심 내용으로 하고 있다. 이는 자원 제공국(자원부국)의 입장이 반영된 것으로, 해당 자원을 이용하는 자는 그 이익을 자원 제공국과 공유해야 한다는 내용이다. 엄밀한 의미에서 이익 공유는 보전과 지속 가능 이용에 이니셔티브를 주기 위해 포함된 것으로, 자원 보전의 목적과는 다소 거리가 있는 개념이다. 하지만 지나치게 엄격한 생물종 보전의 강조는 오히려 비현실적이기 때문에 연구개발과 산업에서의 적절한 이용을 위해 생물다양성협약의 세 번째 목적의 타당성이 인정된다.

나고야의정서는 생물다양성협약의 제15조 관련 내용인 유전자원과 그 유전자원의 이용 및 유전자원과 관련한 전통적 지식과 그 지식의 이용에서 발생하는 이익에 관한 것이다. 국가 간 상반된 이해 관계를 조정하기 위해 나고야의정서에는 모호한 표현과 내용이 포함되어 있어 해석상 논란의 소지가 많은데, 특히 다음과 같은 내용이 문제시되었다(한국바이오안전성정보센터, 2011). 예를 들면, 아프리카 중심의 개도국들은 CBD 발효 이전의 유전자원에 대해서도 소급 적용을 원했지만, 최종 채택된 나고야의정서에는 이 내용이 생략되었다. 자원 제공국은 유전자원의 파생물(derivative)도 이익 공유 대상 범위 내에 포함하려고 하여 최대 쟁점이 되었으나, 파생물에 대한 용어 정의 이외에는 의정서에 포함되지 않았다. 또한 자원의 불법 반출을 점검하기 위한 기관 지정을 주장하는 자원 제공국과 자원 접근 촉진 조치 체크포인트 지정을 주장하는 자원 이용국 간의 대립된 주장 끝에, 결국 "적절하고 효과적이며 균형잡힌 입법적, 행정적 또는 정책적 조치"를 취해야 하고, 하나 이상의 점검기관을 지정하는 것으로 조정되었다. 한편, 유전자원과 관련한 전통적 지식을 이용한 이익 공유에 관해서는 특히 인도와 중국을 중심으로 전래하는 토착지식이 풍부한 국가에서 주장했다. 이와같이 국가 간 첨예한 대립이 일어남에 따라 결국 CBD 체제 내에서 각국 국내법에 따라 토착지역 공동체의 사전 통보 승인 또는 허가 및 참여를 보장하는 적절한 조치를 취하도록 규정되었다.

나고야의정서는 국제적 기준을 정한 것이기는 하지만, 유전자원 제공국의 국내법에 현지 외 효력을 부여해 준다는 점,[5] 그리고 효력을 부여하기 위한 조건과 절차를 별도로 정한다는 형태를 띠고 있다. 이는 생물다양성협약에 따른 임의 가이드라인인

표 7-7 국제환경협약의 비교

국제협약	보존/보호	지속 가능 이용	이익 공유
생물다양성협약(1992)	○	○	○
바이오 안전성에 관한 카르타헤나의정서(2000)	○	○	△
ABS 나고야의정서(2010)	△	△	◎
람사르협약(1971)	◎	○	
남극 해양생물자원 보존조약(1980)	◎	○	
멸종 위기에 처한 야생 동식물의 국제 거래에 관한 조약(1973)	◎		

주) △ 약한 연관성 ○ 강한 연관성 ◎ 매우 강한 연관성
출처: 장호민(2012).

5) 현지 외 효력이란 자원 제공국의 국내법이 국경을 넘어 자원 이용국에도 영향을 미치게 됨을 의미한다.

'본 가이드라인'이 충분한 효력을 지니지 못한다는 개도국의 주장이 국제사회에서 수용된 결과라 할 수 있다(바이오안전성정보센터, 2012. 10).

<표 7-7>은 국제협약들을 생물다양성의 보존 및 보호, 지속 가능 이용, 그리고 이익 공유 측면에서 비교하고 있다. 다른 국제환경협약들은 대부분 환경 보호와 지속 가능한 이용에 무게가 실려 있고, 이익 공유의 목적을 포괄하지 못하고 있다. 그러나 생물다양성협약과 나고야의정서는 이익 공유를 중시하고 있음을 알 수 있다.

이익 공유(benefit-sharing)는 본래 보존 및 지속 가능한 이용에 이니셔티브를 주기 위한 유인(誘因)으로 포함된 것이었다. 그러나 유전자원 이용에 대한 규제가 엄격해지자 기업과 대학 등에서 연구개발과 산업적 이용에서 난관에 직면하게 되는 것은 자명한 사실이었다. 유전자원의 취득과 이용, 그리고 이익 공유 방식 및 절차를 둘러싸고 생물다양성협약 발효 이후부터 10년이 훌쩍 넘는 오랜 기간 동안 국제적인 협상이 지루하게 계속되었고, 2010년 10월 29일 일본 나고야에서 열린 제10차 회의에서 드디어 "유전자원의 접근과 이익 공유(Access to Genetic Resources and Benefitsharing)"에 대해 논의한 나고야의정서가 채택되었다. 주요 내용은 자원 제공국의 승인이 있어야 외국의 유전자원을 이용할 수 있으며, 자원 이용에 따른 이익을 자원 제공자와 공유한다는 것이다. 이에 따라 자원을 이용해야 하는 입장에서는 이용에 따른 경제적 대가를 치르게 된 것이다. 이와같이 나고야의정서는 생물다양성의 보전만을 의도했던 생물다양성협약에서 한 걸음 더 나아가 무역·통상과 관련된 경제적 측면을 보완하는 내용을 골자로 하고 있다(바이오안전성정보센터, 2012. 8).

ABS는 유전자원을 국제 거래(bio-trade)에서 투명성을 제고하고, 생물해적행위(biopiracy)를 방지하는 메커니즘을 제공하며, 공정한 계약에 의해 발생하는 이익을 공유함으로써 ABS와 관련된 유전자원 제공국과 유전자원 이용국의 균형을 추구한다는 점에서 의의가 있다(장호민, 2011). 그러나 한편으로는 소수그룹인 자원 이용국과 다수의 자원 제공국의 대립이 존재할 수밖에 없다. 자원 이용국은 세계 지적소유권 기구인 WIPO를 중심으로 주로 일본, 미국(비당사국), 캐나다, 뉴질랜드와 같은 JUSCANZ 그룹 및 스위스, 노르웨이 등이며, 국제상공회의 등 산업계와 유럽연합을 포함한다. 자원 이용국은 유전자원 이용을 통해 이익 공유가 이루어질 수 있도록 유전자원 접근에서 유연한 체제를 요구하는 입장이다. 반면 자원 제공국은 인도, 브라질, 말레이시아, 인도네시아, 중국 등의 LMMC, G77으로 불리는 중남미와 아프리카 국가들, 그리고 소수민족 보호 비정부기구(NGO) 그룹 등을 들 수 있다. 다수파인 자원 제공국은 사전 동의 없는 유전자원의 국외 유출을 방지하고, 제공된 자원에 대한 확실한 이익공유를 위해 법적 구속력이 있는 국제 시스템이 필요하다고 지적한다(장호민, 2012). 실제로 현재 제약, 식품, 화장품 산업 등에서 ABS 분쟁 사례가 많이 발생하고 있다. 예를 들어 티피르(Tipir)는 녹심목의 열매로, 브라질 및 가이아나 토착공동체에서 지혈과 감염 방지 및 피임 효과가 있는 것으로 알려져 캐나다의 바이오링크(Biolink)사가 해열제인 루푸너닌(Rupununine)으로 개발하여 1996년 미국에 특허 등록했다. 이에 대해 브라질은 2000년 생물 해적행위에 대해 미국 특허청에 특허 취소를 요구한 바 있다. 또한, 인도네시아의 자무(Jamu) 식물은 미백, 노화 방지, 스태미나 등에 탁월한 효과가 있어 1990년대 후반 영국, 독일, 프랑스, 일본 등에서 미백용 기초화장품 소재로 활용하고자 1990년대 후반 51건의 특허 신청을 했으나, 2001년 인도네시아 환경 NGO를 중심으로 제품 보이콧 운동이 일면서 2002년 특허가 철회되었다. 이와 같은 국제 분쟁 사례는 이미 20여 건을 넘어서고 있다.

나고야의정서는 92개국이 서명했음에도 불구하고 2013년 현재 발효되지 못한 상태이다. 의정서가 국제적으로 효력을 갖기 위해서는 채택된 의정서를 비준한 국가 수가 총 50개국이 되어야 하는데, 현재 가봉, 요르단, 르완다, 세이셸, 멕시코 등을 비롯하여 18개국이 채택한 상태이다. 50번째 국가가 비준서, 수락서, 승인서 또는 가입서를 기탁한 날로부터 90일째 되는 날에 정식 발효된다. 2014년에 개최되는 생물다양성협약 제12차 당사국총회는 한국에서 개최하기로 확정되었다. 특히 이때에는 수많은 국가에서 비준이 이루어져, 제12차 총회는 나고야의정서 발효 이후 첫 회의가 될 것으로 전망된다.

7) 바이오 안전성에 관한 카르타헤나의정서 배경 및 주요 내용

카르타헤나의정서(Cartagena Protocol on Biosafety)는 유전자 변형 생물체(Living Modified Organisms: LMOs)로 인해 초래될 생태계 및 인간 건강에 대한 위험을 관리·예방함으로써 LMOs의 국가 간 이동을 용이하게 하고 환경 방출로 인한 생태계 위해를 규제할 목적으로 탄생했다. 카르타헤나의정서는 생물다양성협약의 부속 의정서로서, 2000년 1월 몬트리올 특별 당사국총회에서 채택되었다. 팔라우 공화국이 50

번째 승인 국가가 됨으로써 2003년 발효되었다. 우리나라는 2007년 의정서를 비준했고, 후속 조치로서 「유전자 변형 생물체의 국가간 이동에 대한 법률」을 제정했다.

의정서는 사전 예방 원칙의 적용, 사전 통보 승인 적용 범위 및 절차, 위해성 평가 및 관리 체계, 정보 공유 등의 내용을 포함하고 있다. 의정서의 핵심적 논쟁거리는 국가 간 이해 관계의 조정이었다. EU와 개도국은 LMOs의 범위에 식품·사료·가공용 LMOs 상품을 포함할 것을 주장하여 좀 더 포괄적 규정을 원한 반면, 미국을 비롯한 기타 LMOs 농산물 수출국들은 환경 도입이 의도된 생명체에 한정해야 한다고 주장해 입장이 엇갈렸고, 환경 피해 책임 보상과 LMOs 수입에 따른 전통적 농작물의 경쟁력 쇠퇴에 따른 사회경제적 영향 최소화 방안, WTO 협정과의 조정 문제 등도 타결 과정이 순탄하지 않았다(김한택, 2011: 268). 2012년 10월 현재 카르타헤나의정서의 비준 국가는 모두 163개국과 EU를 포함한다. 하지만 LMOs의 주요 생산국인 미국, 아르헨티나, 캐나다는 여전히 가입하지 않은 상태이다.

LMOs는 유전물질이 생명공학 기술에 의해 자연 상태에서 인위적으로 변형된 생물체를 의미하며,[6] WHO 등 다른 국제기구에서 다루는 인체 의약품은 포함하지 않는다. LMOs는 크게 세 가지로 나뉘는데, 우선 환경 방출용 및 기타 유전자 변형 생물체는 농산물 종자, 미생물 농약, 환경 정화용 미생물 등이 포함되며 수입국의 환경에 직접 방출되어 생태계 교란 등 직집적 위해를 가할 수 있는 것들이다. 이 경우 사전 통보 합의(AIA)를 통한 수입국의 사전 승인을 필요로 하며 취급 운송 포장 시에도 LMO를 명기하고 안전 조치를 취하는 등 가장 엄격한 절차를 요구하고 있다. 사전 통보 합의란 국가 간 LMOs 수입 허가 결정에 필요한 정보를 사전에 제공하도록 하는 규정이다. 둘째는 LMOs의 대부분을 차지하는 식용·사료용·가공용(LMO-FFPs)으로, 수입국의 국내법에 따라 사전 통보 합의에 준하는 절차를 취할 수 있다. 마지막 유형은 연구 목적으로 사용되며, 환경 방출 가능성이 가장 적은 밀폐 사용 LMOs로서, 수입 시 사전 통보 합의 절차가 적용되지 않는다.

6) LMOs는 GMOs보다 광의의 개념이다. GMOs란 일반적으로 생산량 증대 또는 유통 가공상의 편의를 위해 생명공학 기술을 이용하여 기존의 번식 방법으로는 나타날 수 없는 형질이나 유전자를 지니도록 개발된 생물체이다(경기도보건환경연구원, 2001)

8) 우리나라의 대응 방안

한반도는 뚜렷한 사계절과 다양한 지형으로 인해 비슷한 기후대의 다른 국가와 비교하여 생물다양성이 풍부한 것으로 알려져 있다. 예를 들어 영국의 자생생물자원은 8만 8천 종인데 비해 우리나라는 10만여 종에 이를 것으로 추정된다(관계부처합동, 2012). 기록된 생물종 수는 이에 훨씬 못 미치는데, 2010년 현재 기록된 생물종 수는 동물 20,998종, 식물 9,817종, 균류・지의류 4,085종, 원생생물 1,374종, 원핵생물 647종 등 총 36,921종이다(환경부, 2012b: 21). 2020년까지는 총 6만 종 기록을 목표로 하고 있다. 외래 동식물이 유입되어 우리 생태계를 위협하기도 하는데, 국내에 유입된 외래 동식물은 2010년 말 기준 1,128종(식물 309종, 동물 819종)이며, 그 중 붉은귀거북과 큰입배스 등 16종은 생태계 교란종으로 지정되어 있다(환경부, 2012b: 26).

생물다양성협약의 실질적 준수를 위해서는 우선 생물종 보존의 필요성을 직시하고 국가적 대응전략을 확보하는 것이 가장 중요하다. 국가전략을 수립하고 보고하기로 되어 있는 협약 의무 규정에 따라 우리나라도 1997년과 2008년 두 차례에 걸쳐 생물다양성 국가전략을 수립했다. 우리나라의 국가전략은 14가지 요소로 이루어져 있다 (<표 7-8>).

정부는 2010년 11월, 나고야의정서 대책 추진 방향으로서 관계 부처 전담대응반 운영, 생물자원 확보, 국내 이행 법제 정비 등을 마련했고, 12개 부처가 부처 합동으로 세부 이행계획을 제시하고 있다.[7] 주요한 내용은 생물 주권 확보, 생물자원 관련 산업 지원, 나고야의정서 관련 법제 정비로 이루어져 있다. 이와 관련된 우리나라의 정책 비전과 목표는 [그림 7-3]과 같다.

둘째, 특히 나고야의정서와 관련하여 정부와 산업계 등의 파급 효과를 고려해야 한다. 생물자원의 수입 확보가 어려워짐에 따라 유전자원이 풍부하지 않은 우리나라의 사정은 더욱 나빠질 것이다. 국내 기업의 로열티 지불 규모는 연간 22억~71억 원 정도에 이를 것으로 예상된다(박호정, 2012). 환경부의 '나고야의정서 채택에 따른 산업계 파급 효과 연구'(2011)에 따르면 연간 3,500~5,000억 원 경제적 부담이 증가할 것이라고 추정하고 있다. 따라서 국내의 생물 주권 확보, 바이오산업 경쟁력 강화,

---

7) 교육과학기술부, 외교통상부, 법무부, 농림수산식품부, 지식경제부, 보건복지부, 환경부, 국토해양부, 농촌진흥청, 산림청, 특허청, 식약청.

표 7-8 생물다양성협약 중점 영역별 환경 생태 보전 전략

생물다양성협약 중점 영역	국가전략(2009~2013년)
생물다양성 요소 보호	1. 주요 생태 지역의 효과적 보전 1) 주요 생태지역의 생물다양성 보호 2) 산림 생태계/담수 생태계/연안 및 해양 생태계/ 도서 생태계 /도시 생태계 3) 보호지역의 확충과 보전
	2. 종 다양성 보전 1) 지구 식물 보전 전략 2) 멸종위기종 분포 조사 및 복원
	3. 유전자 다양성의 보전
지속 가능한 이용 증진	4. 지속 가능한 이용 및 소비 1) 생태계 접근법 적용 2) CITES 이행
생물다양성에 대한 위협 대처	5. 침입성 외래종 조사 및 관리
	6. 유전자 변형 생물체 관리
	7. 기후 변화 대응 체계 구축
인류 복지를 위한 생물다양성 유지	8. 생태계의 재화 및 서비스 생산력 유지 1) 생태 관광 2) 유인 조치
전통 지식, 혁신, 관례 보호	9. 전통 지식 및 지역사회 다양성 보호 1) 전통 지식 보호 2) 지역사회의 사회문화적 다양성 보호
유전자원에서 비롯된 혜택의 공정, 공평한 공유 보장	10. 유전자원 접근 및 이익 공유
재정적, 인적, 기술적 지원 구축	11. 기술 이전 및 재원 제공 1) 기술 이전 2) 재정 재원 및 체계
	12. 국제 협력 및 이해관계자 참여
	13. 의사소통, 교육 및 인식 제고 1) 의사소통, 홍보 2) 교육 3) 정보 공유 체계
모니터링 및 평가	14. 모니터링 및 평가 1) 모니터링 및 조사 2) 지구 분류화 사업

출처: 환경부(2012b: 123).

비전	2020년, 인류 복지에 기여하는 생물산업 강국 진입
	⇑
목표	2020년까지 한반도 생물자원 목록을 6만 종까지 확대 ▶ 미발굴 고유 생물종 추가 발굴 및 원산지국 지위 확보 선진국의 90% 이상까지 바이오산업 기술경쟁력 향상 ▶ 바이오기술 상용화와 산업화에 대한 범정부 지원 확대
	⇑
추진 과제	**1** 생물 주권 확보 1-① 한반도 고유 생물자원 발굴 및 확보 1-② 국가 생물자원 종합관리 시스템 구축 **2** 생물자원 관련 산업 육성 · 지원 2-① 국내외 유용 생물자원 정보분석 및 공여 2-② 생물자원 상용화 기술 개발 지원 2-③ 전문인력 양성 및 지원 제도 마련 **3** 나고야의정서 의무 이행 법령 정비 3-① 나고야의정서 국내 의무 이행 법제 마련 3-② 부처 간 공조 체계 구축 및 향후 협상 대응

그림 7-3 우리나라의 생물산업 강국을 향한 비전과 목표

출처: 관계부처합동(2012. 2).

나고야 의정서에서 명시하고 있는 이행 사항과 국제 협력을 위해서는 범정부적인 대책이 필요하다(나고야의정서 범정부대책, 2011: 1). 우리나라는 '한국 생물다양성 정보 공유 체계(CBD-CHM KOREA)'를 운영하고 있으나 부처 간 정보 공유와 협력을 이끌어내기에는 아직 부족한 점이 많다.

셋째, 우리 토착 유전자원을 보호하고 이에 대한 접근을 통제해야 한다. 이를 위해서는 생물종 유전자원을 체계적으로 조사하여 목록화하는 한편, 지속 가능한 이용을 위한 전략적 계획을 수립해야 한다. 우리나라의 생물다양성 조사를 통해 기록된 동물은 약 18,000종, 식물 7,000종에 달하지만 다양성 현황을 제대로 반영하기에는 아직

미흡하다. 우리나라는 생물다양성협약 가입국으로 생물다양성 보존 및 지속 가능한 이용을 위한 국가 차원의 계획을 수립해 이미 1997년 생물다양성 국가전략을 확정하고 생물다양성 사무국에 통보했다. 그러나 생물자원의 지속적 조사, 발굴, 체계화 및 모니터링에는 시간과 예산이 많이 소요되므로 정책적 관심과 지원이 필요하다.

넷째, 해외 유전자원에 대한 전략적 접근이 확보되어야 한다. 우리나라는 주로 이용국의 입장에서 유전자원에 대한 과도한 접근권 제약에는 반대하고 있다. 우리나라 산업과 연구 등의 목적을 위해서는 타국 보유 유전자원에 대한 적절한 접근이 가능할 수 있어야 할 것이다. 한편, 유전공학 기술에 대한 접근권에 대해 우리나라는 중간적 입장을 취하고 있다. 기술 이전을 통해 선진국과는 격차를 줄이는 한편, 개도국의 기술 개발에도 도움을 주어야 할 것이다.

다섯째, 생물다양성협약의 효력을 극대화하기 위해서는 좀 더 체계적인 모니터링을 통한 분석이 필요한데, 이를 위해서는 정량적 지표가 개발되어야 한다(환경포럼, 2012). 2010년 나고야에서 생물다양성 전략과 이를 달성하기 위한 20개의 "아이치(愛知) 생물다양성 목표"가 채택되었다. 아이치 타깃의 주요 내용은 다섯 가지 전략목표와 그 하위 수준의 20개의 타깃으로 요약된다.

각국은 이에 따른 국가 목표, 전략 및 이행계획을 제출하고, 또한 2014년까지 제5차 국가보고서를 제출하기로 했다. 따라서 이에 대해 국내의 적절한 준비가 필요한 상황이다. CBD 사무국은 5차 보고서 마련을 돕기 위해 작성지침을 마련했는데, ① 생물다양성 현황, 변화 추세 및 위협 개요, ② 생물다양성 국가전략 및 이행계획, 이행 현황, 부문별 통합 및 주류화, ③ 2020년 목표 및 2015년 새천년 개발목표(Mill-

표 7-9 아이치 타깃의 다섯 가지 목표

Goal A	정부와 사회 전반에서 생물다양성 이슈의 주류화를 통한 생물다양성 감소의 원인에 대한 대책 마련
Goal B	생물다양성에 대한 직접적 압력 감소와 지속적 이용의 제고
Goal C	생태계, 생물종, 유전적 다양성의 보호를 통한 생물다양성의 지위 격상
Goal D	모든 사람에 대한 생물다양성과 생태계 서비스로부터의 편익 향상
Goal E	참여적 기획, 지식관리 및 역량 형성을 통한 집행력 향상

출처: CBD 홈페이지(http://www.cbd.int/2011-2020/goals/)

ennium Development Goals: MDGs)로 구성할 것을 권고하고 있다. 또한 협약의 효력을 높이기 위해 가능한 한 정량적 지표를 이용하도록 하고 있다. 우리나라의 경우 다음 여덟 가지 분류에 대해 정량지표를 사용하고 있다. ① 자생생물 종수, 멸종위기 종수, 보호 대상 해양생물 지정 수, ② 연간 산림 면적 감소율, ③ 평균 기온 상승, 기상재해 피해액, ④ 토양 산성화, ⑤ 산지 면적, 연안/내륙 습지 면적, 해안사구 수, 갯벌 면적/수, 농지 면적, 도시 숲 개소 수, ⑥ 보호지역 현황, ⑦ 지역별 주요 생태계 현황, ⑧ 주요 관계 법, 행정기관이 그것이다. 그러나 이것은 영국 등 선진국에 비해 현저히 낮은 수준이다. 더 다양한 자료 제시가 가능한 부분도 있고, 반대로 현실적 자료 제시 가능성에 대한 검토 여부도 필요로 하는 등 많은 개선이 필요하다.

여섯째, 정책 수단으로서 정보 제공(public information)을 통해 생물다양성에 대한 관심과 인식 제고를 유도하고, 시민, NGO, 민간기업, 공공 부문에 이르기까지 다양한 행위자들의 소통과 참여를 제고해야 한다. 우리나라는 한국생명공학연구원 한국바이오안정성정보센터가 관련 정보제공센터의 역할을 맡고 있다.

생물다양성협약은 지속 가능한 개발을 생태학적으로 접근한다는 점에서 의의가 있다. 그러나 강제적 의무가 표현된 부분은 기술 이전과 재정 지원에 국한되어 있으며, 가장 본질적인 생물다양성 보전에 관한 의무 조항은 결여되어 있어 현실적으로 큰 한계를 지니고 있다. 나고야의정서의 탄생 역시 생물자원의 접근, 이용, 이익 공유의 현실적 필요성에 기반한 것이다. 협약의 협상 과정은 국가 간 첨예한 이해 관계의 대립으로 인해 매우 진척이 더디고, 타결된다 해도 종종 그 내용이 매우 모호하고 상호 모순적인 경우가 많은데, 생물다양성협약이나 나고야의정서 역시 예외가 아니다. 미국은 자국 기업들의 압력 등으로 인해 지적 재산권에 관한 조항과 생물공학과 기금 마련에 관한 조항의 결함을 지적하면서 리우회의에서 생물다양성협약에 서명을 거부한 유일한 국가였다(김한택, 2011: 257). 이와같이, 각국의 입장 차이로 인해 전지구적 생태계 보호의 꿈은 결국 요원한 것이 되기 쉽다. 결국 생물종의 보호와 이용은 각국의 국내 정책에 의해 많은 영향을 받게 마련이므로, 생태계 보호를 위한 국민의 인식 강화와 국내 정책의 적실성 및 효과성 제고가 무엇보다 중요하다 하겠다.

4 맺음말

오늘날 생태계 보호 문제는 단순히 자연환경과 생물종의 보호 차원이 아닌 '생물자원'의 보존과 지속 가능한 이용이라는 차원에서 접근하고 있다. 이러한 맥락에서 특정 지역이나 종에 대한 보호를 위한 협약에서 생물다양성의 다양한 측면을 포괄하는 협약이 등장하게 되었다.

이 장에서 살펴본 CITES와 생물다양성협약은 생물종의 감소와 생물다양성 문제와 관련하여 국가 간 협력이 필수적임을 인식하고, 협약 당사국에 대한 규제 및 감시, 상호 협력을 위한 체제를 마련했다고 평가된다. 이를 통해 생태계 보호와 생물다양성 보전을 위한 체제를 확립하게 되었다.

그러나 협약의 구체적인 이행은 각 협약 당사국에 맡겨지게 되는 국제협약의 특성상 한계도 가지고 있다. 예를 들어 다양한 생물종을 많이 보유하고 있는 개발도상국의 경우 활발한 경제 개발로 인해 생물종 보호에 전력을 다하지 못하고 있으나 국제협약으로써는 이러한 문제에 개입할 수 없다. 또한 생물자원과 관련한 국가 간 생물주권 문제, 생물자원에 대한 접근 및 이용을 둘러싸고 국가 간 민감한 문제가 발생할 수 있나. 향후 CITES 협약과 생물다양성협약의 성공적이고 지속적인 이행을 위해서는 이러한 문제의 해결을 위해 국가 간 협력을 이끌어낼 수 있는 체제를 형성하는 것이 중요하다.

한편 우리나라의 경우, 생물다양성 보전을 위한 정책적 노력이 더욱 뒷받침되어야 할 것이다. 생태계 보호의 중요성에 대한 국제적 인식이 높음에도 불구하고 국내외 생물종에 대한 보호 및 관리는 여전히 낮은 수준에 머물러 있다. 또한 생물자원에 대한 인식을 높이고 생물 주권을 확고히 하며, 향후 생물자원 및 생물산업이 가지는 높은 가치를 고려한 전략적이고 지속적인 관심이 필요하다.

제 8 장 핵 관련 협약

□ 핵무기 실험 금지에 관한 조약

〈대기권, 외기권 및 수중에서의 핵무기 실험 금지조약(Treaty Banning Nuclear Weapons Tests in the Atmosphere, in Outer Space and Underwater)〉

- 채택일: 1963. 8. 5
- 발효일: 1963. 10. 10
- 우리나라 가입일: 1964. 7. 24
- 우리나라 발효일: 1964. 7. 24

〈핵무기 및 기타 대량 파괴 무기의 해저, 해상 및 그 하층토에 있어서의 설치 금지에 관한 조약(Treaty on the Prohibition of the Emplacement of the Nuclear Weapons and Other Weapons of Mass Destruction on the Sea Bed and the Ocean Floor and in the Subsoil Thereof)〉

- 채택일: 1971. 2. 11
- 발효일: 1972. 5. 18
- 우리나라 가입일: 1987. 6. 25
- 우리나라 발효일: 1987. 6. 25

□ 핵안전 관련 협약

〈핵물질의 방호에 관한 협약(Convention on the Physical Protection of Nuclear Material)〉

- 채택일: 1980. 3. 3
- 발효일: 1987. 8. 8
- 우리나라 가입일: 1982. 4. 7
- 우리나라 발효일: 1987. 2. 8

〈핵사고의 조기 통보에 관한 협약(Convention on Early Notification of a Nuclear Accident)〉

- 채택일: 1986. 9. 26
- 발효일: 1986. 10. 27
- 우리나라 가입일: 1990. 6. 8
- 우리나라 발효일: 1990. 7. 9

〈핵사고 또는 방사능 긴급사태 시 지원에 관한 협약(Convention on Assistance in the Case of a Nuclear Accident or Radiological Emergency)〉

- 채택일: 1986. 9. 26
- 발효일: 1987. 2. 26
- 우리나라 가입일: 1990. 6. 8
- 우리나라 발효일: 1990. 7. 9

〈핵안전에 관한 협약(Convention on Nuclear Safety)〉

- 채택일: 1994. 9. 20
- 발효일: 1996. 10. 24
- 우리나라 가입일: 1995. 9. 19
- 우리나라 발효일: 1996. 10. 24

〈사용 후 핵연료 및 방사성 폐기물 관리의 안전에 관한 공동협약(Joint Convention on the Safety of Spent Fuel Management and on the Safety of Radioactive Waste Management)〉

- 채택일: 1997. 9. 5
- 발효일: 2001. 6. 18
- 우리나라 가입일: 2002. 9. 16
- 우리나라 발효일: 2002. 12. 15

1 머리말

1945년 최초로 일본에 대한 원자폭탄 투하와 1952년 미국의 수소폭탄 실험 이후 핵에너지는 엄청난 가능성과 파괴력 때문에 군사적이든 산업적이든 가장 배타적인 국가 이익 추구의 영역인 동시에 국제적 공조가 시급히 요구되는 영역이 되었다. 아울러 1960년대 들어 국제사회는 대기에서의 핵실험이 심각한 환경의 훼손을 일으킬 수 있음을 인식하게 되었는데, 이것은 결국 핵무기에 대해 부정적인 측면 및 새로운 시각을 갖는 전환점이 되었다(이용호, 2006: 193). 핵이 환경에 미치는 부정적인 영향에 대한 국제적인 관심과 개선 노력은 1986년 체르노빌 원전사고 이후 크게 높아졌다. 이후 1990년대 초 동해를 비롯한 극동 해역에서 러시아의 핵폐기물 투기행위 및 2011년 3월 후쿠시마 원전사태를 계기로 동아시아에서도 이에 대한 관심이 고조되어 왔다.

한편, 핵무기 실험 금지 등에 관한 국제적인 공조 노력은 미국 핵전략의 함수 관계 속에서 발전해 왔다. 최초의 핵보유국이었던 미국은 핵무기 독점을 1949년에 이미 상실했음에도 불구하고 그 영향력을 유지하는 수단으로서 국제적 공조를 효과적으로 활용해 왔다. 미국에 의한 핵 규범의 선점(pre-occupation of nuclear norms)은 오늘날 전 세계 원자력 산업뿐만 아니라 핵안보 정책에 지대한 영향을 미치고 있다(Cho, 2012). 따라서 환경과 관련된 핵 조약들은 독자적인 영역을 구축해 온 다른 국제환경 규범들과는 달리 안보정책과 밀접한 관련 속에 전개될 수밖에 없었다. 핵무기 및 핵에너지가 환경에 미치는 영향을 최소화시키기 위한 하위 정치(low politics)상의 국제적인 공조 노력은 핵무기의 확산을 막기 위한 미국의 안보적인 고려, 즉 상위 정치(high politics) 영역에 종속되어 부차적인 수준에 머물고 있는 것이다.

환경 보호와 관련된 주요 핵 조약 및 협약들은 그 목적과 범위에 따라 크게 다음과 같이 두 가지로 구분된다.

첫째, 핵무기 확산 및 실험 금지에 관한 조약이다. 여기에는 '대기권, 외기권 및 수중에서의 핵무기 실험 금지조약'과 '핵무기 및 기타 대량 파괴 무기의 해저, 해상 및 그 하층토에 있어서의 설치 금지에 관한 조약'이 포함되며, 이 조약들은 '핵확산 금지조약'과 '포괄적 핵실험 금지조약'과의 연계 속에서 발전되어 왔다.

둘째, 핵안전과 관련된 조약 및 협약들이다. 여기에는 '핵물질의 방호에 관한 협약', '핵사고의 조기 통보에 관한 협약', '핵사고 또는 방사능 긴급사태 시 지원에 관한 협약', '핵안전에 관한 협약', '사용 후 핵연료 및 방사성 폐기물 관리의 안전에 관한 공동협약' 등이 포함된다. 한국은 이들 조약에 비교적 초기부터 적극적으로 참여해 왔으며, 북핵 위기뿐만 아니라 러시아 핵폐기물 투기 및 후쿠시마 원전사고, 그리고 최근 들어 이슈가 되고 있는 한미원자력협정 개정 문제와 관련해 여러 협약과 두루 관련을 맺고 있다. 이 장에서는 이들 조약을 주요 쟁점을 중심으로 차례대로 살펴본다.

2 핵무기 실험 금지에 관한 조약

1) 대기권, 외기권 및 수중에서의 핵무기 실험 금지조약

이 조약은 비공식적으로는 부분적 핵실험 금지조약(Partial Test Ban Treaty: PTBT) 또는 Limited Test Ban Treaty(LTBT)로 불린다. PTBT는 냉전이 고조에 달했던 시기에 중국과 프랑스를 제외한 핵보유국인 미국·영국·소련 3개국에 의해 러시아 모스크바에서 1963년 8월 5일 체결되었고, 동년 10월 10일에 발효되었다. 그 주요 목적은 방사능 잔해가 국경을 넘는 경우를 초래할 수 있는 지하 핵실험과 같은 다른 종류의 핵실험 또한 금지하여 방사능 물질에 의해 인간의 환경이 오염되는 것을 억제하는 것이다. 이 조약은 핵무기 통제 분야에서 최초로 채택된 일반조약이라는 점에서 그 의의가 있으며, 1968년 핵확산 금지조약(Nuclear Nonproliferation Treaty: NPT) 체결과 1996년 포괄적 핵실험 금지조약(Comprehensive Test Ban Treaty: CTBT) 체결에도 크게 기여했다(신범철, 2003: 140; 이용호, 2006: 203). 즉, 1950년대에 핵실험과 관련된 각종 갈등과 처리 방안을 놓고 핵보유국 간 고민의 시각과 해결 방안은 결국 PTBT를 시작으로 NPT를 거쳐 CTBT에까지 이르게 되는 과정을 보여준다.

프랑스의 가입 거부 사례에서 보듯이 PTBT 체제는 근본적으로 한계를 가지고 있다. 초기에 프랑스는 PTBT가 기존 핵보유국들의 기득권만을 인정하고 비핵국의 핵무장을 금지하는 불평등한 협정임을 이유로 미국의 가입 권유를 거부했다. 당시 핵무기 개발 초기 단계에 있었던 프랑스로서는 핵실험을 대기권에서 할 수밖에 없었고, 미국의 의도가 프랑스의 핵실험을 방지하기 위한 것이었다는 점 때문이었다. 그러나 PTBT가 핵무기 실험 금지에 관한 후속 조약들의 초석이 되었다는 점은 부인할 수 없는 사실이다. 예를 들어 1991년 10월 러시아의 핵실험 중단 선언을 시작으로 미국과 영국도 같은 취지의 조치를 취했으나, 중국과 프랑스는 이후에도 지하 핵실험을 강행한 바 있다. 그러나 1996년 1월 프랑스가 자국의 핵실험의 종말을 공식적으로 선언했고, 중국이 같은 해 7월에 자국 내의 핵실험 중단을 천명함으로써 포괄적 핵실험 금지조약의 발판이 마련된 것이다(이용호, 2006: 201-202).

1960년 말 미국과 소련은 서로를 50번 이상 파괴할 수 있는 핵 무력을 보유하고 있었는데, 이러한 양국 간 핵 균형의 형성은 기회 비용의 문제를 부각시켰으며, 비용을 줄이기 위한 미소 군비통제가 절실히 요구되었다. 이에 따라 미소 양국은 1963년 PTBT에 탄력을 부여하면서, 1968년 1월 1일 핵확산 방지를 위한 초안을 18개국 군축회의에 제출했다. 1968년 7월 1일, 59개국이 서명한 NPT는 핵확산 방지, 핵무기 통제 촉진, 핵에너지의 평화적 이용을 위한 국제원자력기구(IAEA) 감독 하의 국제 협력 강화 등을 핵심 내용으로 담았다(박건영, 2011: 13). NPT 체제의 성과는 ① 핵확산 금지조약 가입국의 증가, ② 미소 간 핵 통제, ③ 핵에너지의 평화적 이용, ④ 일부 국가의 비핵화 등으로 요약된다. NPT는 냉전기까지 효과적으로 작동되는 것으로 보였다. 일단 가입국의 숫자가 꾸준히 증가했는데, 1970년 93국이 NPT를 비준했던 반면, 1988년에는 132개국이 비준을 마쳤다. 또한 핵무기를 추구하거나 탐색하던 한국과 스웨덴과 같은 국가는 NPT에 가입하면서 핵 보유의 욕심을 버린 것으로 평가된다. 이 밖에도 핵에너지의 평화적 이용이 심화되어 민간용 원자로의 숫자가 증가했지만 우려했던 핵 확산이 본격적으로 일어나지 않았다(조동준, 2011: 68-69).

한편, CTBT는 지하 핵실험을 포함한 모든 종류의 핵실험을 금지하는 조약으로 1963년에 체결된 PTBT가 지하 핵실험을 금지 대상에서 제외하고 있었기 때문에 CTBT를 성립시켜 지하 핵실험까지 포함한 모든 종류의 핵실험을 금지하는 체제를 구축하고자 1996년에 체결되었다. NPT가 기존 핵보유국을 논외로 하고 비보유국으로의 핵 확산을 막는 '수평적 금지(horizontal proliferation)' 체제인 반면, CTBT는 보유국까지 포함해 더 이상의 핵실험 자체를 금지하는 '수직적 금지(vertical proliferation)' 체제이다. CTBT는 조약상에 명문화된 국제 감시 제도 규정에 따라 세계 321개소에서 감시관측소를 설치해 국제적 검증 제도를 구축하고 있는데, 가령 2006년 10월에 감행된 북한의 핵실험 시에도 지진학적 감시 및 방사성 핵종 감시 데이터를 통해 정보를 수집할 수 있었다. 하지만 여러 국가에서 핵무기 폐기가 없는 CTBT는 의미가 없다고 주장한다. 예를 들어 인도는 CTBT가 핵무기 차별을 공식화할 뿐이라고 선언한 바 있다. 즉, 이 조약은 기본 핵보유 5개국에만 현대적 무기를 허용하는 반면, 타국들에는 합리적인 핵 억지력 개발을 막고 있다는 것이다. 또 다른 비판은 미국이 미사일 방어 체제(MD) 구축을 시도함으로써 CTBT의 정신을 훼손했다는 것이다(박건영, 2011: 30-31). CTBT가 발효되려면 부속서에 따라 원자로를 갖는 등 잠재적 핵개발 능력을 갖춘 44개 발효 요건국의 비준이 필요하다. 그러나 2013년 현재 중국・이집트・이란・이스라엘・미국 등 5개국은 서명만 한 채 비준을 하지 않았고, 인도・북한・파키스탄 등 3개국은 서명도 하지 않아 아직 CTBT의 발효 요건을 충족시키지 못하고 있다.

2) 핵무기 및 기타 대량 파괴 무기의 해저, 해상 및 그 하층토에 있어서의 설치 금지에 관한 조약

이 조약은 PTBT와 함께 군축을 그 일차적인 목적으로 한다. 그러나 PTBT의 경우 군비 경쟁을 종식하고 핵무기를 포함한 여타 무기의 생산 및 실험에 대한 제한을 골자로 하는 반면, 이 조약은 군비 경쟁의 직접적인 종식을 위해 해저, 해상 및 그 하층토에 핵무기 및 기타 대량 파괴 무기의 설치를 금지하는 것을 목적으로 한다. 1969년 3월 18일 제네바에서 열린 17개국 군축위원회에서 당시 소련은 해저의 완전 비무장화에 관해 조약 초안을 작성, 제출했다. 특히 소련은 9개 항목의 군축 제안을 했는데, 그 중에서도 해저의 평화적인 이용을 강조했고, 미국은 대륙붕의 군사적 이용 가능성을 경계하고자 해저의 군사적 이용을 금지할 것을 주장했다. 즉, 소련과 미국 간의 군축에 관한 일정 수준의 합의는 예견된 바였다.

그럼에도 불구하고 미소 간의 팽팽한 줄다리기가 전혀 없었던 것은 아니다. 이 초안은 "연안으로부터 12해리 이상 해저상에 핵무기 혹은 다른 대량 살상무기를 배치하거나 군사기지 혹은 군사시설의 건설 및 군사적 성격을 갖는 장치를 설치하는 것을 금지"하고 있다. 반면 미국은 잠수함 경계 장치 등 자위 조치는 필요하며, 인류에게 유익한 해저상의 과학적 연구는 군사시설을 이용하면서 이뤄지고 있다는 점, 해저에 관한 실질적인 사찰이 다소 어렵다는 점을 들어 소련의 조약 초안을 사실상 거부했다. 소련이 제기한 해저의 완전 비무장화 제안은 미국의 전략적 우위를 견제하려는 의도로 평가되었다. 당시 미국은 대륙간 탄도미사일(ICBM) 등 핵무기의 해저 부설 금지에는 반대하지 않으나 그 밖의 군사적인 이용의 금지는 인정하지 않은 바 있다(매일경제, 1969.3.31).

3 핵안전과 관련된 협약

1) 핵물질의 방호에 관한 협약

이 협약은 핵물질 국제 운송 중 테러 및 기타 불법적 행동단체의 핵물질 취득과 사용에 의한 잠재적 위험을 방지하는 것을 목적으로, 자국의 영역을 통과하는 평화적 목적의 핵물질 국제 수송 시, 일정 수준의 핵물질 방호를 보증할 것을 규정하고 있다. 미확인된 핵물질은 수출입 및 자국 영역의 통과를 불허하며, 권한 없이 핵물질을 소지하거나 처분 결과 발생하는 사상(死傷)과 핵물질의 절취, 강취 등은 범죄로 규정하고 있다. 이 협약과 직결되는 문제가 핵물질의 불법 거래이다. 냉전 종식 이후 구소련 연방국가들과 같이 취약한 핵보유국을 통한 핵확산 위험이 증가함에 따라 이 조약의 중요성은 더욱 커졌다. 조동준(2011: 57)에 따르면, 핵무기 제조와 관련된 민간인과 핵무기와 핵물질을 통제하는 군인, 그리고 핵시설을 지키는 보안요원이 정보 당국의 보안 약화를 기회로 핵물질의 불법 거래에 참여함으로써 핵물질을 암시장에서 구매하거나 탈취할 위험성이 커졌다.

이와 같은 위험이 가장 큰 나라는 러시아이다. 러시아는 무기화가 가능한 핵물질 보유량이 세계 최고 수준이지만, 이에 반해 보안은 미국, 영국, 프랑스에 비해 열악한 상황이다. 따라서 각종 국제범죄 조직이 이들 국가를 대상으로 무기화가 가능한 핵물질을 탈취, 밀수입 및 거래 등의 수단으로 확보하여 테러조직들과 불법 거래가 이뤄진다면 전 세계적으로 큰 위협이 아닐 수 없다. 러시아의 경우 전 세계의 핵탄두(25,000여 기)의 절반이 넘는 약 15,000기라는 엄청난 양의 핵탄두를 관리・보관하고 있는 것으로 알려져 있다. 그뿐만 아니라, 러시아에서는 암거래 상인들이 활발하게 활동 중이고, 최근 들어 다소 나아졌다고는 하지만 러시아 군의 열악한 주위 환경과 군 간부의 군복무에 대한 염증, 군 장교들의 생활 자금 확보 등 여러 가지 제반 상황을 고려했을 때, 러시아는 핵물질 불법 거래에 관한 위험성이 가장 큰 국가로 평가된다(이만종, 2011: 137; 이태윤, 2009b: 12). 그 때문에 러시아는 1998년에 '핵테러 억제협약(International Convention on the Suppression of Acts of Nuclear Terrorism)'을 발의하기도 했다. 이는 핵무기 혹은 핵물질을 불법으로 소지하거나 위협하는 행위에 대한 의무적인 처벌과 국제사회에서 정부 간 테러 관련 정보의 공유를 강화하는 조치 내용이다(이만종, 2011: 138-139).

2) 핵사고의 조기 통보에 관한 협약

1986년 체르노빌 원자력발전소 폭발 사고 이후 구소련은 사고로 인한 재난에 의해 영향을 받을 수 있는 타국에 적절하고 신속한 정보를 제공하지 않은데 대해 많은 비난을 받았다. 이러한 비난의 배경에는 그러한 통보는 합리적으로 기대할 수 있는 것이라는 국제사회의 합의가 있었다. 그러한 의무를 지지하는 국가가 늘어나면서 그에 따른 관행에 맞추어 IAEA는 1985년에 사고 시의 보고와 정보 교환에 관한 가이드라인을 마련한 바 있으나, 법적으로 구속력이 있는 것은 아니었다. 체르노빌 사건을 계기로 1986년 5월 21일 IAEA 이사회가 핵안전을 확보하기 위한 2개의 협약 초안, 즉 '핵사고 조기 통보에 관한 협약 초안'과 '핵사고 또는 방사능 긴급사태 시 지원에 관한 협약 초안'을 채택할 것을 제안했다. 이사회는 이 초안들을 9월 22일 각국 정부로 보내 심의토록 한 뒤, 그 의견을 IAEA 총회에 송부하도록 하고 9월 24일부터 26일까지 개최된 총회 특별회의 기간 중 26일 정식으로 채택했다.

이 협약 제2조와 제5조는 통지와 관련해 다음과 같은 내용을 담고 있다. 즉, 자국의 영토 또는 관할 하에서 원선사고가 발생한 경우, 그 즉시 원인국은 피해국 혹은 피해 예상국에 직접적 또는 IAEA를 통해 사고 내용, 발생 시각을 알려야 하며, 적절한 경우 정확한 위치 등의 정보를 통지해야 한다. 아울러 이 협약 제5조 3항은 "통지의 형태는 즉각적이고 방식은 일회성이 아닌 사태 전개에 따라 추가 관련 정보 등이 적절한 간격으로 보완되어야 한다"고 규정하고 있다. 방사능의 영향을 최소화하기 위해 당사국은 협약 제1조에 명시된 것 이외의 기타 핵사고의 경우에도 통보할 수 있다(제3조). 핵사고 관련 정보를 제공하는 당사국은 방사능 오염으로 인한 피해를 최소화하기 위해 합리적으로 가능한 한, 피해 당사국에 의한 추가 정보 또는 협의 요청에 신속히 응해야 한다(제6조). 제7조에 따르면, 각 당사국은 정보 발송 및 접수 책임자 및 주무당국 그리고 연락처를 IAEA와 다른 당사국에 공표해야 하며, 동시에 그 통지 대상자를 명확히 해야 한다(소병천, 2012: 48).

지난 2011년 3월 후쿠시마 원전사고를 계기로 이 협약에서 규정하고 있는 조기 통보 의무의 범위, 방식, 내용 등의 관점에서 일본의 방사능 오염수 방류행위가 통지 대상의 정보로 간주되어야 하느냐를 놓고 논란이 많았다.1) 일본은 '핵사고의 조기 통보에 관한 협약'과 더불어 1990년 5월 방사능 원자력 안전과 관련한 긴급사태 발생 시 '핵사고 및 방사능 긴급사태 시 지원에 관한 협약' 당사국으로서 활동한다는 내용의 '한일 원자력 협력 각서'를 체결했으나, 후쿠시마 원전에서 나온 방사능에 오염된 물 1만 5천 톤을 바다에 버리겠다고 발표하면서 인접국인 한국 정부에 사전 통보를 하지 않았으며, 한국 측 원전 전문가 파견 요청이 두세 차례 있고서야 겨우 받아들일 정도로 정보 교환에 인색했다. 결과적으로 일본은 '핵사고의 조기 통보에 관한 협약'의 의무를 성실히 이행한 것으로 볼 수 없다는 것이 한국 내에서의 평가이다.

좀 더 근본적으로는 후쿠시마 사태를 통해 이 협약의 내재적 한계가 드러났다는 평가가 지배적이다. 이 협약 제2조에 따르면, 통지 의무국은 영향받는 인접국 또는 IAEA에게 통지를 할 수 있도록 하여 만일 IAEA에게만 통지하는 경우 IAEA가 주변국에 간접 통지하도록 되어 있다. 현 체제에서 협약 당사국은 인접국에 대한 직접 통지보다는 IAEA를 통한 간접 통지 방식을 선호한다. 그러나 이 협약 제5조에 따르면, 피해국 혹은 피해 예상국에 즉시 제공해야 하는 정보로 "조치되거나 계획된 주변 지역 방호 조치"에 해당 조치가 포함될 수 있으며 "방사능 물질의 초국경적 확산과 관련된… 예측 가능한 진행 상황"에 오염수 방류 조치가 포함될 수 있다. 또한 2001년 '위험한 활동에서 야기된 초국경 피해 예방에 관한 규정 초안' 제17조는 원인국이 지체 없이, 그리고 가장 신속한 방법으로 긴급사태에 영향을 받을 수 있는 국가들에 모든 관련된 유용한 정보들을 통지할 것을 규정하고 있다. 협약상 통지 요건은 '방사능의 유출'과 같은 대안적인 표현이 아닌 '사건의 발생'에 초점이 맞추어 규정되어 있다. 다만 이 협약은 원인국이 방사능이나 다른 위험 물질의 노출로 인한 원자력 사고 이후에 반드시 지속적이고 반복적인 통지를 하도록 종용하고 있긴 하지만 이러한 종류의 통지를 발송하는 구체적인 빈도는 결정적으로 원인국의 재량에 맡기고 있다. 추가적인 방사능 유출이 일어나거나 그러한 유출이 예측 가능할 때, 이러한 의무에 강

1) 일본 후쿠시마 원전사고로 인해 인근 해역은 물론이거니와 먼 바다에서도 높은 수치의 방사성 요오드가 검출되었다. 이것은 곧 원자력 발전소의 방사성 물질이 해양으로 유입되었다는 것을 의미하는 바, 빠른 시일 내에 해류를 통해 확산될 수 있다는 점에서 초국경적인 환경 피해를 야기할 수 있게 되었다. 더욱이 사고해역에서 거리가 먼 남쪽 해역에서도 기준치의 2배에 달하는 방사성 요오드가 검출된 바 있다. 특히 집중 폐기물 처리시설에서 보관하던 저농도 오염수를 아무런 절차를 거치지 않고 해양에 배출하여 국경을 넘는 해양오염이 가속화되었다는 우려의 목소리도 높다.

제성을 부여할지의 여부를 놓고 논란이 계속되고 있다(소병천, 2012: 50-52).

3) 핵사고 또는 방사능 긴급사태 시 지원에 관한 협약

체르노빌 사건 이후 핵사고 또는 방사능 비상사태를 최소화하기 위한 회원국 간 협력의 중요성이 커졌다. '핵사고 또는 방사능 긴급사태 시 지원에 관한 협약'은 핵사고나 방사능 유출 등 긴급사태의 경우 그 영향을 최소화하고, 그러한 방사능 유출로 인한 생명, 재산 및 환경을 보호하기 위한 신속한 지원과 원조를 용이하게 하도록 당사국 간 및 IAEA와의 협력을 위한 국제적 골격 수립을 목적으로 한다. 핵사고나 방사능 물질에 의한 긴급사태 시 사고 발생 국가는 필요한 지원의 범위와 종류를 명확히 하고, 지원국에 필요한 정보를 제공함으로써 타국이나 IAEA로부터의 지원을 요청할 수 있으며, 지원을 요청받은 국가는 지원 여부를 즉시 결정하여 요청 국가에 원조를 부여할 수 있는지 여부를 통고해 주어야 하는 내용들이 포함된다. 또한, 당사국의 지원을 용이하게 하기 위해 지원의 방향과 통제, 권한 있는 국가기관, 비용의 변제, 정보의 비밀 보호 및 지원을 제공하는 과정에서 피해를 입은 개인이나 재산과 관련된 특권면제 규칙, 청구 및 보상 등에 관한 여러 가지 행정 절차적 규정들을 포함한다.

4) 핵안전에 관한 협약

체르노빌 사건 이후 개최된 특별 검토 회의에서 IAEA 회원국들은 핵·방사능 안전, 안보 및 환경 보호의 보장에 관한 개별 국가들의 책임을 확인하고, 그러한 문제들에 대한 협약을 촉진하고 용이하게 하는 데 IAEA의 중심적인 역할을 인정한 바 있다. 동시에 핵에너지에 관한 국제 규범의 강화 수단으로서 의무적인 최소 국제 안전 기준의 채택 가능성을 고려하기 시작했다. 온갖 우여곡절 끝에 IAEA 주도 하에 1994년 6월 '핵안전에 관한 협약'이 채택되었다. 이 협약은 체약국의 관할권 하에 속한, 지상에 기반을 둔 민간 핵발전시설들(land-based civilian nuclear power plants)에 한해 적용된다. 여기에는 방사성 물질을 위한 시설 내 저장, 가공 및 취급이 포함된다. 이 협약은 ① 전 세계적으로 높은 수준의 핵안전을 달성 및 유지하고, ② 잠재적인 방사능 위협으로부터 핵시설 내의 효과적인 방어를 구축 및 유지하며, ③ 방사능 결과를 야기하는 사고를 예방하는 데에 그 목적이 있다. 이 협약상의 체약국들은 핵시설 설치에 관해 IAEA가 제시한 핵시설 안전에 관한 기본 원칙을 준수해야 하는데, 이는 입법적 및 규제적 제도의 시행, 규제기구 수립, 기술적인 안전 의무 준수 등을 포함한다. 여기서 기술적인 안전 의무에는 부지, 설계, 건축, 가동 및 적합한 재정 혹은 인적 자원의 이용, 안전에 관한 평가와 확증, 품질 보증 및 긴급사태 예방을 포함한다(IAEA, 2010).

5) 사용 후 핵연료 및 방사성 폐기물 관리의 안전에 관한 공동협약

이 협약은 1996년 발효된 '핵안전에 관한 협약'의 자매 협약 성격으로 1997년 9월에 채택되었으며, 전자에서 제외된 해체시설, 사용 후 핵연료 및 방사성 폐기물을 안전하게 관리하기 위한 국제 규범으로서의 지위를 가진다. 또한 인류 보건과 환경 보호를 보장하기 위해 발생국 내에 방사성 폐기물 및 사용 후 핵연료를 안전하게 관리·처분토록 함을 목적으로 한다(2012 서울 핵안보정상회의).

최근에는 이 협약을 근거로 후쿠시마 원전사고로 인한 저농도 오염수의 배출에 대해 일본의 법적 책임을 물을 수 있는지의 여부를 놓고 논란이 있었다. 후쿠시마 원전사고에 의한 해양오염은 원자로를 냉각하기 위해 투입되었던 해수가 콘크리트 균열로 인해 바다로 유출된 것과 후쿠시마 원전에서 방사성 물질을 가진 오염수를 해양에 고의적으로 배출한 것이 원인으로 꼽힌다. 한편, '사용 후 핵연료, 방사성 폐기물 관리의 안전에 관한 공동협약'은 사용 후 연료 배출은 금지하고 있는 반면 방사성 폐기물의 경우에는 배출을 허용한다. 하지만 이는 규제받고 있는 원자력 설비에서 정상적인 운영 중에 발생하는 액체 또는 기체 상태의 방사성 물질을 규제기관에서 허용한 범위 안에서 계획적이고 통제된 상태로 환경으로 내보내는 합법적 행위로서의 배출을 의미한다. 따라서 후쿠시마에서의 방사능 오염수 배출의 경우는 협약에 의해 인정된 배출로 보기 어렵다. 그러나 이 협약에서 정의하는 '사용 후 핵연료'는 원자로 노심에서 방사되고 영구적으로 인출되는 핵연료를 의미하고 있기 때문에 배출된 저농도 오염수는 '사용 후 핵연료'에 해당하지 않고, 따라서 계획·통제된 상태에서 환경에 내보낸 합법적 행위에 해당된다고 볼 수 있다. 아울러 이 협약에서는 원자력 설비의 운영 수명 기간 동안 방사성 물질이 계획·통제되지 않은 상태에서 유출사고가 발생하는 경우, 해당 유출을 통제하고 유출로 인한 피해를 완화하는 것을 목적으로 하며, 이 목적을 달성하기 위한 적절한 조치를 시행해야 한다고 규정한다. 그러나 적절한 조치를 취하지 않더라도 이 협약을 근거로 구속력이 있는 규제 수단은 존재하지 않는다(최봉석 · 구지선, 2011: 13-17).

한편, 한국의 경우 이 협약의 맥락에서 중요한 이슈가 되는 것이 바로 한미 원자력협정의 개정 문제이다. 한국은 1956년 미국과 원자력의 비군사적 사용에 관한 협력협정을 최초로 체결했다. 이 협정은 1958년, 1965년 두 차례의 개정 끝에 1972년 '원자력의 민간 이용에 관한 협력을 위한 협정'으로 서명되었으며, 1974년에 개정된 바 있다. 이 협정은 2014년 3월 만료될 예정이었으나 2010년부터 벌여온 한미 간의 협상 끝에 2013년 4월 24일 6차 협상에서 이 협정 개정 시점이 2016년 3월로 2년 연장되었다.

한국은 핵에너지의 평화적 이용에 관한 권리를 근거로 사용 후 핵연료 재처리 권한을 위한 협정 개정을 요구해 왔다. 그러나 미국은 한국의 우라늄 농축과 더불어 사용 후 핵연료 재처리를 제한함으로써 핵 비확산 원칙을 고수해 왔다. 이 협약 제8조 C항에 따르면 미국으로부터 제공된 핵물질의 형질 변경과 관련하여 "미국으로부터 인수된 특수 핵물질이 재처리를 필요로 하거나 인수된 연료물질을 함유하는 연료 성분이 원자로부터 제거되어야 하거나 또는 그 형태나 내용에 변형을 가하게 되는 경우 양 당사자가 수락하는 시설 내에서 공동으로 결정하여 재처리 또는 변형한다"고 명시함으로써 한국의 사용 후 핵연료 재처리와 관련하여 미국의 동의를 요구하고 있다.

2013년 4월 양국은 6번째의 협상 끝에 2014년 3월에 만료되는 협정문을 개정 없이 시효를 2년 연장하고, 분기별로 수석대표 협상 개최에 합의했다. 개정 협상의 핵심 쟁점이었던 우라늄 농축 및 사용 후 핵연료 재처리에 대한 개정 사항은 포함되지 않았다. 한국은 여전히 '제한적 협력국(핵연료 농축 · 재처리 금지 대상국, 4등급)' 지위를 벗어나지 못하고 있다. 미국이 주장하는 국제사회의 핵 비확산 원칙은 북한의 3차 핵실험에 따른 한반도의 긴장 고조 이후 더욱 공고해졌다. 미국은 한국에 대한 농축 재처리의 허용이 북핵 위협을 명분으로 한 한반도 내 핵무장으로 이어질 수 있다는 점을 경계하며, 동북아 내 핵 도미노 현상을 통한 핵 비확산 체제의 붕괴를 우려하는 것이다. 이는 향후 미국이 타국과 원자력 협정을 체결하면서 우라늄 농축과 재처리를 모두 금지하는 기존의 정책을 그대로 유지하는 한편 전 세계의 비핵화를 일관되게 추구할 것임을 보여준다. 또한 미국의 비핵화 원칙은 협상 상대국에 대한 포괄적 동의 방식을 인정하지 않겠다는 미국 측 의지의 반영이기도 하다. 한국은 원자력 발전 과정에서 핵폐기물인 사용 후 핵연료가 매년 700t가량 나오고 있지만, 미국과의 협정에 따라 원전 내 임시 저장시설에 보관할 수밖에 없다. 미국 측은 한국과의 협정 개정 시 1978년 NPT 발효 이후 만든 모델 협정에 준하겠다는 것과 더 이상 포괄적 동의 방식을 적용하지 않겠다는 입장을 고수해 왔다(문정인, 2013; 정원엽, 2013).

미국의 모델 협정에 예외를 둔 대표적 사례가 일본 및 유라톰(EURATOM)과의 원자력 협력 협정이다.[2] 1988년 미일 원자력협정 개정 당시 미국은 일본에 '전면적 협력국'이라는 1등급 지위를 부여하며 농축과 재처리에 대해 '포괄적 사전 동의 방식'을 허용한 바 있다. '포괄적인 사전 동의 방식'이란 재처리에 필요한 미국의 사전 동의권 등의 핵물질에 관한 공급국 정부의 규제권을 개별의 사례별로 행사하는 것이 아닌, 사전에 일정한 조건을 정해 그 범위 안에서의 재처리 등의 제반 활동에 대해서는 개별적으로 규제권을 행사하지 않고 일괄하여 승인하는 방식이다. 즉, 기존의 사전 동의 방식에 원료의 구입에서부터 농축, 발전, 재처리, 수송, 폐기물 처리 등의 모든 과정을 사전에 제시하여 일괄 동의를 획득하는 방식이다. 세계 유일의 피폭국이며 에너지의 해외 의존도가 높은 일본은 미국의 '핵의 평화적 이용'을 계기로 핵에너지 이용을 위한 연구개발을 시작했다. 비핵국가를 스스로 자처하는 일본의 NPT 가입은 6년이라는 시간이 걸려 1976년 비준되었다. 미국이 재처리 시설의 보유를 반대하지 않는다는 거듭된 약속 끝에 일본 의회가 이를 비준한 것이다. 더욱이 일본은 미국의 핵무기 공격의 피해 당사국이다 보니, 비핵화 의지에 대해 상대적으로 쉽게 미국 정부를 납득시킬 수 있었다. 그뿐만 아니라 1988년 미일 원자력협정 개정 당시의 국제적 정세만 하더라도, 핵확산 문제가 지금과 같이 중대한 쟁점이 아니었다. 또한 일본의 경우 정치력과 경제력도 크게 영향을 미쳤다(김지연, 2002: 137; 진태종, 2011: 128; 문정인, 2013).

따라서 한국의 경우 일본과 동등한 수준의 양보를 미국으로부터 받아내기는 현실적으로 매우 어려울 것으로 판단된다. 특히 핵무기 확산을 반대해 온 미국 오바마 행정부는 한국 정부가 요구해 온 재활용 기술인 파이로 프로세싱(pyro-processing)에

2) 유라톰에 관한 자세한 내용은 Cho(2012)를 참조.

대해 핵무기 전용 가능성이 있다는 이유로 부정적인 입장을 견지해 왔다. 미국 에너지부 산하 6개 연구소가 2009년 공동으로 발표한 보고서에 따르면 파이로 프로세싱을 거친 플루토늄 복합물에서 순수 플루토늄만 추출하는 것은 어렵지 않다고 한다. 그러나 한국이 선호하는 파이로 프로세싱은 순수한 플루토늄을 회수할 수 없기 때문에 핵확산 저항성이 상대적으로 큰 처리 방식이라고 볼 수 있다는 의견이 존재한다.[3] 이에 따라 미국의 핵 비확산 원칙과 한국의 평화적인 핵 이용에 관한 권리가 동시에 공존할 수 있는 대안이 요구된다(이상현, 2011: 265; 유신모, 2013).

4 맺음말

이 장에서는 환경 보호와 관련된 주요 핵 조약 및 협약들을 그 목적과 범위에 따라 살펴보았다. 우선 핵무기의 실험을 금지하는 협약으로는 크게 '대기, 외기, 수중에서의 핵무기 실험 금지조약'과 '핵무기 및 기타 대량 파괴 무기의 해저, 해상 및 그 하층토에 있어서의 설치 금지에 관한 조약'이 있다. 이 중에서 '대기, 외기, 수중에서의 핵무기 실험 금지조약'은 '핵확산 금지조약' 및 '포괄적 핵실험 금지조약'과 더불어 냉전 이래 핵보유국 간의 핵무기 경쟁이 어떠한 방식으로 통제되어 왔는지를 보여준다. 이 조약은 미국, 영국, 소련 3국을 중심으로 핵실험 시 방사능 물질에 의한 환경오염을 방지하기 위해 채택되었다. 그러나 최초의 핵무기 통제 조약이라는 제도적인 의의에도 불구하고, 신생 핵보유국의 등장을 경계하는 기존 핵보유국의 이해 관계가 반영되었다는 점에서 한계를 지니고 있다.

다음으로 핵안전과 관련해서는 '핵물질의 방호에 관한 협약', '핵사고의 조기 통보에 관한 협약', '핵사고 또는 방사능 긴급사태 시 지원에 관한 협약', '핵안전에 관한

3) 미국이나 프랑스 등이 보유한 기존 사용 후 핵연료 습식(濕式) 재처리 기술은 사용 후 핵연료에서 우라늄과 플루토늄 등을 분리해 핵폭탄 원료로 사용할 수 있다. 파이로 프로세싱은 건식(乾式)이며 원소별 분리를 할 수 없으면서도 원전 연료로 재활용할 수 있는 차세대 기술이다. 건식 재처리 기술은 습식 재처리 관리 방식에 비해 대용량 취급이 어려우며 기술 및 경제성 검증이 필요한 단점이 있는 반면 독성도 및 발열량이 크게 감소함에 따라 처분 효율성이 증대하여 지속가능성에 부합하며 '더러운 연료(dirty fuel)' 개념을 만족시켜 핵 비확산성을 만족시킨다는 이점이 있다. 한국이 처한 여건을 고려할 때, 습식 재처리 관리 방식은 비현실적이며, 직접 영구 처분은 가능하나 시간적 그리고 정치적 비용이 상당할 것으로 예상된다(이상현, 2011: 266-268).

협약', '사용 후 핵연료 방사성 폐기물 관리 안전에 관한 공동 협약'을 살펴보았다. 특히 '핵사고 또는 방사능 긴급사태 시 지원에 관한 협약' 및 '핵안전에 관한 협약'은 1986년 체르노빌 원자력발전소 폭발 사건 이후 방사능 혹은 핵물질에 의한 비상사태를 최소화하는 한편 사고에 따른 안전의 확보를 목표로 삼는다. 이에 따라 IAEA를 중심으로 회원국 간의 적절한 규제 제도를 시행하고 있다. 한편 '사용 후 핵연료 및 방사성 폐기물 관리 안전에 관한 공동협약'은 '핵안전에 관한 협약'을 모델로 삼아 채택되었으며, 핵연료 및 방사성 폐기물의 사후 처리에서 국가들이 지켜야 할 안전에 관한 법규범을 정립했다. 단, 이 조약과 관련하여 조문을 해석하는 데에 법적 모호성이 존재하는 바, 향후 조약의 내용을 좀 더 구체화하여 일관성 있는 법의 규율을 확보할 수 있는 별도의 작업이 필요하다.

21세기 국제 안보환경에서 핵에너지의 이용은 개별 주권 국가들의 평화적인 핵 사용의 권리에 근거하고 있다. 그러나 핵에너지 이용 증가에 따른 환경상의 오염과 핵연료 처리 방식에 관해서는 당사국들 간에 끊임없이 논란이 제기되고 있다. 앞서 살펴본 핵무기 실험 금지에 관련된 협약들은 주로 초기의 핵보유 국가들을 중심으로 채택되었다. 그러나 핵무기 통제와 관련하여 핵 확산의 수직적 및 수평적 금지를 동시에 달성하기 위해서는 좀 더 폭넓은 국제사회의 지지가 필요하다. 핵안전에 관한 협약들 또한 조문상의 법적 규율이 실제 핵사고에 관한 긴급사태가 발생했을 경우 협약의 목적을 실효적으로 달성할 수 있는지를 판단하여, 조문의 해석과 범위에 관한 국제사회의 추가적인 합의가 필요하다. 이를 통해 전 인류의 환경 보호라는 가치와 핵의 평화적 이용 및 개발에 관한 권리가 공존할 수 있는 기반이 확립될 수 있을 것이다.

제 9 장 유해폐기물협약

〈바젤협약(Basel Convention)〉

- 채택일: 1989. 3. 22
- 발효일: 1992. 5. 5
- 우리나라 가입일: 1994. 2. 28
- 우리나라 발효일: 1994. 5. 29

1 머리말

산업이 고도화됨에 따라 발생하는 폐기물의 종류도 다양해지고 유해성이 입증되지 않은 폐기물, 처리가 어려운 악성 폐기물 등이 산업활동에 수반되어 다량으로 발생하고 있다. 선진국의 일부 기업체들은 이와 같은 유해 폐기물을 자국의 엄격한 폐기물 규제를 피해 아프리카 후진국, 동구권 등 개발도상국에 불법 투기, 매립함으로써 이들 국가와의 국제분쟁을 야기했다. 특히 '재활용'이라는 명목으로 선진국으로부터 개발도상국에 대해 유해 폐기물이 아무런 정화 조치 없이 그대로 수출되어 각종 오염이 발생하는 문제는 1970년대를 기점으로 심화되었다. 이에 영향을 받은 유엔환경계획(United Nations Environmental Program: UNEP)은 제14차 집행이사회에서 "유해 폐기물의 환경적으로 건전한 관리를 위한 카이로 지침 및 원칙"을 채택하게 되었고, 유엔 총회로 하여금 관련 국제협약의 정립을 권고하는 데 이르게 되었다.

바젤협약은 지구환경 보호를 위해 유해 폐기물의 국가 간 교역을 규제하려는 국제협약으로서 가입국과 비가입국 사이의 유해 폐기물 수출입을 금지하는 것, 협약 당사국 간에는 유해 폐기물 교역이 가능하긴 하나 국가의 승인을 받아야 한다는 것, 그리고 규제 대상 폐기물 처리 방안에 관한 것을 주요 내용으로 하고 있다. 또한 유해 폐기물의 국가 이동과 관련하여 규제 대상 유해 폐기물의 종류, 협약 당사국의 권리 의무 및 협약 당사국 간 협조 사항 등을 규정하고 있으며, 아울러 유해 폐기물 관리와 협약 준수를 돕기 위한 개도국에의 기술 이전 등을 핵심 내용으로 정리할 수 있다.

1987년 12월 제42차 유엔 총회에서 유해 폐기물의 이동 규제에 관한 국제협약의 정립을 결의했으며, 1988~1989년 유엔 주관의 협약문 작성을 위한 다섯 차례 실무회의 후 스위스 바젤에서 1989년 3월 '유해 폐기물의 국가 간 이동 및 그 처리의 통제에 관한 바젤협약'이 채택되고 1992년 5월 발효되었다.

2 바젤협약의 채택 배경

유해 폐기물의 국가 간 이동문제는 1976년 이탈리아의 '세베소 사건'을 통해 EC와 OECD의 논의 대상이 되었다(김영생, 2008). 세베소 사건은 농약 오염물질에 관한 프랑스와 이탈리아의 분쟁으로 1976년 이탈리아 북부 롬바르디아주 세베소(Seveso)의 농약공장에서 폭발사고가 발생했는데 이 오염물질을 수거하여 프랑스의 북부 지방으로 밀반출되는 사태가 발생했다. 이 오염물질의 인수를 둘러싸고 프랑스와 이탈리아 간 분쟁이 발생했고, 농약공장의 모기업 소속국인 스위스가 도의적 책임을 지고 오염물질을 인수한 사례이다.

참고 세베소 사건

- 1976년 7월 10일 이탈리아 북부 세베소시(市)에 있는 농약제조회사 ICMESA사의 트리클로로페놀(2,4,6-trichlorophenol) 생산공장에서 반응기 내부의 과압으로 인해 안전밸브가 열렸고, 반응기 내부에 있던 다량의 유독성 화학물질이 대기로 방출되는 사건이 발생했다.
- 누출된 유독가스 중에는 염소가스 이외에도 다이옥신 (2, 3, 7, 8-tetrachloro dibenzodioxin)이 2㎏ 함유되어 있었던 것으로 알려지고 있다.
- 15분 동안의 유독가스 누출에 의해 독성구름이 세베소를 비롯한 인근 5㎞ 이내의 11개 마을에 퍼져 나갔으며, 누출된 화학물질 속에 함유된 염소가스로 인해 수백 마리의 동물이 죽거나 병들었고, 많은 사람이 피부병에 걸리게 되었다.

- 누출이 시작된 지 6일 만에 12명의 어린이가 입원했으며, 그 후 3만 2,000여 명의 어린이를 조사한 결과 187명이 염소가스로 화상을 입은 것으로 나타났다.
- 400여 명의 임산부 중에서 51명이 이 사건으로 유산하게 되었으며, 100여 명은 태아의 기형 발생을 우려한 나머지 낙태를 실시했고, 낙태를 금기시하는 로마 가톨릭 교황청은 이 사건 피해자들에 대해 낙태를 허용하는 교회령을 발표하기도 했다.
- 또한 다이옥신에 의한 토양오염도 심각한 수준에 이르렀다. 약 1,800ha의 토양이 60cm 깊이까지 오염되어 직접적 재산 피해는 약 2억 5,000 만 달러로 추산되고 있다.

이후 1984년 OECD는 유해 폐기물의 국가 간 이동을 통제하고 이동이 이루어질 때에는 적절한 방법으로 정보를 제공할 것을 결의했다. 이에 따라 OECD 회원국은 비회원국에 유해 폐기물을 수출할 때에는 수입국의 동의를 얻도록 했고, 이 경우 수입국은 적절한 처리 기술과 시설을 보유하고 있어야 한다. 이러한 원칙은 후에 바젤협약의 근간이 되었다.

그뿐만 아니라 재활용이라는 명목으로 선진국으로부터 개발도상국에 대해 유해 폐기물이 아무런 정화 조치 없이 그대로 수출되어 각종 오염을 유발시키는 문제가 1970년대를 기점으로 나타나기 시작했다. 이에 영향을 받은 UNEP는 제14차 집행이사회에서 "유해 폐기물의 환경적으로 건전한 관리를 위한 카이로 지침 및 원칙(Cairo Guidelines and Principles for the Environmentally Sound Management of Hazardous Wastes)"을 채택하기에 이르렀고, 유엔 총회로 하여금 관련 국제협약의 정립을 권고하도록 만들었다. 이를 통해 1987년 12월 제42차 유엔 총회에서 유해 폐기물의 이동 규제에 관한 국제협약 정립을 결의했다. 또한 1988년부터 1989년까지 유엔 주관 협약문 작성을 위한 다섯 차례의 실무회의 후 UNEP의 주관으로 105개국이 1989년 3월 22일 스위스 바젤에서 회동하여 바젤협약에 서명했고 1992년 5월 5일 발효되었다. 2012년 현재 바젤협약 당사국은 179개국으로 178개 개별 국가와 유럽연합 단체회원으로 구성되어 있다. 미국, 아프가니스탄, 아이티 등의 국가들은 협약에 서명은 했으나 비준은 하지 않은 상태이다. 우리나라는 1994년 2월 바젤협약에 가입했다.

3 바젤협약의 주요 내용

1) 바젤협약에 관한 이해

바젤협약은 유해 폐기물의 국제적 거래를 규제하기 위한 다자조약으로서 이러한 폐기물의 국가 간 교역을 최소화하고 그 불법 교역을 규제하는 등 유해 폐기물의 국가 간 이동에 관한 하나의 공동 규범으로 자리매김했다. 특히 바젤협약은 선진국이 유해 폐기물을 개발도상국에 이전하는 방식으로 폐기물을 처리하는 것을 금지시키는 데 기본적인 목적이 있다. 개발도상국은 유해 폐기물의 위험성을 알면서도 외화 획득 목적으로 이를 허용해 왔는데, 전통적으로 각국의 주권에 따라 유해 폐기물을 받아들였으므로 이를 금지하고 감시하는 국제 제도로서 바젤협약이 성립된 것이다. 이를 통해 개발도상국이 선진국으로부터 무분별하게 유해 폐기물을 수입하는 것을 사전에 통제할 수 있는 발판이 마련되었고, 선진국 역시 유해 폐기물의 국제적 교역으로 인해 발생된 개발도상국과의 마찰을 해소할 수 있는 계기가 되었다고 평가할 수 있다.

바젤협약의 기본 원칙은 다음과 같다(Rummel-Bulska, 1996).

첫째, 유해 폐기물의 국가 간 이동은 환경적으로 건전한 관리와 부합되는 최소한의 수준으로 감소되어야 한다.

둘째, 유해 폐기물은 유해 폐기물이 발생한 장소에서 가장 가까운 위치에서 관리되고 처리되어야 한다.

셋째, 유해 폐기물은 발생지에서 발생이 감소되고 최소화되어야 한다.

넷째, 유해 폐기물의 불법적 국가 간 이동은 금지되어야 한다.

바젤협약을 통해 개발도상국은 선진국으로부터 무분별하게 유해 폐기물을 수입하는 것을 사전에 통제할 수 있는 근간이 되었고, 선진국 역시 유해 폐기물의 국제적 교역으로 인해 야기된 개발도상국과의 마찰을 해소할 수 있게 되었다.

바젤협약은 규제 대상으로서 유해 폐기물의 종류와 협약 당사국의 권리와 의무, 그리고 당사국 간 협조 사항 등에 대해 규정하고 있다.

(1) 유해 폐기물의 정의

바젤협약은 유해 폐기물을 정의할 때 1985년 OECD가 제정한 유해 폐기물에 관한 협정 초안의 정의를 차용하고 있다. 이에 따라 폐기물이란 국내법 규정에 의거해 처리되거나, 처리가 의도되거나, 처리가 요구되는 물질 또는 물건을 의미한다(유엔환경계획 한국위원회, 2002). 처리의 용어가 의미하는 것은 자원 회수, 재활용, 재생 이용, 직접적인 재사용, 대체 이용, 매립, 소각, 내륙 수역에의 투기, 해양 투기 등을 포함하고 있다.

바젤협약에서는 유해 폐기물에 대한 한 가지 정의를 채택하기보다 유해하다고 판단되는 폐기물을 약 47개의 범주로 나누어 설명하고 있다(부속서 I). 그 중 18가지는 폐기물 배출(의료폐기물, 광유, 천연석유, 폴리클로리네이티드비페닐 등)과 일정 구성 성분(수은, 납, 유기시안, 할로겐화 유기 용매제 등)을 포함하는 27가지 폐기물로 구분된다. 이와 더불어 기타 폐기물로는 가정으로부터 수거된 폐기물과 가정 폐기물의 소각 폐기물이 포함된다. 부속서 I에 속하는 폐기물 중 부속서 III에 규정된 유해 특성을 가진 폐기물이 국가 간 이동 규제의 대상이 된다. 부속서 III에 규정된 유해 폐기물의 특성은 폭발성, 발화성, 산화성, 즉시연소성, 독성, 중독성 가스 발생, 중독성, 생태유해성 등으로 분류된다.

그러나 이상과 같이 부속서 I에 속하는 폐기물 범주 중 부속서 III의 유해 특성을 가진 것을 유해 폐기물로 규정하는 것이 실제 적용에 어려움이 있다고 문제가 제기됨에 따라 1998년 2월 말레이시아에서 개최된 제4차 당사국총회에서 규제 대상 폐기물 목록을 작성했다. 통제 대상 폐기물은 목록 A(부속서 VIII), 비통제 대상 폐기물은 목록 B(부속서 IX)로 규정했다.

바젤협약은 그 규제 대상을 산업폐기물이나 가정폐기물에 한정하여, 방사성폐기물이나 선박의 통상적인 활동에서 생기는 폐기물에는 다른 국제환경협약이 적용되고 있다. 협약의 적용 대상에서 모든 핵폐기물이 제외된 것은 이러한 폐기물이 국제원자력기구(International Atomic Energy Agency: IAEA)가 규제해야 할 대상이라는 이유 때문이었다(노명준, 2000). 협약의 협상 과정에서 이 문제에 관한 각국 간 많은 논란이 있었다. 최종 협약문은 결국 핵폐기물은 특히 핵물질을 규제하는 다른 국제 규제에 따르기로 한다고 규정함으로써 핵폐기물을 협약의 규제 대상에서 정식으로 제외했다. 그러나 국제 규제 체제(international control system) 자체가 모호하여 그 해석 여하에 따라 특정한 핵폐기물이 협약의 규제 대상에 포함될 수 있는 여지를 남겨놓게 되었다.

또한 선박의 통상적인 운행 과정에서 생긴 폐기물로서 그 배출이 다른 해양오염 관련 조약에 의해 규제되는 것도 바젤협약의 적용 대상에서 제외되고 있다. 이것은 국제해사기구(IMO)의 제안에 기초를 두고 있는데 그 이유는 바젤협약에 의해 규제되는 물질과 선박으로부터의 오염 방지를 위한 국제협약에 의해 규제되는 물질을 명백히 구별하기 위해서이다. 그러나 이 조문의 적용 범위에 관한 논란이 제기되고 있다(Kummer, 1995). '선박의 통상적인 운행 과정에서 생긴 폐기물'이라는 용어는 선박의 목적과 직접적으로 관련된 활동 중에 생긴 폐기물을 지칭하는 것으로 일반적으로 해석되고 있는데, 이 제외 조항을 너무 광의로 해석하는 경우 선박의 청소 과정에서 생긴 유해 찌꺼기를 바젤협약의 규제 대상에서 제외시키는 위험을 발생시킬 수 있기 때문이다.

(2) 협약의 주요 내용

지구환경의 보호를 위해 유해 폐기물의 국가 간 교역을 규제하는 바젤협약의 주요 내용은 가입국과 비가입국 간 유해 폐기물의 수출입을 금지하는 것, 협약국 간에는 유해물 교역이 가능하되 국가 승인을 받을 것, 규제 대상인 폐기물의 처리 등에 관한 규정이다.

① 수입 규제

첫째, 바젤협약 당사국은 비당사국으로부터 유해 폐기물을 수입할 수 없다. 다만 바젤협약의 규정보다 완화되지 않는 양자간, 다자간 및 지역협정이 있는 경우 이에 따를 수 있다. 즉, 바젤협약은 바젤협약보다 높은 기준의 양자간, 다자간 및 지역협정의 폐기물 처리 규정을 훼손하지 않고 있다. 예를 들어 OECD의 폐기물 통제 규정은 OECD 국가 간 재활용 목적의 폐기물 이동은 허용하고 있다. OECD 국가 중 일방이 바젤협약 당사국이 아닌 경우 수입은 바젤협약이 인정한다는 것을 의미한다.

둘째, 바젤협약 당사국은 유해 폐기물을 환경적으로 건전하게 관리할 수 없다는 이유가 있는 경우 유해 폐기물의 수입을 금지하는 조치를 취해야 한다. 환경적으로 건전한 관리의 기술적 기준은 바젤협약 사무국에서 설정한다. 그러나 당사국의 국내 법률이나 국내 규정이 바젤협약의 기술적 기준과 차이가 존재할 경우 이에 대한 논의는 아직까지 부재하다고 평가할 수 있다.

셋째, 바젤협약은 외국의 유해 폐기물을 자국 영토 내로 반입하거나 자국 영토 내에서 처리하는 것을 해당국의 주권적 권한으로 인정하나, 바젤협약이 정한 기준을 초과할 경우 수입을 규제할 수 있다.

넷째, 유해 폐기물의 국제적 이동 시에는 포장, 라벨링, 운송 등과 관련하여 국제적 규정과 기준이 적용되어야 한다. 모든 이동 서류에는 유해 폐기물의 이동 시작 지점으로부터 처리 지점까지 명시되어야 한다.

② 수출 규제

첫째, 바젤협약 당사국은 유해 폐기물의 수입을 금지하고 있는 다른 당사국에 유해 폐기물을 수출할 수 없다.

둘째, 바젤협약 당사국은 비당사국에 유해 폐기물을 수출할 수 없다. 바젤협약의 규정보다 완화되지 않은 양자간, 다자간 및 지역협정이 있는 경우 이에 따라야 한다.

셋째, 바젤협약 당사국은 남위 60도 남쪽 지역에서의 폐기물 처리를 목적으로 유해 폐기물을 수출할 수 없다. 이는 남극지역에 폐기물을 유기하는 것을 방지하기 위해서이다.

넷째, 바젤협약 각 당사국은 수출된 유해 폐기물이 수입국이나 다른 나라에서 환경적으로 건전하게 관리된다는 것을 보장해야 한다. 따라서 수출국은 수입국의 환경관리 능력을 평가할 의무가 있으며, 유해 폐기물 처리 기술이 부족하다고 판단되는 나라에 대해서는 유해 폐기물을 수출할 수 없다.

다섯째, 1994년 3월 제2차 협약 당사국총회에서 선진국으로부터 개발도상국으로의 폐기물 수출을 즉시 금지하기로 결정했다.

③ 불법교역

바젤협약에 따르지 않는 폐기물의 국가 간 이동, 즉 '불법 교역'은 단속 대상이다. 바젤협약이 정의하는 불법 교역은 다음과 같다.

첫째, 관련된 모든 나라에 바젤협약이 규정한 통보 절차 없이 폐기물을 교역한 경우

둘째, 관련된 나라의 동의 없이 폐기물을 교역한 경우

셋째, 허위 문서에 의하거나 사기 행위에 의해 폐기물 수입에 관한 동의를 얻은

경우

넷째, 이동 서류가 미비된 경우

다섯째, 바젤협약 또는 국제 법규를 위반하여 폐기물을 처리하는 경우

폐기물을 불법 수출한 수출국의 정부는 수출자 또는 폐기물 생산자로 하여금 수출된 폐기물을 회수하게 하거나 수출자 등이 회수하지 않을 경우 수출국 정부가 회수해야 한다. 회수된 폐기물은 바젤협약이 규정한 바에 따라 처리되어야 한다. 만약 수입업자 또는 처리업자의 잘못으로 불법 교역이 이루어진 경우 수입업자, 처리업자 또는 수입국 정부가 문제의 폐기물을 환경적으로 건전한 방법으로 처리해야 한다.

④ 책임배상 제도

유해 폐기물의 불법 투하나 사고로 인한 유출로 발생하는 손해에 대한 책임과 배상 문제는 1993년부터 논의되어 왔으며, 1999년 12월 스위스 바젤에서 개최된 제5차 당사국총회에서 '유해 폐기물의 국가 간 이동 및 처리로부터 발생하는 손해에 대한 책임과 배상에 관한 의정서'가 채택되었다.

책임 배상에 관한 의정서는 유해 폐기물의 국가 간 이동으로 인해 발생하는 손해에 대해 적절하고 신속한 배상과 책임을 지우는 규정으로서 폐기물의 불법 거래도 포함한다. 유해 폐기물의 국가 간 이동으로부터 손해가 발생했을 때 과실 책임에 대해서는 무한책임을 진다. 배상의 적용 시점은 수출국이 당사국인 경우에는 처리자가 폐기물을 인수할 때까지, 수입국이 당사국인 경우 처리자가 인수한 시점부터이다. 수출입국 모두 바젤협약 당사국이 아닌 경우에는 책임 배상을 적용하지 않는다. 바젤협약은 책임배상의정서에 의해 무과실 책임에 대해서도 엄격한 책임의 원칙을 적용함으로써 선진국이 유해 폐기물을 개발도상국에 유기하는 문제점을 저지하고 있다. 또한 바젤협약의 책임배상의정서는 환경협약 중 책임 배상 문제를 채택한 최초의 국제 규범이라는 데 의의가 있다. 그러나 환경단체들은 책임배상의정서에 유해 폐기물의 희생자에 대한 구제 조치가 규정되어 있지 않음을 비난하고 있다(김영생, 2008).

⑤ 비무역 조치

바젤협약은 무역 조치의 효과성을 높이기 위해 일련의 보완 조치를 구축하고 있다. 첫째, 유해 폐기물의 국가 간 이동 및 관리에 관한 각국의 국내 입법 과정을 돕기 위해 1992년 입법 모델을 작성했고, 둘째, 유해 폐기물의 발생과 이동에 관한 정보 수

집을 실시하고 있다. 셋째, 개발도상국의 유해 폐기물 발생 감소와 처리 능력의 향상을 위해 개발도상국 지원 기술 협조 신탁기금(Technical Cooperation Trust Fund to Support Developing Countries)을 설립했다. 그러나 그 출연금이 적어 연간 예산 집행액이 1.5백만 달러에 지나지 않고 있다.

4 바젤협약과 관련된 문제

세계무역기구(WTO)와 다른 기구들에 의한 자유무역 확대와 환경 보호를 위한 여러 국제적 노력들로 인해 환경과 무역은 새로운 국면에 접어들고 있다. 바젤협약은 국제무역에 대해 두 가지 조항을 포함하고 있다.

첫째, 협약 당사국은 유해 폐기물 또는 기타 폐기물이 비당사국에게 수출되거나 수입되는 것을 허가하지 않는다는 조항이다(제4조 제5항).

둘째, 당사국은 유해 폐기물 수입을 거부할 권리가 있다는 조항이다(제4조 제1항). 그러나 이러한 바젤협약상의 무역 제한 조치는 세계무역기구 체제상의 자유무역 원칙과 충돌할 가능성이 있다.

1) 바젤협약의 폐기물과 WTO 규칙상 제품의 정의 문제

바젤협약상의 폐기물이 WTO 규칙상의 제품의 정의와 일치하는가? WTO협정은 제품의 무역에 관한 체제로, 협정상 제품의 정의에 대해 명시한 바는 없다. 폐기물이나 제품 모두 국제적으로 이동 가능한 물품으로서 무역의 대상이 된다는 점에서 제품에 적용되는 WTO 규정이 폐기물의 무역에 적용된다고 보아도 무리는 없다(OECD, 1998). 그러나 최종 처리 목적으로 폐기물을 수입할 경우에는 처리 대가를 받고 폐기물을 수입하는 것이므로 제품 거래로 볼 수 없으며, 오히려 폐기물에 대해 처리 서비스를 판매하는 거래로 볼 수 있다. 만약 폐기물 거래를 제품 거래로 보지 않고 서비스 거래로 보는 경우에는 WTO의 '서비스 교역에 관한 일반 협정'의 적용을 받게 될 것이다. 이 규정상 서비스는 정부 서비스를 제외한 모든 서비스를 포함하는 포괄적인 규정을 하고 있어 폐기물 교역이 서비스 거래에 속하는지에 대해서는 논란의 여지가 있다.

2) 최혜국 대우 원칙

관세 및 무역에 관한 일반협정(GATT)은 모든 WTO 회원국은 다른 회원국에 대해 최혜국 대우 원칙(most favored nations treatment)을 지키도록 하고 있다. 최혜국 대우는 유사 제품에 대한 통상 관계 및 관세 부가에서 제3국에 부여하고 있는 조건보다 불리하지 않은 대우를 다른 나라들에게도 해주어야 한다는 원칙이다. 문제는 바젤협약 당사국이 협약상의 의무를 이행할 때 다른 WTO 회원국에 대해 최혜국 대우를 부정할 수도 있다는 것이다. 예를 들어 바젤 협약국인 동시에 WTO 회원국이 A국가가 바젤협약 비회원국이나 WTO 회원국인 B국가와 유해 폐기물 무역을 할 때 수출 금지 또는 수입 금지 조치를 취할 경우 최혜국 대우 원칙을 어기게 된다. A국가는 바젤협약 회원국이나 다른 나라에 대해 유해 폐기물을 수출하거나 수입하면서 B국가와는 수출 또는 수입을 하지 않게 되므로 B국가는 A국가에 대해 WTO 최혜국 대우 원칙에 따라 A와 B국 사이에 폐기물의 수출 또는 수입 거래를 요구할 수도 있다.

이와 같은 상황에서 바젤협약을 정당화하는 방법은 크게 두 가지 측면에서 고려할 수 있다.

첫째, 환경보호 목적의 차별적 무역 조치는 관세 및 무역에 관한 일반협정 제20조 일반 예외 조항에 해당된다는 점이다. 제20조(b)는 인간, 동물, 식물의 생명과 건강을 보호하기 위해, 제20조(g)는 고갈 자원의 보존을 위해 필요한 경우 협정의 자유무역 원칙에 불구하고 무역 제한 조치를 취할 수 있다.

둘째, 바젤협약 제11조에 의하면 양자간, 다자간 및 지역협정에서 수출입 통제가 반드시 필요하다고 인정되는 유해 폐기물에 대해서는 바젤협약과 동일한 수출입 규제를 할 수 있다. 바젤협약 당사국이 비당사국에 대해 유해 폐기물의 수출입을 제한하는 조치를 취하고자 할 경우 상대방으로 하여금 바젤협약에 가입하도록 하는 것과 더불어 양자간, 다자간 혹은 지역협정을 체결하거나 가입하는 하는 것이 좀 더 용이한 작업일 수 있다.

3) 개발도상국의 문제

바젤협약은 개발도상국으로부터의 유해 폐기물 수출이 유발하는 폐해 때문에 국제

사회의 주요 문제로 제기되었다. 1994년 3월 제2차 당사국총회에서 EU, OECD 등으로부터 개발도상국으로의 유해 폐기물 수출을 금지시키는 동시에 재활용 폐기물도 1997년 12월 31일까지 금지시키기로 결정했다.

유해 폐기물을 수입하는 개발도상국의 입장은 첫째, 외국으로부터 수입되는 폐기물이 자국민에게 미치는 악영향으로부터 자국민을 보호하려는 목적이 있고, 둘째로 수입 폐기물을 재활용하여 제2차 원료로 사용하려는 목적이 있다. 후자의 경우 주로 아시아 국가가 해당된다. 개발도상국도 산업 발전과 더불어 폐기물 처리 및 재활용 능력이 향상되었으므로 개발도상국에 대한 전면적인 수출 금지는 부당하다는 주장 역시 제기되고 있다(김영생, 2008).

4) 분쟁 조정

바젤협약의 이행과 관련하여 분쟁이 발생한 경우 당사국 간 합의에 따라 국제사법재판소에 제소하거나 협약에 따른 중재 절차에 의뢰해야 한다. 중재 절차는 협약 제20조 부속서 VI에 규정되어 있는데, 중재신청인 바젤협약 사무국에 중재 신청을 하며, 중재판정부는 3인의 중재인으로 구성된다. 중재신청인과 피신청인은 각각 1인의 중재인을 선정하고 선정된 2인의 중재인이 관련 당사국이 아닌 제3국 1명을 제3의 중재인으로 선정하며, 이 제3의 중재인이 의장이 된다.

중재판정부는 국제법과 바젤협약의 규정에 따라 사건을 판정하는 데 다수결에 의해 결정한다. 중재 판정 기간은 5개월이며 불가피한 경우 추가로 5개월 이내에서 연장할 수 있다. 중재 절차는 단심제이며 관련 당사자는 판정에 승복해야 한다.

아직까지 바젤협약상 무역 제한 조치에 따라 무역 분쟁이 발생하여 WTO에 제소된 사례는 없다. 그러나 이 경우 바젤협약의 분쟁 해결 절차를 적용할 것인지, WTO상의 분쟁 해결 절차를 적용할 것인지에 대한 논의가 필요하다. 다자간 환경협약에 대해 선진국은 환경협약의 분쟁 해결 절차를 우선적으로 적용해야 한다고 주장하는 반면, 개발도상국은 WTO 분쟁 해결 절차를 우선적으로 적용해야 함을 주장하고 있기 때문이다.

5 한국의 폐기물 관리

1) 국내 폐기물 관련 제도

현재 국내의 폐기물을 관리하는 법률은 「폐기물관리법」, 「자원의 절약과 재활용 촉진에 관한 법률」, 「폐기물의 국가 간 이동에 관한 법률」, 「폐기물처리시설설치촉진법」 등이 마련되어 있다.

(1) 폐기물관리법

폐기물관리법은 폐기물 관련 모든 법률의 중심이 되는 것으로서, 이 법의 목적은 "폐기물의 발생을 최대한 억제하고 발생된 폐기물을 적정하게 처리함으로써 환경보전과 국민생활의 질적 향상에 이바지"하는 것이다. 폐기물관리법은 1991년 3월 제정된 후 2011년 개정까지 이어지고 있다.

최근 2007년 8월 법령의 개정을 통해 종전 폐기물의 배출·운반 또는 처리 시 폐기물인계서 또는 폐기물간이인계서를 작성·제출하도록 했으나, 향후 폐기물의 인계·인수에 관한 내용을 전산 처리를 통해 운영하고 처리 증명을 투명화·간소화했다. 또한 바젤협약에 따른 유해 폐기물의 경우에만 폐기물의 국가 간 이동 및 그 처리에 관한 법률에 따른 수출입 허가를 받도록 하되, 그 밖의 폐기물의 경우 별도로 신고하는 관리 제도를 운영하지 않았다. 그러나 앞으로는 그 밖의 폐기물의 경우에도 무분별한 수출입과 적정치 못한 처리에 따른 환경오염 및 국제 분쟁의 소지가 있으므로 환경부 장관에게 신고하도록 개정했다.

(2) 폐기물의 국가 간 이동 및 그 처리에 관한 법률

이 법의 목적은 바젤협약 및 이 협약에 의한 양자간, 다자간 또는 지역협정의 시행을 위해 폐기물의 수출입 및 국내 경유를 규제함으로써 폐기물의 국가 간 이동으로 인한 환경오염을 방지하고 국제 협력을 증진하는 데 있다. 폐기물은 바젤협약 부속서 등에 규정된 폐기물 및 협약 제11조의 규정에 의한 양자간, 다자간 또는 지역협정에서 수출입의 규제가 필요한 것으로 정하는 물질로서 대통령령으로 정하게 된다.

2) 한국의 수출입 대상 폐기물 관리 체계

현재 수출입 관리 대상 폐기물을 수출하기 위해서는 수출하는 폐기물 배출사업장 소재지를 관할하는 유역·지방환경청장의 허가를 받아야 한다. 수출입 관리 대상 폐기물을 수입하는 경우 역시 수입하는 폐기물의 재활용시설이나 처리시설이 설치된 장소를 관할하는 유역·지방환경청장의 허가를 받아야 한다. 이러한 폐기물이 국내를 경유하는 경우에도 우리나라의 최초 경유지를 관할하는 유역·지방환경청장의 허가를 받아야 가능하다.

3) 수출입 관리 대상 폐기물의 적용 범위

폐기물 수입 규제 품목은 1987년 4개 품목에서 매년 규제 대상을 확대하여 1993년 7월 이후 총 57개 품목에 대해 수입을 규제하고 있다. 1994년 2월 바젤협약에 가입함에 따라 57개 품목 중 22개 품목에 대해 「폐기물의 국가 간 이동 및 그 처리에 관한

표 9-1 국가별 수출입 통제 대상 폐기물 품목

(단위: 종)

대상 품목	바젤	OECD	독일	일본	한국	
					황색 폐기물	적색 폐기물
금속폐기물	19	18	19	17	19	–
무기물질 폐기물	6	5	6	5	5	1
유기물질 폐기물	20	20	20	19	17	3
무기 및 유기 혼합 폐기물	16	16	16	16	14	2
바젤 부속서 II	–	2	–	–	2	–
OECD 적색 폐기물	–	1	–	1	–	1
OECD 황색 폐기물	–	22	–	22	22	–
기타	–	–	–	41	–	–
합계	61	84	61	121	79	7
					86	

주1) 한국의 경우 국가 간 이동 통제 대상 폐기물은 유해 폐기물의 국가 간 이동 및 그 처리의 통제에 관한 바젤협약 및 OECD의 재생 목적 폐기물의 국가 간 이동 통제에 관한 이사회 결정에서 분류한 폐기물 체계를 수용하여 적색 폐기물과 황색 폐기물로 분류.

주2) 적색 폐기물은 반드시 수입국의 서면 동의가 있어야 수출이 가능하고, 황색 폐기물은 수입국으로부터 부수입 동의 요청에 대한 접수 사실을 통보받은 날부터 30일 이내에 회신이 없는 때에는 묵시적 동의로 간주해 수출 가능.

법률」 적용 대상 폐기물 품목으로 흡수했고, 제외된 35개 품목에 대해서는 종전의 통합 공고 규정에 의해 계속 규제하고 있다.

최종적으로는 2006년 8월 고시를 개정하여 61종의 바젤목록과 25종의 OECD 품목 등 총 86개 폐기물을 수출입 통제 대상 폐기물 품목으로 규정하고 있다(<표 9-1>).

4) 폐기물 관리의 문제점

한국 국내의 유해 폐기물은 크게 지정폐기물(국내 관리용)과 국가 간 이동 통제 대상 폐기물(수출입 통제용)로 이원화하여 관리하고 있다. 수출입 허가 대상 폐기물은 현재 법률에 의해 적법한 처리 시스템을 적용하여 관할 유역·지방환경청장에 의해 관리되고 있으나, 수출입 허가 대상이 아닌 폐기물의 적법 처리는 현실적으로 제대로 관리되고 있지 않은 실정이다(민달기, 2011).

특히 지정폐기물의 경우 11종으로 대분류하고 총 70종으로 코드화하여 관리하고 있는 우리나라의 경우 산업의 발달로 배출되는 폐기물의 품목이 다양화되고 새롭게 유해성이 입증된 유해 폐기물을 적정하게 관리하기 위해 중장기적으로 지정폐기물의 품목 확대와 세분화가 요구되고 있다.

현재 국내 지정폐기물의 품목은 11종으로 대분류되고 총 70종으로 세분류되어 있으며, 86종의 국내 수출입 통제 대상 폐기물 중 지정폐기물에 포함되지 않은 폐기물

표 9-2 국내 지정폐기물 품목

국내 지정폐기물 품목
1. 특정 시설에서 발생되는 폐기물
2. 부식성 폐기물
3. 유해물질 함유 폐기물
4. 폐유기용제
5. 폐페인트 및 폐락카
6. 폐유
7. 폐석면
8. PCB 함유 폐기물
9. 폐유독물
10. 의료폐기물
11. 기타 주변 환경을 오염시킬 수 있는 유해한 물질로서 환경부 장관이 정하여 고시하는 물질

품목은 약 46종이다.

이들 46종의 폐기물은 국내에서 관리되어야 하나, 일시에 국내 지정폐기물로 추가할 경우에는 산업계에서 대응하는 데 어려움이 예상될 뿐만 아니라, 국내에서 유해폐기물로 관리의 필요성에 대한 검토가 이루어지지 않았으며, 이들 폐기물이 어떤 업종의 어떤 공정에서 배출되고 어떤 유해물질을 함유하고 있는지 파악되지 않았다는 점에서 향후 지속적인 정책적 관리가 요구된다.

표 9-3 국내 수출입 통제 대상 폐기물 중 지정폐기물 미포함 폐기물 품목

폐기물 품목	
광업에서 발생하는 유해물질을 포함하는 다른 광물 찌꺼기	무기화학 공정에서 발생하는 검댕
비금속광물의 물리화학적 공정에서 발생되는 유해물질을 포함하는 폐기물	기본 유기물 제조 공정에서 발생하는 할로겐 용제
농업에서 발생되는 유해물질을 함유한 농화학폐기물	기본 유기물 제조 공정에서 발생하는 기타 용제
목재 제조 공정에서 발생하는 유해물질을 함유한 톱밥, 대패밥, 목재 조각, 목재 등	기본 유기물 제조 공정에서 발생하는 할로겐 침전물
피혁산업에서 발생하는 유해물질을 함유한 염료 및 안료	기본 유기물 제조 공정에서 발생하는 기타 침전물
피혁산업에서 발생하는 유해물질을 함유한 공정 폐수 처리 과정에서 발생된 슬러지	기본 유기물 제조 공정에서 발생하는 수처리 폐기물
정유 정화 공정에서 발생하는 배출수 현장 처리 시 발생한 유해물질 함유 슬러지	수지, 고무, 섬유 제조 공정에서 발생하는 할로겐 용제
산 제조 공정에서 발생하는 황산 및 아황산	수지, 고무, 섬유 제조 공정에서 발생하는 기타 용제
산 제조 공정에서 발생하는 염산	수지, 고무, 섬유 제조 공정에서 발생하는 할로겐 침전물
산 제조 공정에서 발생하는 질산과 아질산	수지, 고무, 섬유 제조 공정에서 발생하는 기타 침전물
알칼리 제조 공정에서 발생하는 기타 염기	수지, 고무, 섬유 제조 공정에서 발생하는 첨가제 폐기물
염 제조 공정에서 발생하는 시안을 함유한 염석과 용액	유기염료 제조 공정에서 발생하는 할로겐 용제
염 제조 공정에서 발생하는 중금속이 함유된 고체 염석이나 용액	유기염료 제조 공정에서 발생하는 기타 용제
유기염료 제조 공정에서 발생하는 할로겐 침전물	유지, 세제, 화학품 제조 공정에서 발생하는 수성세척액

유기염료 제조 공정에서 발생하는 기타 침전물	유지, 세제, 화학품 제조 공정에서 발생하는 할로겐 용제
유기염료 제조 공정에서 발생하는 할로겐 흡수제	유지, 세제, 화학품 제조 공정에서 발생하는 기타 용제
유기염료 제조 공정에서 발생하는 기타 흡수제	유지, 세제, 화학품 제조 공정에서 발생하는 할로겐 침전물
유기염료 제조 공정에서 발생하는 수처리 폐기물	유지, 세제, 화학품 제조 공정에서 발생하는 기타 침전물
유기살충제 제조 공정에서 발생하는 할로겐 흡수제	정밀화학 공정에서 발생하는 할로겐 용제
유기살충제 제조 공정에서 발생하는 기타 흡수제	정밀화학 공정에서 발생하는 기타 용제
유기살충제 제조 공정에서 발생하는 고형 폐기물	정밀화학 공정에서 발생하는 할로겐 침전물
의약품 제조 공정에서 발생하는 할로겐 흡수제	정밀화학 공정에서 발생하는 기타 침전물
의약품 제조 공정에서 발생하는 기타 흡수제	의약품 제조 공정에서 발생하는 고형 폐기물

출처: 민달기(2011). 재구성.

폐기물의 통합관리가 요구되는 것은 바젤협약을 근간으로 만들어진 「폐기물의 국가간 이동 및 그 처리에 관한 법률」과 「폐기물관리법」을 구분하는 일련의 소극적 해석이 다양한 문제점을 불러일으킬 수 있기 때문이다. 즉, 바젤협약에 속하는 폐기물 목록 이외의 폐기물의 경우 수입통제 대상으로 명시되지 않았다는 점에서, 통제 대상

그림 9-1 유해 폐기물의 국제 이동 경로

출처: 한겨레신문(2006a) 재인용.

이 아닐 경우 통관조사가 허술하고 이동·처리·재수출 등의 추적이 이루어지지 않고 있다. 이는 한국이 폐기물 중계 무역기지로 이용될 수 있는 가능성이 존재함을 의미한다.

참고 유해 폐기물 국내 반입 사례

- 2005년 4월 멕시코 환경 당국은 국영 정유회사 페멕스의 중질유 탈황 공정에서 나온 폐촉매 수천 톤이 중국행 배에 실려나가는 것을 막았다. 유해 폐기물인 폐촉매를 개발도상국인 중국으로 보내는 것은 바젤협약상 문제가 있다고 보았기 때문이다.
- 멕시코 항구에 억류되어 있던 이 폐촉매 가운데 일부는 얼마 뒤 한국으로 들어오게 된다. 관세청의 통관 기록을 통한 추적 결과, 이 물질은 '광·슬래그(slag)·회(재)의 기타 물질'로 신고되어 있었고, 7월과 9월 사이에 중국으로 다시 수출되었다.
- 이 폐촉매는 중국에서 몰리브덴 제련업체들이 밀집해 있는 랴오닝성 후루다오의 한 업체로 들어간 것으로 알려지고 있다.
- 이런 상황 때문에 한국 정부가 유해 폐기물인 멕시코산 폐촉매의 우회 수출을 방치할 경우 국제적 비난과 함께 외교 분쟁에 휩싸일 우려도 적지 않다고 평가할 수 있다.
- 중국 환경총국은 한국의 한 폐기물 수출입 업체의 질의에 대해 "폐촉매는 수입 금지 대상"이라고 분명히 밝히고 있으나, 한국 업체들은 중국에 폐촉매를 수출할 때 '바나듐 슬래그' 등 다른 품목으로 위장하고 있다.

출처: 한겨레신문(2006a). 재구성.

또한 독일은 바젤협약에는 부분적 통제 대상으로 분류되어 있거나 아예 통제 대상에서 빠진 '위험물질을 함유한 폐인쇄용 토너' 등 84종의 목록을 국내법에 따른 유해 폐기물로 제출했다. 캐나다 역시 2006년 1,182종으로 세분된 방대한 유해 폐기물 목록을 제출하고 다른 나라의 수출업자들이 캐나다로 이들 폐기물을 수출할 경우 바젤협약 절차대로 사전에 통보하고 승인을 받도록 했다. 그러나 한국의 경우 바젤협약에 따른 폐기물 목록과 국내 지정폐기물 목록을 차등 분류하고 있다. 단적인 예로 폐기물관리법상 지정폐기물이지만 바젤협약 수입통제 대상으로 명시되지 않은 폐기물의 경우 여전히 수입 현황이 파악되지 않고 있다. 즉, 특별한 관리가 필요한 폐기물들이 국내에 들어와 부적절하게 처리될 가능성이 여전히 존재하고 있음을 의미한다.

이와 더불어 최근 들어 국제사회의 주요 관심 대상으로 부상한 것이 바로 전자폐기물의 문제이다. 전자폐기물은 원 사용자가 팔거나, 기부하거나, 버린 더 이상 가치가 없게 된 낡고 수명이 다한 여러 가지 형태의 전기·전자제품을 의미하는데, 유럽연합에서는 대형 가전제품, 소형 가전제품, 사무・정보・통신기기, 오락 및 소비자 전자제품, 조명기구, 전동공구 및 전자장비, 모니터 및 제어설비 등의 폐기물을 '전기전자제품 폐기물(Waste Electrical and Electronic Equipment: WEEE)로 정의한다. 문제는 전 세계적인 전자제품 산업의 성장과 더불어 폐기되는 전자제품의 양도 함께 증가하고 있다는 점이다. 소득이 증가하고 전자제품의 가격이 하락하면서 전자제품의 구입과 전자폐기물의 폐기가 동반 성장하고 있다. 유엔환경계획은 세계 전자쓰레기 배출량을 연간 4천만~5천만 톤으로 추정하고 있으며, 이 중에서 한국은 약 58만 톤의 전자쓰레기를 배출하고 있다(환경백서, 2012). 이처럼 늘어나는 전자폐기물 자체도 큰 문제이나, 더욱 큰 문제는 적절한 폐기물의 처리가 이루어지지 않을 경우 섬유유리, PCBs, PVC, 열경화성 플라스틱, 납, 주석, 구리, 카드뮴 등 각종 유해물질이 무분별하게 방출될 수 있다는 점이다.

그뿐만 아니라 전자폐기물의 국가 간 이동 역시 지속적으로 지적되어 오고 있다. 바젤행동 네트워크(Basel Action Network: BAN)는 기증이나 전자부품으로 위장한

그림 9-2 전자폐기물의 국제 이동 경로

출처: Greenpeace and Basel Action Network, 2010, http://ban.org/library/factsheep.html, 재인용(검색일: 2013.07.07).

참고 전자폐기물 불법 수출 사례

- 한국폐기물학회 등에 따르면 2010년 소비자가 신제품으로 바꾸면서 버린 1천 8백 44만 대의 휴대전화 가운데 외국으로 불법 수출된 분량은 2백 39만 대로 추정된다. 판매점 등을 통해 합법적으로 수출된 1백 78만 대보다 많다.
- 실제로 인도에 유입되는 전자쓰레기의 절반 이상이 한국산이라는 보도가 있으며, 인도 빈민촌 사람들은 kg당 몇백 원에 불과한 구리를 얻기 위해 염산에 담긴 회로기판을 맨손으로 긁어낸다.
- 1992년 바젤협약이 발효되었음에도 불구하고, 편법으로 전자쓰레기를 해외에 방출하는 것은 여전하다.
- 바젤협약에 따르면, 유해 폐기물의 국가 간 이동량은 2005년 9백 35만 톤에서 2006년 1천 1백 25만 톤으로 1년 새 약 20%가 급증했다.
- 실제로 전자쓰레기 마을로 알려진 가나의 아그보그 블로쉬에는 매달 컨테이너 6백 대 분량의 중고 전자제품이 수입된다. 배에 실려 있는 컨테이너에는 '기부'라는 스티커가 붙어 있지만 내용물의 80%는 작동 불량 등으로 사용할 수 없는 전자쓰레기라고 한다.
- 10대 아이들은 전자쓰레기를 소각하고 남은 구리로 돈을 번다. 이 과정에서 유독가스가 공기 중으로 퍼져 건강을 위협한다.

출처: 한국일보(2013). 재구성.

선진국의 전자폐기물이 중국과 인도 등 아시아 등지의 전자폐기물 재활용센터로 이동하는 일이 흔하게 발생하고 있다는 점을 지적하고 있다(Slade, 2007).

전자폐기물의 위해성이 점차 강조됨에 따라 국제 사회의 변화가 나타나고 있다. 2012년 바젤협약 실무그룹회의 제8차 회의부터 '전기전자 폐기물의 국가 간 이동에 관한 기술지침서' 초안이 작성되고 있으며, 폐기된 전기전자장비와 중고 전기전자장비의 국가 간 이동을 관리하기 위한 전자폐기물의 범위, 전기전자장비의 폐기물 · 비폐기물 구분 요건 등을 주요 내용으로 하고 있다. 이와 같은 국제 사회의 인식 변화는 향후 전자업체를 비롯한 IT업계에 큰 제약으로 작용할 수 있다는 점에서 한국 정부와 산업계의 적극적인 대응이 필요한 것으로 평가할 수 있다.

6 맺음말

유해 폐기물의 국가 간 이동은 전지구적 차원의 환경문제를 유발시켰다. 특히 기존 특정 지역 내에서만 발생했던 선진국 간 이동과는 달리 선진국으로부터 개발도상국으로 일방적이고 불법적인 투기 문제는 전 세계적인 관심의 대상이 되고 있다. 바젤협약은 유해 폐기물의 국제 교역에 대한 최초 규제로서, 유해 폐기물의 교역을 최소화하고 불법 교역을 규제하는 등 국가 간 공동지침을 확립했다는 점에서 의의가 있다.

그러나 주요 화학물질 수출국인 미국이 여전히 바젤협약을 비준하지 않고 있다는 점은 바젤협약의 실효성에 대한 비판의 원인이 되고 있다. 유해 폐기물의 국가 간 이동 문제의 배경에는 기본적으로 선진국에서 환경 규제 강화와 남북 간 경제적 격차의 문제 등이 존재한다. 이로 인해 국제적 공조를 통해 유해 폐기물을 효과적으로 관리하고자 하는 국제 사회의 노력은 여전히 미흡한 실정이다.

물론 유해 폐기물 거래 자체를 금지하는 것에 대한 반대의 목소리도 있다. 바젤협약의 금지 조치는 개발도상국의 환경과 인간 건강을 보호하고 다량의 폐기물을 생산하는 국가들이 그 폐기물을 후진국으로 이전시키는 것이 아니라 자국 내에서 처리해야 한다는 책임감을 갖게 하려는 것이다. 그러나 배리오스(P. Barrios)는 이러한 금지 조치는 비효율적일 수도 있다는 점을 강조한다. 몇몇 개발도상국의 경우 그 폐기물의 재활용 또는 처분에서 상당한 이익을 얻기도 하고 중요한 산업 분야에서 값싼 원재료를 이용할 수도 있다. 즉, 무조건 금지만 추진할 것이 아니라 개발도상국들로 하여금 유해 폐기물을 관리할 수 있는 역량을 향상시키는 것이 좀 더 현실적인 대안이 될 수 있는 것이다(Barrios, 2004: 758).

바젤협약은 유해 폐기물을 국외로 수출하는 기존의 관행을 고수하려는 선진국과 외국에서 유입된 유해 폐기물로부터 자국을 보호하려는 개발도상국 간 타협의 산물로 평가받고 있다. 물론 환경론자들로부터 바젤협약이 유해 폐기물의 국가 간 거래를 정당화하기 위한 도구에 불구하다는 비난을 받고 있으나, 유해 폐기물의 잘못된 국외 처리로 인해 유발될 수 있는 문제에 대처할 수 있다는 이론적·현실적 근간이 되었다는 것은 부정할 수 없는 사실이다. 따라서 바젤협약이 유해 폐기물의 국제적 이동 문제에 관해 완전한 해결책을 제시한 것은 아니지만, 이와 관련된 다양한 쟁점을 다루고 있다는 점에서 바젤협약의 의의가 있다.

제10장 유해 화학물질 관련 협약

〈로테르담협약(Rotterdam Convention)〉

- 채택일: 1998. 9. 10
- 발효일: 2004. 2. 24
- 우리나라 가입일: 2003. 8. 11
- 우리나라 발효일: 2004. 2. 24

〈스톡홀름협약(Stockholm Convention)〉

- 채택일: 2001. 5. 22
- 발효일: 2004. 5. 17
- 우리나라 가입일: 2007. 1. 25
- 우리나라 발효일: 2007. 4. 25

1 머리말

최근 전 세계적으로 화학물질의 생산과 사용이 급격하게 증가하고 있다. 국제적으로 거래되고 있는 각종 화학물질은 10만 종류가 넘고 있으며, 전 세계 총 교역량의 약 10%를 화학물질이 차지하고 있는 것으로 추산된다. 문제는 이러한 화학물질의 대다수가 인간과 환경에 유해하다는 점이다. 또한 인체와 환경에 해로운 유해 화학물질을 포함하고 있는 폐기물의 양 역시 선진 공업국가들을 중심으로 꾸준히 증가하고 있다.

수많은 유해 화학물질과 이를 이용하여 생산된 제품은 독성, 폭발성, 부식성, 발화성, 감염성 등으로 인해 환경과 보건에 치명적인 악영향을 미치게 되므로 제품의 생산, 이동, 사용, 폐기 및 재활용 처리에 이르는 전 과정에 대한 관리가 필요하다. 그러나 전통적인 국제환경 레짐 체제가 특정한 환경매체 또는 오염원을 규제하는 방향으로 형성되어 왔다는 점에서 상대적으로 특정의 유해활동이나 유해물질을 규제 대상으로 하는 레짐의 형성을 활발하지 못했다(Chasek et al., 2010).

하지만 유해물질의 환경위해성 문제가 심각하게 국제사회에 대두되면서 특정 유해물질에 대한 국제적 규제가 불가피하게 되었다. 이 중에서도 특히 국제적으로 문제가 되는 것은 유해물질의 국제적 이동 문제라고 할 수 있다.

선진국을 중심으로 발생되는 막대한 양의 유해물질은 수출을 통해 개발도상국 및 후진국으로 국제적 이동이 이루어지고 있다. 이러한 경우 관련 처리시설이나 국가적 역량이 부족하여 환경적으로 취약한 수입 개발도상국의 환경에 심각한 위협을 유발하는 동시에 더 나아가 전 세계적인 환경문제로 대두될 가능성이 크다.

이와 같은 유해 화학물질의 국제적 거래 및 효과적 관리를 다루고 있는 대표적 국제환경협약으로는 화학물질의 수입통제를 강화하기 위한 로테르담협약과 환경적으로 유해한 잔류성 유기오염물질의 배출과 제거를 위한 스톡홀름협약이 있다.

2 유해 화학물질 규제 레짐의 배경

1) 화학물질의 유해성에 대한 국제 사회의 인식 제고

산업화 이후 화학의 발달은 근대 문명에 지대한 영향을 미치고 있다. 다양한 화학공정산업을 통해 생산된 각종 화학제품이 인류에 많은 편리성을 부여했기 때문이다. 그러나 이러한 화학물질 중에는 물질 자체나 부산물의 난분해성 도는 유독성으로 인해 인체의 건강화 환경에 악영향을 초래하기도 한다. 이로 인해 환경오염과 인체의 건강을 논할 때 빠짐없이 거론되는 것이 바로 화학물질이다. 의도적으로 제조된 화학물질로 인한 가장 큰 문제점은 바로 인체와 환경에 유해하다는 것이다. 화학물질은 잔류성 · 생체누적성 · 독성을 가지고 있거나, 발암성 · 성변이성 등 문제로 인해 특별한 관리가 필요하다는 점은 주지의 사실이다(정회성 · 변병설, 2003: 19).

유해 화학물질 중 대표적인 것이 바로 살충제이다. 대부분의 화학적 살충제는 신경독성인자로서 신경조직 내의 이온(Na, K, Ca, Cl)의 이동을 저해하거나 신경계 신호전달에 관여하는 효소의 기능을 억제하고, 신경말단 신호 전달물질의 비정상적 분비 등을 초래하여 독성을 가져온다. 일반인들이 살충제와 접하게 되는 경로를 살펴보면 살충제에 오염된 식품을 먹거나, 수목·해충 방제 시 흡입하거나 피부에 노출됨으로써 문제가 되기도 하나, 가정 내에서 저농도 살충제에 지속적으로 노출되는 것도 무시할 수 없는 접촉 경로인 것으로 밝혀져 있다. 다양한 살충제는 인간 및 동물을 괴롭히는 곤충, 진균류 등을 제거하기 위해 사용되고 있으나, 매년 수백만 명의 사람이 살충제에 중독되고, 공기·물·식량 등을 오염시키고 있다. WTO는 주로 개발도상국에서 매년 우발적으로 중독되는 자가 1백만 명이고 죽는 경우는 2만 명으로 나타나 있지만, 농업 부문에서의 사고는 대개 보고가 제대로 이루어지지 않아 실체 수치는 훨씬 높을 것으로 예상된다. 1990년대 조사 결과에 따른 살충제 중독으로 고통받는 농부가 개발도상국에서만 매년 2천 5백만 명가량 되는 것으로 알려져 있다.

2) 대표적 유해 화학물질로서 잔류성 유기오염물질(POPs)

잔류성 유기오염물질(Persistent Organic Pollutants: POPs)이란 환경 내에서 광화학적·생물학적 및 화학적 분해가 이루어지지 않고, 먹이사슬을 통해 동식물의 체내에 축적되는 유독성이 강한 유기화합물을 의미한다.

이러한 물질은 환경 중으로 배출되는 여러 화학물질 중 가장 위해한 물질군으로서 암, 생식장애, 면역 체계 파괴 등을 유발하고, 심하면 사망에 이르게 하는 독성이 매우 강한 물질이다. 일부 잔류성 유기오염물질은 생물 체내 호르몬을 교란시켜 생식을 저해하는 내분비계 장애물질, 일명 '환경 호르몬'으로도 알려져 있다.

잔류성 유기오염물질의 가장 대표적인 특징은 '생물농축성'과 '메뚜기효과(grass-hopper effects)'이다. 대부분의 잔류성 유기오염물질은 물에 잘 녹지 않고 지방조직에 축적되는 성질이 강해 생태계 내 먹이사슬을 통해 생물 농축이 쉽게 일어난다. 따라서 먹이사슬의 정점에 존재하는 사람은 체내 축적된 잔류성 유기오염물질의 농도가 매우 높을 가능성이 크다. 또한 잔류성 유기오염물질은 담수나 해수를 통해 낮은 농도로도 쉽게 이동하며, 반휘발성이라 침전되기 전에 대기 중으로 멀리 운반되어 전 세계적으로 확산된다. 따라서 극지방과 같이 잔류성 유기오염물질이 사용된 적 없는 지역에서도 검출되고 있다. 그뿐만 아니라 잔류성 유기오염물질은 상당히 안정적인 물질로서 수십 년이 지나도 잘 분해되지 않는 경우가 많아 지구의 어느 한 지역에서 대기에 배출되면 증발과 침전의 과정을 반복하여 다른 지역으로 이동하게 되는 '메뚜기 효과'가 나타난다.

3) 유해 화학물질에 대한 국제사회의 대응

(1) 유해 화학물질 거래 시 사전 통보 원칙의 설정

유해 화학물질의 폐해에 대한 경고는 1960년대를 기점으로 시작되었다고 평가할 수 있다(Chasek et al., 2010). 대표적으로는 1982년 카슨(Rachel Carson)은 자신의 저서 『침묵의 봄(*Silent Spring*)』을 통해 DDT(Dichloro-diphenyltrichloroethane)가 생태계에 미치는 영향을 최초로 경고했다. 인간의 편리함과 이익을 위해 발명된 살충제, 제초제 등의 화학물질이 결과적으로는 인간에게 크나큰 재앙으로 다가온다는 것을 통계적 실태와 과학적 사실을 근거로 밝혀내 혁신적인 인식의 변화를 이끌어냈다. 이 책으로 인해 1963년 미국의 케네디 대통령은 환경문제에 대한 자문위원회를 구성했으며, 1972년 미국 환경청(EPA)은 DDT의 사용을 금지하게 되었다.

또한 1968년 일본 가네미 지방에서는 여드름 형태의 피부병 환자가 많이 발생하여 역학조사를 실시하게 되었다. 그 결과 가네미 회사에서 판매하고 있는 식용유를 사용한 음식을 섭취한 사람들에게 이러한 병세가 발생했다는 점을 확인되었다. 가네미 회사는 식용유 제조 시 가열 매체로 PCB(Polychlorinated biphenyl)를 사용했는데, 가열 파이프가 부식되어 PCB가 식용유 속으로 흘러 들어가게 되면서 사람들에게 피해가 나타나게 된 것이다. 5개월 후 PCB 만성 중독 증상이 나타나기 시작하면서 간장애, 성장 지연, 내분비장애, 말초신경장애 등의 증상이 발생하게 되면서 다수의 사망과 가축의 폐사가 발생했다. 이 사건을 계기로 일본은 1972년 PCB 등의 화학물질을 유해 화학물질로 규정하고 이를 법률로 규정하기 시작했다. 이와 더불어 1976년 미국이 PCB에 대한 통제를 실시했고, 우리나라 역시 환경오염의 위험성으로 인해 1983년부터 수입 금지 조치가 내려지게 된다.

이처럼 국제사회에 독성을 지닌 화학물질에 대한 경각심이 높아짐에 따라 국제사회는 유해 화학물질에 대한 관리를 강조하게 되었고, 유해 화학물질을 거래할 때 그 물질에 대한 정보를 사전에 교환할 필요성을 절감하게 되었다. 이러한 배경에는 화학물질, 농약 등의 국제 교역 문제가 법적·정치적으로 매우 복합적인 문제이기 때문이었다. 선진국들이 국내적으로는 그 판매나 소비가 금지된 물질들의 판로를 개발도상국 시장에 대한 수출을 통해 유지해 왔다는 점에서 선진국과 개발도상국 간 대립과 갈등의 원인이 되어 왔다(한국환경정책·평가연구원, 2004: 141). 특히 개발도상국 및 후진국으로 유해 화학물질이 무방비 상태로 흘러 들어가고 개도국에서 이러한 물질들로 인한 피해가 속출하는 상황에서 이러한 문제점을 시정할 수 있는 제도적 장치의 필요성이 대두되었다.

UNEP는 1970년대 중반부터 유해 화학물질 거래를 중요한 문제로 인식하고 있었다. UNEP는 선진국에서 금지되거나 엄격히 제한되는 물질들이 개발도상국이나 후진국으로 수출된다는 점에 주목하고, 여러 화학물질이 지니고 있는 유해성에 관한 내용들을 널리 알려야 할 필요성을 느끼게 되면서 이에 관한 자료들을 수집·배포하기 위해 유독성 화학물질 등록소(International Register for Potentially Toxic Chemicals: IRPTC)를 1975년에 설립했다.

1977년 케냐 정부가 유독성 화학물질이 개발도상국에 여전히 폐기되고 있는 현실을 비난하자 UNEP는 "수입국이 알지도 못하고 수입 승인을 하지도 않은 물질의 수출이 허용되어서는 안 된다"는 원칙을 채택한 후, IRPTC에게 선진국에서 실행되고 있는 제한, 금시 또는 제한 사항에 대한 자료를 배포할 것을 요청하게 되었고, 개발도상국 역시 유엔 총회에 UNEP의 의제와 같은 내용을 제출하게 되었다.

1983년 이후 UNEO, FAO 등을 비롯한 관련 국제기구들의 지침이 잇따라 채택되고, 개발도상국들과 국제기구들의 지속적인 요구를 바탕으로 1989년 PIC(Prior Informed Consent) 절차가 도입된다. 이 절차는 유해 화학물질의 수출 국가들의 물질의 교역 절차가 개시되기 전에 미리 관련 정보를 수입국에 통보하고 사전에 그에 관한 승인을 얻도록 함으로써 규제 대상 화학물질의 수입 통제를 강화할 수 있는 절차이다. 이는 기존에 자발적인 성으로 채택·운영되어 왔던 사전 통보 승인 절차를 강제적 성격으로 규범화하는 것에 국제 사회의 합의가 이루어졌음을 의미한다. 특히 1992년 지구환경개발회의(UNCED)에서 PIC 절차가 법적 구속력이 있는 제도로서 사용되어야 한다는 국제적 합의가 이루어지게 됨에 따라 총 다섯 차례의 정부간 협상회의를 통해 1998년 9월 네덜란드 로테르담에서 63개국의 서명을 바탕으로 로테르담 협약이 채택되었다.

(2) 잔류성 유기오염물질의 규제

유해 화학물질의 국제 교역 시 사전 통보 승인 절차 공식화와 더불어 1992년 리우 회의에서는 유해 화학물질의 국제적 관리의 필요성을 더욱 강조하면서 리우선언과 의제 21(Agenda 21)을 채택했다. 의제 21의 19장은 지속 가능한 발전의 원칙에 따라 유해 화학물질들을 환경적으로 건전하게 관리할 수 있는 방법을 보장할 것을 촉구하는 내용을 담고 있다. 이를 바탕으로 의제 21은 1994년 화학물질 안전에 관한 정부간 포럼(Intergovernmental Forum on Chemical Safety: IFCS)과 1995년 화학물질 건전 관리에 관한 기구 간 프로그램(Interorganization Programme on the Sound Management of Chemicals)을 설립함으로써 유해 화학물질 규제에 대한 국제 사회의 노력을 결집했다. 이처럼 유해 화학물질을 규제하려는 움직임 중에서도 독성이 특히 강하면서도 유해한 잔류성 유기오염물질이 주요 관심 대상이었다.

잔류성 유기오염물질을 규제하기 위한 제도적 장치의 필요성은 해양환경 분야에서 처음 제기되었다. 1995년 10월 워싱턴에서 개최된 '육상 오염원에 의한 해양오염 방지 회의'에서 잔류성 유기오염물질의 효과적인 규제를 위해 국제적으로 구속력 있는 규범을 제정해야 한다는 의견이 제기되었다(Chasek et al., 2010). 이를 바탕으로 잔류성 유기오염물질에 대한 구체적인 논의는 1995년 제18차 UNEP 집행이사회가 잔류성 유해 화학물질 관련 규정(Decision 18/32)을 채택하면서 시작되었다. 화학물질 안전에 관한 정부간 포럼(IFCS) 산하에 특별위원회를 설치하여 UNCEC가 1979년 장거리 이동성 대기오염협약 이행 차원에서 논의하고 있는 12종의 잔류성 유기오염물질에 대해 우선적으로 위해성평가를 실시할 것과 잔류성 유기오염물질 규제에 관한 국제적 행동지침과 권고안을 작성한 후 1997년 UNEP 집행이사회에 보고하도록 요청한 데에서 시작되었다. 이후 IFCS 산하 특별위원회에서 12종 잔류성 유기오염물질의 위해성을 최소화하기 위해 잔류성 유기오염물질 규제협약을 포함한 대책 마련을 촉구했으며, 1996년 제19차 UNEP 집행이사회에서 국제협약 제정을 위한 정부간 협상회의(Intergovernmental Negotiating Committee) 개최를 결정했다.

1998년 처음 개최된 정부간 협상회의는 2000년까지 다섯 차례 개최되었고, 이를 통해 협약 대상 물질 선정, 재정 지원 체계, 예외 규정 등의 협약안을 마련했다. 2001년 5월 스톡홀름에서 개최된 회의에서 잔류성 유기오염물질 관리를 위한 스톡홀름협약이 채택되었고, 서명국 중 50번째 국가의 비준서가 기탁된 후 90일 이후 발효되는 협약 26조 규정에 의해 2004년 발효되었다.

참고 장거리 이동성 대기오염협약

- 산성비는 SOx 혹은 NOx 등의 가스가 대기 중에서 연소 혹은 다른 과정을 통해 산화물질로 변화된 후에 토양과 담수에 축적되어 생태계에 피해를 주게 된다. 산성비 문제가 처음으로 제기된 것은 북유럽 지역에서이다. 20세기 들어 산성비로 인해 많은 피해를 받았던 스웨덴의 토양학자 에그너(Egner)가 1948년 최초로 산성비 측정망을 설치하기도 했다.
- 국제 환경문제의 역사적 사건인 1972년 스톡홀름회의도 바로 이 산성비 문제에 대한 국제적인 관심을 제고하고 그 해결책을 마련하고자 하는 스웨덴의 노력에서 비롯된 것이라고 평가받고 있다. 이러한 노력의 결과 1979년 산성비 문제를 해결하기 위한 월경성 광역 대기오염에 관한 협약(Convention on Long Range Transboundary Air Pollution: LRTAP)이 체결되었다. 이 협약은 서로 다른 국가 간 공통의 문제를 해결하기 위한 정치적 교량의 역할을 할 뿐만 아니라 유럽의 정치적 변동기에도 오히려 유럽의 안정화 역할을 수행하기도 했다.
- 이후 각 분야별로 협약의 내용을 더 구체화하기 위해 추가적인 의정서가 성립되었다. 1984년 광역 대기오염의 감시와 평가를 위한 협력계획에 대한 장기 재정 지원에 관한 의정서, 1985년 아황산가스의 배출을 최소 30% 감축을 위한 의정서, 1988년에는 이산화질소의 배출을 규제하기 위한 의정서 등이 체결되었다. 특히 1998년과 1999년에는 중금속 의정서와 잔류성 유기오염물질 의정서 등이 지속적으로 체결되는 등 다양한 대기오염에 대한 국제적 환경 협력의 장이 확대되고 있다.

출처: 정서용(2005: 132-135).

3 유해 화학물질 규제 레짐의 주요 내용

1) 로테르담협약

로테르담협약의 정식 명칭은 '특정 유해 화학물질 및 농약의 국제교역 시 사전 통보 승인 절차에 관한 로테르담협약(Rotterdam Convention on the Prior Informed Consent Procedure for Certain Hazardous Chemicals and Pesticides in International Trade)'으로 1998년 9월 네덜란드 로테르담에서 체결되었다. 우리나라는 1999년 9월 로테르담 협약에 서명했고, 2003년 8월 비준서를 기탁했으며, 2004년 2월 정식 발효되었다.

로테르담협약은 유해 화학물질과 농약을 거래할 때 미리 유해물질에 대한 정보를 수출자가 수입자에게 제공함으로써 유해물질의 수입 여부를 결정할 수 있도록 하여 유해물질이 아무런 제약 없이 다른 국가로 이동하는 것을 규제하기 위해 체결되었다. 로테르담협약의 핵심은 사전 통보 승인(Prior Informed Consent: PIC) 절차이다. 사전 통보 승인 절차란 수입하는 국가의 해당 화학물질에 대한 결정(수입 또는 수입 불가 등)을 공식적으로 접수, 전파하여 수출국이 그러한 결정에 반해 해당 수입국에 수출하지 못하는 절차를 의미한다. 이 절차의 목적은 수출하는 국가와 수입하는 국가가 책임을 공유함으로써 유해 화학물질로 인한 환경상 · 국민건강상의 피해를 예방하고자 하는 것이다.

(1) 협약의 목적

로테르담협약은 특정 유해 화학물질의 특성에 대한 정보 교환을 촉진하고, 이들의 수입과 수출에 관한 의사결정 과정을 제공하며, 그 결정 사항을 당사국들에게 전달함으로써 잠재적 유해로부터 인체 건강과 환경을 보호하고, 이러한 물질의 환경을 고려한 건전한 사용에 공헌하기 위해 특정 유해물질의 국제무역에서 당사국 간 협력과 공동 책임을 증진하는 것을 주요 목적으로 하고 있다(협약 제1조).

(2) 협약의 주요 내용

로테르담협약은 협약의 규제 대상이 되는 물질과 규제 대상이 되지 않는 물질을 나누어 규정하고 있다. 규제 대상의 경우 유해 화학물질, 고유해성 농약제재 등이며, 후자의 경우 마약 및 향정신성 물질, 방사성 물질, 폐기물, 화학무기, 수의약품을 포함한 의약품, 식품첨가물로 사용되는 화학물질, 연구 및 분석 목적을 위한 것 등이 포함된다.

로테르담협약은 국제적으로 거래되는 유해 화학물질의 유해성으로부터 인간과 환경을 보호하고, 수출국과 수입국의 공동 책임을 촉구하기 위해 첫째, 규제 대상인 유해 화학물질의 수입국이 잠재적으로 유해한 화학물질의 특성을 미리 파악하게 하여 화학물질로 인한 문제점을 해결할 수 있는 정책 결정에 도움을 줌과 동시에, 둘째, 다른 국가에도 이러한 결정을 전달하는 것을 촉진하고자 하는 사전 통보 승인 절차와 정보 교환 제도를 핵심적인 내용으로 하고 있다.

로테르담협약이 개별 당사국에 부과하는 의무들을 개략적으로 살펴보면, 각 당사국 중 한 국가가 협약 부속서 III에 수록되어 있는 유해 화학물질에 대한 수입 승인,

표 10-1 로테르담협약의 구성과 주요 내용

구분	내용	관련 조항
적용 대상 및 범위	• 유해화학물질 4종, DDT 등 고유해성 농약 제재 28종, 산업용 화학물질 11종 등 총 43종의 유해물질 • 세부적 물질 목록의 경우 부속서(Annex) III에 열거	제3조 부속서 III
사전 통보 승인 절차	• 특정 화학물질에 대하여 국내적으로 금지 또는 엄격히 규제하는 조치를 취한 당사국은 이러한 내용을 사무국에 통보	제5조
	• 고유해성 농약 제재의 사용에 따른 문제점을 경험한 당사국은 사무국에 동 농약 제재의 PIC 절차 포함을 위한 제안서 제출 • 사무국의 통보에 따라 화학물질심사위원회는 해당 통보서에 규정된 정보를 검토하고 해당 화학물질을 PIC 절차에 따르도록 해야 하는지 및 부속서에의 수록 여부를 당사국 총회에 권고	제6조
	• 합의를 통해 PIC 절차에 포함시킬 것을 건의한 화학물질에 대해 당사국총회는 합의를 통해 PIC 대상 물질에 포함시킬지 여부를 결정	제7조
	• 각 당사국은 규제 대상 화학물질의 수입과 관련하여 타당한 결정을 보장하기 위한 적절한 법적·행정적 조치를 취함 • 수입국은 결정지침서를 접수한 후 9개월 이내에 해당 화학물질의 향후 수입에 관한 의견서를 사무국에 제출	제10조
	• 수출국은 사무국이 발송한 수입 의견서상 수입 당사국이 제시한 조건들을 자국 내 유관 자연인·법인이 준수토록 법적·행정적 조치 시행	제11조
정보 교환	• 자국 내에서 금지되거나 엄격히 제한된 화학물질이 그 영토로부터 수출되는 경우 해당 수출 당사국은 최초의 수출 시, 그리고 매년 첫 수출 시 수출통보서를 수입 당사국에 제공	제12조 부속서 V
	• 수출화학물질에 표준 관세 코드 부착, 자국 내에서 금지되거나 엄격히 규제되는 화학물질을 수출할 때 안전 데이터 첨부	제13조
	• 당사국 상호 간 독성학적·생태학적 정보 및 안전 관련 정보를 포함하여, 이 협약의 범위 내의 화학물에 관한 모든 정보를 교환	제14조

출처: 한국환경정책평가연구원(2004: 144). 재구성.

수입 불허, 특정 조건 하에서 수입 허용 또는 제10조에 규정하는 잠정적 응답을 할 경우, 이 사실을 협약 사무국에 응답서로 통보해야 한다. 각 당사국 중 한 국가가 자국 내에서 사용이 금지되어 있거나 엄격히 통제를 받는 화학물질을 수출하려 할 때에는 수입국에 그 사실을 통보해 주어야 한다. 이 통보는 수출국이 당해 화학물질과 관련된 규정을 채택하고 난 후, 첫 번째 수출이 실시되기 이전에 이루어져야 한다. 수출국이 수출 대상 화학물질에 새로운 금지 또는 제한을 하는 등의 변경 사항이 있을 경우 그 새로운 사실 역시 수입국에 통보해 주어야 한다.

(3) 사전 통보 승인 절차의 특성과 국제사회의 지원

사전 통보 승인 절차는 수출하려는 물질에 관한 자료를 수출자가 수입국에 보내는 것으로 유해 화학물질과 관련된 정보를 주고받을 수 있는 핵심적인 제도이다. 금지 또는 엄격히 제한된 화학물질과 고유해성 농약의 경우 수입국의 사전 통보 승인에 따라서만 수출이 이루어질 수 있다. 이 절차는 로테르담협약 부속서 III에 등재되어 있는 유해 화학물질에 적용된다.

특정 유해물질을 부속서 III에 수록한다는 결정이 내려지면 사무국은 당해 화학물질을 장차 수입할 것인지의 여부를 결정할 수 있도록 필요한 정보가 기재된 결정지침서(Decision Guidance Document: DGD)를 모든 당사국에 발송한다. DGD가 발송되면 당사국들은 당해 화학물질을 수입할 것인지의 여부를 9개월 이내에 협약 사무국에 알려야 한다. 만약 특정 수입 당사국이 어떠한 조건 하에서 수입에 대한 승인을 거절하기로 결정할 경우, 차후 그 화학물질이 어느 경로를 통해 들어오든 그 수입품 및 자국 내의 생산품에도 동일한 제한 내용을 적용해야 한다.

이러한 사전 승인 통보 절차의 성공 여부는 개발도상국이나 후진국이 수입 여부를 결정할 수 있는 능력이 있는지 여부에 달려 있다(현상호, 2006). 그러나 로테르담협약의 사전 승인 통보 절차는 유해 화학물질의 수입에 대한 모든 결정을 수입국에 전적으로 부여하고 있다. 즉, 현실적으로 모든 국가가 실제 특정 유해 화학물질이 어느 정도 유해성을 가지고 있는지 판단할 수 있는 능력을 가지고 있는 것이 아니라는 점에서 실제 능력이 갖추어지도록 지원해 줄 주체는 선진국밖에 없다. 그러나 선진국들의 지원을 일련의 의무 조항으로 만들지 않았으며, 이를 위한 재정 지원 확보 대책 역시 미흡하다는 점은 로테르담협약의 약점이라 평가할 수 있다.

2) 스톡홀름협약

스톡홀름협약의 정식 명칭은 "Stockholm Convention on Persistent Organic Pollutants"로서 전문, 본문 30조, 6개의 부속서로 구성되어 있다. 주요 내용은 의도적으로 생산·사용되는 잔류성 유기오염물질의 규제, 비의도적으로 생성되는 잔류성 유기오염물질의 규제 및 행동계획(Action Plan), 폐기물 배출의 규제 등이다.

(1) 협약의 대상 물질: 'Dirty Dozen' + 9

최초 스톡홀름협약의 대상 물질은 12개로 지정되어 있었다. 대다수 산업용 화학물질, 농약물질, 산업부산물 등이 포함된다. 물질명 및 용도 등을 살펴보면 <표 10-2>와 같다.

표 10-2 스톡홀름협약 적용 대상 화학물질 목록

물질명	용도	구분
Aldrin	흰개미 등 살충제	금지
Chlordane	흰개미 및 작물용 살충제	금지
DDT	말라리아 구제용 살충제	특정 면제
Deildrin	흰개미 및 토양해충 살충제	금지
Endrin	목화, 작물용 살충제, 살서제	금지
Heptachlor	토양살충제, 모기 구제	금지
Mirex	불개미용 살충제	금지
Toxaphene	진드기 구제용 살충제	금지
Dioxins	비의도적 생성물, 연소부산물	저감
Furans	비의도적 생성물, 연소부산물	저감
Hexachlorobenzene(HCB)	살균제, 비의도적 생성물	금지, 저감
Polychlorinated Biphenyl(PCBs)	변압기 절연유	금지, 저감

스톡홀름협약에서 사용을 제한하고자 하는 12개 규제 대상 'Dirty Dozen'의 위해성과 특성을 다음과 같이 정리할 수 있다.

① 알드린(Aldrin): 토양살충제로 흰개미, 메뚜기 및 기타 해충을 박멸하는 데 이용하고 있으며, 조류·어류·인체 등에 치명적인 영향을 주는 것으로 알려져 있다. 일드린은 주로 낙농제품이나 육류를 통해 인체에 축적되며 인간의 경우 성인 1인당 치사량은 약 5g으로 알려져 있다. 인도에서 실시한 연구에 따른 알드린과 부산물 디엘드린(Dieldrin)의 1인당 하루 평균 섭취량은 19㎍로 조사되고 있다.

② 클로르단(Chlordane): 주로 제초제로 사용되며, 농작물 재배 시 흰개미나 기타

다른 해충을 방제하는 살충제로 사용되고 있다. 클로르단은 토양에 오랜 기간 잔류하며 약 1년의 반감기를 갖는 것으로 보고되고 있다. 어류나 조류에 대한 치사량은 종에 따라 다양하나 매우 적은 양으로도 물오리, 메추라기, 새우 등에 치명적 영향을 주는 것으로 보고되었다. 클로르단은 인체의 면역 체계에도 영향을 주어 발암성 물질로 분류되어 있다.

③ DDT: 제2차 세계대전 및 그 이후 말라리아, 발진티푸스 등 모기 등의 곤충에 의해 발생되는 질병을 예방하는 데 사용되었으며, 살충제로도 사용되었다. DDT는 안정성이 매우 높고 배출량의 50% 이상이 10~15년 후까지도 잔류하며 전 세계적으로 폭넓게 사용되어 현재 북극을 포함한 세계 여러 지역에서 검출되고 있다. 최근 20년간 가축 내의 잔류성이 상당히 감소되었으나, 음식물 내에는 DDT가 아직도 많은 양 잔류하고 있는 것으로 밝혀졌다. 인간에게 장기간 노출은 중독증을 일으킬 가능성이 제기되고 있다.

④ 디엘드린(Dieldrin): 주로 흰개미, 직물에 서식하는 해충, 토양에서 서식하는 해충, 질병을 유발하는 해충 등을 방제하는 데 사용되었다. 토양 내에서의 디엘드린 반감기는 약 5년 정도로 알려져 있다. 살충제로 사용되는 알드린은 급속히 디엘드린으로 전환되어 최종적으로 환경에 축적된 디엘드린의 양은 원래 이용된 디엘드린의 양보다 훨씬 높게 나타난다. 환경에 잔류된 디엘드린은 수질, 대기, 토양, 어류, 조류, 포유류, 인체 등 다양한 환경매체에서 검출되고 있으며, 대부분 생물에 대한 1차 노출원은 음식물로 알려져 있다.

⑤ 엔드린(Endrin): 주로 살충제로 사용되며 설치류를 방제하는 데 사용되기도 한다. 동물은 엔드린을 분해시킬 수 있어서 체내 지방조직에는 많이 축적되지 않으나, 환경 내 반감기가 길어 토양에서 약 12년간 잔류하는 것으로 알려져 있다. 사람에 대한 주요 노출 경로는 음식물 섭취에 의한 것이며, 현재 하루 평균 섭취량은 권고 기준치에 비해 낮은 편이다.

⑥ 헵타클로르(Heptachlor): 농작물에 피해를 주거나 질병을 옮기는 곤충을 방제하기 위해 사용되나, 다양한 야생동물에 피해를 주는 물질이다. 미국 콜롬비아강에 서식하는 거위, 황조롱이 등 여러 야생 조류의 개체 수가 감소하기도 했다. 동물실험에 의하면 헵타클로르를 투여한 동물들은 폐사하거나 행동 및 번식 장애를 일으키는 것으로 보고되고 있다.

⑦ 미렉스(Mirex): 대개 개미용 살충제로 사용되며, 플라스틱·고무 등의 내화성 제재로 이용된다. 미렉스에 직접 노출되는 경우 인체에 해를 주지 않으나, 체내에 축적될 경우 암을 유발한다. 매우 안정적이며 난분해성 물질로 약 10년의 반감기를 갖는다. 음식물의 섭취에 의해 주로 인체에 유입된다.

⑧ 톡사펜(Toxaphene): 면화, 곡물, 야채 등의 살충제 및 진드기 제거제로 사용되었으며, 배출량의 50% 이상이 토양에서 약 12년까지 잔류한다. 인체에는 대부분 음식물을 통해 유입되며 암을 유발하는 것으로 알려져 있다. 그러나 직접 노출의 경우 독성이 크게 나타나지 않는다.

⑨ 다이옥신(Dioxins): 다이옥신은 불완전 연소나 살충제, 기타 염소를 포함하는 물질을 제조할 때 2차적으로 생성된다. 주로 도시 및 독성 폐기물의 소각, 자동차 매연, 석탄·나무의 연소를 통해서도 발생되는데 약 75종의 다이옥신이 존재한다. 특히 이 중 7종이 주요 관심 대상이다. 토양에서의 잔류 기간은 약 10~12년 정도로 알려져 있다. 인체 내에서 면역 체계나 효소 등의 장애를 일으키고 암을 유발하며 동물 실험 결과 기형 및 사산 등의 피해를 나타냈다.

⑩ 퓨란(Furans): 다이옥신과 동일한 과정을 통해 생성되며, PCBs가 발생할 때 함께 생성되기도 한다. 대부분 소각로나 자동차 매연에서 배출되는 것으로 알려져 있으며, 그 구조와 독성이 다이옥신과 매우 유사하다. 현재 135종 정도 발견되었으며, 종류에 따라 매우 다양한 독성을 갖는데, 장기간 잔류하여 암을 유발하는 것으로 알려져 있다.

⑪ 헥사클로로벤젠(HCB): 1945년 종자 처리용으로 처음 발견되었으며, 농작물의 살균제 및 살충제 첨가제로 이용되었다. 산업화학물질을 제조할 때 발생되기도 하며, 몇몇 농약의 제조 시 불순물로도 존재한다. 1954년에서 1959년 사이 터키 동부의 주민들이 HCB가 처리된 곡물을 섭취한 후 감광성 피부 손상(Photo-sensitive skin lesions), 복통, 신경쇠약 등 다양한 증상을 보였다. 특히 유아에게는 태반이나 모유를 통해 HCB가 전달될 수 있다.

⑫ 폴리클로리네이티드벤젠(PCBs): 주로 변압기 축전기의 유전액, 가소제, 윤활유, 플라스틱 등의 첨가제로 이용된다. PCBs는 약 209종의 이성체가 알려져 있으며, 이 중 13종은 다이옥신과 유사한 독성을 가지고 있고. 난분해성 물질로서 반감기는 약 10일에서 반년 정도까지 매우 광범위하다. PCBS는 어류에 독성을

나타내어 1회 투여량이 많을 경우 폐사하며, 1회 투여량이 낮을 경우 산란에 장애를 준다. 인체에는 음식물을 통해 유입되는데, 1968년 일본과 1979년 타이완에서 PCBs가 함유된 쌀기름이 유통되어 이를 섭취한 사람들에게서 피로, 구토, 메스꺼움을 동반한 부종, 점막 및 손톱의 색소 침착 등이 나타났다. PCBs는 인간의 면역 체계에 영향을 주어 암을 유발하는 것으로 알려져 있다.

이와 더불어 2009년 5월 스위스 제네바에서 열린 스톡홀름협약 제4차 당사국 총회에서 과불화합물(PFOS) 및 일부 브롬계 난연제(BFR) 등 9가지 물질이 관리 대상물질로 등재되었으며, 당사국들의 의견 수렴 기간을 거쳐 2010년 8월 부속서 개정작업을 거쳐 공식 발효되었다. 이로써 기존 12가지 물질에서 추가로 9개가 새롭게 등재되어 총 21가지 물질이 스톡홀름협약의 규제를 받게 되었다.

표 10-3 스톡홀름협약 적용 대상 추가 화학물질 목록

물질명	용도	구분
Chlordecone	농약 및 살충제	금지
Lindane	이, 진드기 제거를 위한 살충제	특정 면제
Alpha HCH	농약	금지
Beta HCH	농약	금지
Tetrabromodiphenyl ether & Pentabromodiphenyl ether	방염제 등 산업용 물질	특정 면제
Hexabromodiphenyl ether & Heptabromodiphenyl ether	방염제 등 산업용 물질	특정 면제
Hexabromobiphenyl	산업용 물질	금지
Pentachlorobenzene	농약, 비의도적 생성물, 연소 부산물	저감
PFOS	세정제, 방염제, 광마스크 등	특정 면제

(2) 협약의 의무 사항

스톡홀름협약은 당사국들에게 크게 여섯 가지의 의무 사항을 부여하고 있다.

첫 번째는 의도적으로 생산되는 물질인 알드린(Aldrin), 엔드린(Endrin), 클로르단(Chlordane), 디엘드린(Dieldrin), 헤파클로르(Heptachlor), HCB, 미렉스(Mirex), 톡

사펜(Toxaphene), PCBs 등 9종의 제조와 사용을 금지하고, DDT의 제조와 사용을 말라리아 방제용으로만 제한하는 것이다.

두 번째는 다이옥신, 퓨란, HCB, PCBs 등 4종의 비의도적인 부산물에 대해 배출을 저감하기 위한 최적 가용 기술(Best Availabe Technique)과 최적 친환경적 운영(Best Environmental Practices)을 실행하는 것이다. 특히 PCBs에 대한 관리의 중요성을 강조하고 있다. PCBs와 관련해서는 2025년까지 변압기 축전기 등의 기기에 사용 중인 PCBs를 근절해야 하는데, 구체적으로 2028년까지 50ppm 이상 PCBs를 포함하는 액체 및 제품의 환경 친화적 폐기물관리를 위한 조치를 실시해야 하고, 근절을 위한 계획을 수립 및 시행해야 한다.

세 번째 의무 사항은 잔류성 유기오염물질을 포함한 폐기물과 재고 제품을 환경 친화적으로 처리하는 것이다.

네 번째는 비준 후 2년 이내에 국가 이행계획을 수립하여 제출하고, 당사국총회에 보고하는 것이다.

다섯 번째는 협약 효과 평가를 위한 지역 모니터링에 참여하는 것과 더불어 마지막으로 잔류성 유기오염물질 저감을 위한 연구개발과 개발도상국 기술 지원, 정보 제공 및 교육 등의 활동을 실시하는 것이다.

(3) 협약의 특징: 실효성 평가

스톡홀름협약의 궁극적인 목적인 잔류성 유기오염물질의 제거를 위해 전 세계적으로 어느 수준의 감소가 이루어지고 있는지에 대한 평가가 필요하다. 이를 위해 스톡홀름협약은 16조에 실효성 평가를 명시했다. 실효성 평가를 위해 현재 글로벌 모니터링을 가장 우선적으로 추진하고 있다.

제1차 당사국총회에서 1차 실효성 평가를 2009년에 실시하기로 결정했으며, 이를 위해 전 세계 모니터링 계획(GMP)을 3차 당사국총회에서 승인했다. 모니터링계획은 실효성 평가에 필요한 전지구적 모니터링 자료를 확보하기 위한 사업으로, 모니터링의 핵심 매체는 세 가지로 대기 모니터링 결과, 인체 모니터링(혈액, 모유) 결과이다. 전 세계 모니터링 계획은 전 세계를 UN구분에 따라 5개 지역(아시아-태평양, 아프리카, 중남미-캐리비안, 중부-동유럽, 서유럽-북미-호주)으로 구분하고, 각각의 지역 그룹에서 보고서를 작성한 후 이를 기초로 전체 보고서를 작성하게 된다.

(4) 추가 규제물질 추가

협약의 대상물질 이외에 추가적인 물질의 등록은 당사국의 제안이 있으면, 사무국에서 이를 화학물질검토위원회(POPRC)에 전달하면서 시작된다. 화학물질검토위원회에서는 협약의 부속서 D에 수록되어 있는 기준에 적합한지 여부를 평가한 후 위해성 프로파일을 작성하여 각 당사국과 옵서버에 추가적인 의견을 받는다. 이상의 자료를 토대로 위해성 프로파일(risk profile)을 작성하는데 여기에는 사용량, 배출원, 유해성 정보, 환경 중 거동, 모니터링 자료, 위해성 평가자료, 분류 표시 정보, 기타 협약에서의 상황 등을 포함한다. 위해성 프로파일 작성이 완료되면 이를 다시 개별 당사국에 회람시키며 위해 위해성 관리를 위한 의견을 받는다. 화학물질평가위원회에서는 수집된 의견을 바탕으로 하여 사회경제적 측면을 고려한 위해도 관리(risk management) 보고서를 작성한다. 작성된 보고서는 당사국총회에 제출되고, 추가물질의 등재 여부는 당사국총회에서 결정된다.

4 한국의 유해 화학물질 관리

1) 로테르담협약

환경부는 로테르담협약 발효에 대비하여 1999년 유해화학물질관리법을 개정하여 금지 또는 엄격히 사용이 제한되고 있는 화학물질의 수출 시 준수 사항에 대한 근거 조항을 마련했다. 농약 부문의 경우 농촌진흥청이 그리고 산업용 화학물질 부문의 경우 환경부가 로테르담협약 규제물질을 전담하며 관련 법률을 개정함으로써 협약 이행을 위한 기반을 마련했다. 또한 수입국 입장 통보의 창구와 사무국 통보는 환경부에서 일괄 처리하도록 하여 정부 간 역할 분담을 구축했다.

로테르담협약이 발효된 2004년 2월 24일보다 이전인 2004년 2월 9일 환경부는 유해화학물질관리법 제37조 제1항의 규정에 의거하여 환경부 고시 제2004-16호로서 「유해 화학물질의 교역 시 사전 통보 승인 절차에 관한 협약에 따른 화학물질의 수출에 관한 규정」을 마련했다. 또한 2006년에는 환경부 고시에 따른 「유해 화학물질의 교역 시 사전 통보 승인 절차에 관한 협약에 따른 화학물질의 수출에 관한 규정」

전문 개정을 통해 우리나라 수출업자가 관계 당국에서 수출 승인을 받아야 하는 화학물질 종류는 64종에서 70종으로 늘어나게 되었으며, 품목 확대와 더불어 수출 승인 업무를 한국화학물질관리협회 및 지방환경청이 함께 수행하도록 했다.

2) 스톡홀름협약

스톡홀름협약의 경우 우리나라는 2001년 10월 협약에 서명했으며, 2007년 1월 비준을 실시하여 당사국 지위를 획득했다. 당사국으로서 우리나라는 국가 이행계획서를 수립하여 제출했으며, 국가 모니터링을 지원하기 위해 각 매질별 잔류성 유기오염물질 분석을 위한 공정시험법이 2007년 11월 환경부 고시로 고시되었고, 국가모니터링계획 역시 환경부 고시로 고시되었다. 이에 따라 환경부에서는 잔류성 유기오염물질 측정망을 2008년부터 운영하기 시작했다.

스톡홀름협약과 밀접한 관련이 있는 국내 법령은 잔류성 유기오염물질관리법이다. 이 법은 우리나라가 협약을 비준하기에 앞서 협약 의무 사항을 이행하기 위한 법적 근거를 마련하고자 2007년 제정했다. 이 법은 다른 법과의 중복성을 피하기 위해 유해화학물질관리법, 농약관리법, 그 밖의 다른 법률에 특별한 규정이 있는 경우를 제외하고는 이 법이 정하는 바에 따르도록 정리했다.

특히 국내에서 주로 문제가 되는 물질은 비의도적으로 생산되는 다이옥신, 퓨란, HCB, PCBs의 저감과 과거의 변압기 절연유에 사용되었던 PCBs의 처리이다(윤준현, 2008). 이러한 배출 및 처리 역시 잔류성 유기오염물질관리법에서 정한 기준에 맞추어 관리 및 저감을 유도하고 있다.

3) 국내 유해 화학물질 관리의 문제점

(1) 다이옥신 배출 저감

국내 잔류성 유기오염물질 관리 중 가장 정책적 관리가 가장 잘 반영된 부분은 다이옥신 배출 저감 분야로 평가받고 있다(김병훈・이지윤, 2010). 환경부는 2010년 국립환경과학원과 함께 국내 다이옥신 배출원을 두 가지(소각시설, 비소각시설)로 분류하고, 배출원별 배출량을 산정해 다이옥신 국가 배출량을 발표했다. 또한 2008년 잔류성 유기오염물질관리법이 시행되기 이전에 다이옥신 등의 잔류성 유기오염물질을 저감하기 위해 2005년 환경부와 다량 배출 기업 간 2008년까지 2001년 배출량의 30%, 2010년에는 2001년 대비 50%를 감축하는 자발적 협약을 체결했다.

문제는 이러한 정책적 노력에도 불구하고, 소각시설로 인한 다이옥신의 배출량이 지속적으로 증가하고 있다는 점이다. 환경부의 '2011년 다이옥신 측정·분석 현황'에 따르면, 전국 폐기물 소각장 100곳 중 15개 시설이 다이옥신 배출 허용 기준을 초과했으며, 일부 지역에서는 기준치의 13배를 초과한 다이옥신이 검출되어 소각시설 인근 주민들의 건강이 우려된다는 주장이 제기되었다(세계일보, 2012).[1] 지방자치단체별로 살펴보면, 경기도는 26곳 중 6곳, 경남은 8곳 중 2곳, 부산·충북·충남·전북·전남·울산·경북 등은 1곳의 소각장이 다이옥신 기준치를 초과했다.

국내의 가연성 폐기물 발생량은 연간 2,200백만 톤을 넘어섰고, 매립 처리 위주에서 소각 처리로 전환되는 시점에 있다. 생활 쓰레기를 소각할 때에는 사업장 배출시설계 폐기물을 소각할 때와는 달리 다이옥신류의 발생이 심해 소각로를 건설할 때 이에 대한 대책이 철저히 강구되어야 하고, 소각로의 운영 과정에서도 가장 철저히 관리되어야 하는 문제로 되어 있다(Alley & Cooper, 2008). 특히 다이옥신은 세계보건기구(WHO)가 1급 발암물질로 지정한 물질로 생활공간에 노출되는 다이옥신의 90% 이상이 폐기물 소각장에서 나오는 것으로 알려져 있다는 점에서 소각장의 다이옥신 관리는 더욱 엄격하게 강화될 필요성이 있다.

(2) 글로벌 화학물질 규제의 강화

2000년대 들어오면서 장기간 논의 끝에 유해 화학물질에 대한 다양한 규제가 시행되면서, 규제 대상의 범위가 넓어지고 의무 사항이 강조되고 있다. 인간의 건강 및 환경 보호라는 본연의 목적에 더해 개별 국가의 산업을 보호하는 기술 장벽, 무역 장벽으로서 유해 화학물질 규제가 더욱 가속화될 것으로 전망된다(김상현, 2008). 특히 주목해야 할 유해 화학물질 규제는 유럽연합(EU)의 REACH를 필두로 세계 각국에

---

1) 이러한 주장에 대해 환경부는 전국 다이옥신 배출 소각시설(약 700여 개소)의 관리는 지방자치단체, 다이옥신 측정 및 분석은 매년 환경부(환경공단)에서 실시하고 있고, 배출 소각시설에 대한 관리·분석을 기준 초과 우려 사업장 100여 개를 선정해 실시하고 있다고 밝혔다. 기준 초과 우려 사업장을 대상으로 실시함으로써 배출 허용 기준 초과율은 최근 6년간 평균 13.2%에 달하고 있고, 특히 2010년에는 초과율이 9%로 낮아 지난해 초과율이 상대적으로 증가한 것으로 나타났다고 설명했다. 또한 2012년부터 다이옥신 배출 기준 초과 사업장의 경우 환경부 및 지방환경청이 직접 관리할 계획이라고 밝혔다(환경부, 2012).

서 환경 및 화학물질관리를 통합함으로써 강화되고 있다.

대표적으로 EU의 REACH를 비롯해 RoHS(Restriction of Hazardous Substances), 전자부품 유해물질지침(Directive 2002/95/EC), 전자제품 폐기물지침(Directive 2002/96/EC) 등의 지침을 들 수 있는데, 이러한 환경 규제의 특징은 제품의 모든 과정상 생산자 책임제 원칙을 기본으로 하고 있으며, 구체적이고 세분화된 규제 형태로 진화하고 있다. 특히 자율적 이행에서 강제적 법규로 변화하고 있다는 점 역시 주목해야 할 부분이다.

EU 회원국의 합의를 통해 약 40여 개 화학물질 관련 법령을 통합하여 2003년 처음 공개된 REACH에 대해 국제사회는 실현 가능성에 대해 매우 비관적이었다. 그러나 현재 EU REACH 규제가 국제 표준으로 자리매김했고, 미국·일본·캐나다·터키 등의 국가 역시 유사 REACH 규제를 통해 화학물질 규제를 강화하고 있다. 우리나라도 사전 예방적 화학물질 위해관리와 국제 화학물질 규제 대응을 통한 산업계 경쟁력 강화를 목표로 화학물질 등록 및 평가 등에 관한 법률이 2013년 제정되었다.

따라서 향후 국제사회의 유해 화학물질 규제 레짐 역시 강화될 것이 당연시되고 있다. 화학물질 규제 강화를 통해 제품 전 과정에 걸친 친환경적 생산과 촉진을 유도한다는 표면적 이유와 더불어 자국의 산업 보호와 수출 장벽으로서 활용도를 높이기 위한 목적 역시 하나의 이유로 작용하고 있기 때문이다.

5 맺음말

화학물질은 인류에게 풍요로운 소비문화를 누릴 수 있게 하는 물질적인 기반을 만들어 주었다. 그러나 이러한 편익에 못지않게 제조, 유통, 사용 및 폐기 과정에서 다양한 경로를 통해 사람과 환경에 기울여 치명적 위해를 일으킬 수 있는 잠재적 위험 요인으로도 작용하게 된다. 이에 따라 국제 사회는 화학물질의 안전한 관리를 확보하기 위해 다양한 정책적 노력을 기울여 왔다.

이 장에서는 유해 화학물질을 규제하기 위한 대표적인 국제환경협약으로 로테르담협약과 스톡홀름협약에 대한 논의를 살펴보았다. 로테르담협약의 경우 자발적인 형태로 채택·이행되어 왔던 기존의 사전 통보 승인 절차를 구속력 있는 규범으로 구축하여 수입국이 잠재적인 유행성을 확인하고 안전하게 관리할 수 없는 화학물질을 도입하는 것을 방지하기 위해 필요한 도구를 제공했다는 의미를 지니고 있다. 또한 스톡홀름협약의 경우 기존 잔류성 유기오염물질에 대한 규제뿐만 아니라 신규 잔류성 유기오염물질의 선정 절차 역시 고려하는 사전주의적 접근 방식을 채택했다는 점과 더불어 화학물질의 생산, 수출입, 처리 및 사용을 포괄하는 제재 조치가 시행될 수 있었다는 점에서 국제환경협약에 중요한 모델을 제시하고 있다.

유해 화학물질을 관리하기 위한 우리나라의 대응은 법령 정비와 함께 어느 정도 수준에 도달했다고 평가할 수 있다. 그러나 현재 가장 문제가 되고 있는 PCBs 함유 폐기물에 대한 처리는 충분한 대안을 모색하지 못했다고 평가받고 있으며(윤준현, 2008), 개별 협약이 규제하게 될 화학물질의 종류가 지속적으로 늘어나고 있다는 점은 차후로도 더 많아질 가능성이 있다는 것을 의미한다. 이에 따라 우리나라 정부 차원의 대응은 물론 수입이나 수출을 하는 관련 기업들의 대응 역시 충분한 변화를 수반할 수 있어야 할 것이다.

무엇보다 글로벌 화학 규제인 EU의 REACH, RoHS에 대한 대응을 위해 많은 기업이 상당한 비용을 지출했고, 앞으로 예고되어 있는 규제 대응을 위한 추가 지출이 예상된다. 또한 개별 국가 차원의 규제 수준이 증가함과 더불어 국제사회의 규제 의지 역시 강화되고 있다는 점은 로테르담협약과 스톡홀름협약 역시 강화를 예상할 수 있게 한다. 즉, 협약의 강화로 인해 이후 규제 대상물질이 추가 선정될 역우 국민의 건강 및 환경 보호와 국내 산업계에 미칠 영향 등을 종합적으로 판단하여 다각적인 대응 체제를 마련하는 것이 무엇보다 시급하다.

참고 문헌

국내 문헌

경기도보건환경연구원 (2001). 지구환경문제와 국제환경협약의 동향 및 전망.

관계부처합동 (2012). 나고야 의정서 범정부대책 세부이행계획.

구본학 (2009). 「습지생태학」. 경기: 조경.

국가기후변화적응센터: http://kaccc.kei.re.kr

국토해양부 정책홍보 Q&A: http://www.mltm.go.kr/USR/policyTarget/m_24066/dtl.jsp?-idx=402

국회예산정책처 (2007). '기후변화협약 종합대책' 평가.

기획재정부 (2013). 녹색기후기금 유치백서. http://www.mosf.go.kr/_upload/bbs/62/attach/-20130227104635995.pdf, 2013.5.15. 검색.

기후협약. http://co2-renew.kemco.or.kr, 2013.1.15 검색.

기후변화협약대책위원회 (2006). 기후변화협약 대응 제3차 종합대책.

김경렬 (2010). 생명의 필수 요소 '오존.' 「과학과 기술」, 497: 64-67.

______ (2011a). 얇아지는 오존층. 「과학과 기술」, 500: 70-74.

______ (2011b). 오존 구멍의 비밀. 「과학과 기술」, 501: 80-83.

______ (2011c). 몬트리올의정서. 「과학과 기술」, 502: 86-89.

김광수 (2006). 해양오염 방지를 위한 각종 국제협약의 국내 수용 현황. 「해양환경안전학회지」, 12(4): 293-300.

김미성 (1998). 멸종위기에 처한 야생동식물의 국제거래에 관한 협약: 호랑이 보호문제를 중심으로. 이화여자대학교 대학원 석사학위 논문.

김병훈 · 이지윤 (2010). 국내 잔류성 유기오염물질(POPs)의 정책 및 관리 방향. 「공업화학 전망」, 13(5): 1-10.

김상현 (2008). 글로벌 화학물질 규제에 대한 조망. 「안전보건 연구동향」, 6월호: 30-35.
김선화 (2007). 해양쓰레기 규제를 위한 국제적 노력의 동향. 「해사법연구」, 19(1): 263-300.
김성훈 (2004). 국제환경 레짐으로서 교토의정서가 갖는 한계에 대한 고찰. 「동아시아연구」, 9: 63-87.
김영생 (2008). 유해폐기물의 국가간 이동에 대한 바젤협약의 무역제한 조치의 효과. 「상업교육연구」, 1(1): 351-371.
김윤승 · 이현우 · 김은미 (2012). 생물다양성협약 이행을 위한 국가보고서와 국가전략 및 이행계획 작성의 개선 방향. 「환경포럼」, 176: 2-12.
김윤옥 (2012). 카타르 기후변화협약 당사국총회(COP 18) 논의 내용. http://www.emerics.org/-me-africa/newsbrief/weekly.do?action=detail&brdctsno=110370, 2013.7.01 검색.
김정수 (2006.11.27). 바젤 목록 아닌건 몰라. 「한겨레」. http://www.hani.co.kr/arti/
______ (2006.11.28). 유해폐기물 반입 구멍 숭숭. 「한겨레」. http://www.hani.co.kr/
김정수 · 도덕희 (2007). Countermeasures on Yellow Dust Problem, 「한국가시화정부학회지」, (5)2: 3-8.
김정은 (2011). 한국의 이산화탄소 해저 지중저장에 대한 런던의정서 제6조의 개정이 가지는 함의, 홍기훈 편. 「기후지구공학적 사업 관리 규범 개발 동향 분석」. 서울: 오름.
김종인 (2003). 중국의 황사정책과 황사 발생 저감을 위한 동북아 환경협력, 「동북아경제연구」, 15(3): 87-120.
김지연 (2002). 일본 핵에너지 정책의 이중성에 대한 분석. 「국제정치논총」, 42(2): 131-150.
김한택 (2011). 「국제환경조약법」. 강원대학교 · 환경부.
김현진 · 곽수종 (2006). 포스트 교토의정서 논의와 한국의 대응, *CEO Information*, 543.
김홍균 (2008). 람사르협약의 의의, 한계, 그리고 과제. 「환경법연구」, 30(3): 205-228.
노명준 (2000). 유해폐기물의 국가간 이동 및 그 처리의 통제에 관한 바젤협약의 운용 현황. 「환경법연구」, 22: 157-180.
______ (2003). 「신국제환경법」. 서울: 법문사.
녹색기후기금(GCF): http://gcfund.net
녹색성장위원회 (2013). 녹색성장 5개년계획(2009~2013). http://www.greengr
농림축산식품부 보도자료: http://www.mifaff.go.kr/list.jsp?newsid=155440942&section_id-=b_sec_1&listcnt=5&pageNo=1&year=&group_id=3&menu_id=1125&link_menu_id=&division=B&board_kind=C&board_skin_id=C3&parent_code=3&link_url=&depth=1
대검찰청 (2002). 해양투기에 관한 국제법적 규제. 대검찰청 기타 연구논문.
대한민국정부 (2011). 기후변화협약에 따른 제3차 대한민국 국가보고서.
매일경제 (1969.3.31). 속셈은 전략 우위 견제. 「매일경제」, 2면 1단.
맹승주 (2008). 기후변화협약, 발리로드맵 뜬다. 「Shinhan FSB Review 산업정보」 1: 26-27.
문정인 (2013). 사필귀정, 한 · 미 원자력협정. 「시사IN」, 294.

미국 환경보호청: www.epa.gov/ozone/geninfo/gwps.html
민달기 (2011). 국내 폐기물 분류체계 개선에 관한 연구. 「한국폐기물자원순환학회지」, 28(2): 184-190.
박건영 (2011). 핵무기와 국제정치: 역사, 이론, 정책 그리고 미래. 「한국과 국제정치」, 27(1): 1-45.
박수영 외 (2000). 「습지학원론: 한국의 늪」. 서울: 은혜기획.
박수진 (2011a). 해양시비사업에 대한 민간, NGO, IGO, 생물다양성협약의 동향. 홍기훈 편. 「기후지구공학적 사업 관리 규범 개발 동향 분석」. 서울: 오름.
______ (2011b). 최근 생물다양성협약 당사국회의에서의 기후 변화 관련 논의 동향 및 대응 방향. 2011년도 해양환경안전학회 추계학술발표회, 43-48.
박수진 외 (2012). UN사막화방지협약(UNCCD) 이행의 쟁점, 그리고 한국의 경험과 역할, 대한지리학회 연례학술대회 발표 논문.
박영준 (2009), 국제 핵질서와 일본의 군축 및 비확산 정책. 「국방연구」, 52(3): 23-45.
박재적 (2010). 제8차 NPT 평가회의 결과 및 NPT 체제 전망. 「주요 국제문제분석」, 1-19. 외교안보연구원.
박태윤 · 이동근 (1997). 연안습지의 보전 및 효율적 이용 방안에 관한 연구. 한국환경정책 · 평가연구원.
박호정 (2012). 유전자원 이용에 관한 나고야의정서의 산업계 파급효과 분석. 「한국경제포럼」, 5(3): 51-65.
방용석 (1999). 국제적 멸종위기 야생 동 · 식물에 대한 국내거래(밀수포함)실태조사 보고서. 국회 발간 자료.
백진현 (2003). 기후변화협약 체제의 의무 이행 문제: 주요 쟁점과 향후 전망. 「국제 · 지역 연구」, 12(4): 1-25.
서울대 국제문제연구소 (2009). 포스트 교토 체제 준비의 국제적 추이와 한국의 기후변화협상 전략.
세계은행: www.worldbank.org
소병천 (2012). 국제환경법상 통지 의무: 후쿠시마 원전사태를 중심으로. 「환경법연구」, 34(1): 331-359.
송위진 · 성지은 · 장영배 (2011). 「사회문제 해결을 위한 과학기술: 인문사회 융합 방안」. 과학기술정책연구원.
식품의약품안전청 (2010). 「CITES와 한약」.
신범철 (2003). 국제법상 핵무기 규율에 관한 소고. 「국방정책연구」, 60: 133-150.
신의순 · 김호석 (2005). 「기후변화협약과 기후정책」. 파주: 집문당.
신현덕 (1998). 「국제환경법론」. 서울: 동화기술.
안윤기 · 진윤정 · 허재용 (2011). 칸쿤 기후변화협약 당사국총회의 협상 결과 및 시사점.

POSRI CEO REPORT, 1-8.
에너지경제연구원 (2005). 기후변화협약 대응을 위한 중장기 정책 및 전략에 관한 연구.
에너지관리공단 (2012). 2012년도 에너지 · 기후변화 정책 방향.
여숙경 (2007). 폐기물 해양투기 오염규제에 관한 연구. 한국해양대학교 석사학위 논문.
외교통상부 (2006). 「알기 쉬운 조약 업무」. 발간 자료.
______ (2010). 「한국의 환경외교: 쟁점과 전망」.
우상규 (2012.9.23). 전국 소각장 15% 다이옥신 초과 배출. 「세계일보」. http://www.segye.com/Articles/NEWS/ECONOMY/Article.asp?aid=20120923020680&subctg1=&subctg2=&OutUrl=naver 검색.
유신모 (2013.4.15). 사용후 핵연료 저장 곧 한계, 재처리보다 부지 · 시설 확보 시급. 「경향신문」. http://news.khan.co.kr/kh_news/khan_art_view.html?artid=201304152207375&code=910303
유엔환경계획: www.ozone.unep.org
유엔환경계획 한국위원회 (2002a). 「유해폐기물의 국가 간 이동 및 처리 통제에 관한 바젤협약」. 서울: 유넵프레스.
______ (2002b). 「CITES」. 서울: 유넵프레스.
______ (2002c). 「생물다양성협약」. 서울: 유넵프레스.
______ (2003). 「잔류성 유기오염물질(POPs)의 국제적 규제를 위한 스톡홀름협약」. 서울: 유넵프레스.
윤경준 (2009). 국제기후 변화 레짐: 형성, 전개, 그리고 쟁점. 「사회과학논집」, 23(1): 87-113. 한성대학교.
______ (2010). 기후변화 적응 논의의 동향과 전망. 「사회과학논집」, 24(1): 129-153. 한성대학교.
윤준헌 (2008). 「잔류성 유기오염물질의 국내외 관리 동향」. 한국환경농학회 춘계워크숍 자료집, 3-12.
이강원 (2007). 사막 중국: 중국의 토지 변화와 사막화, 서울: 폴리테이아.
이광은 (2003). 멸종위기에 처한 동식물 국제 교역협약에 관한 연구.
이동욱 (2003). 화학물질 관리 국제협약과 대응 방향. 「나라경제」, 10월호: 46-49.
이만종 (2011). 핵물질 불법거래 실태의 문제점과 대응 방안. 「한국테러학회보」, 4(2): 131-155.
이봉길 · 김상운 · 김영환 · 현충국 · 이호성 · 김권중 (2006). 폐기물의 해양 배출 현황과 관리대책. 「해양환경안전학회 학술발표대회 논문집」.
이상돈 (1990). 멸종위기에 처한 야생동식물의 국제거래에 관한 협약에 대한 연구. 「환경법연구」, 12: 29-57.
______ (2008). 야생동식물보호법에 관한 고찰. 「중앙대학교 법학논문집」, 32(2): 141-164.
이상현 (2011). 한국의 핵비확산 외교와 원자력정책. 「한국과 국제정치」, 2(1): 247-286.

이연상 (2008). 쉽게 풀어보는 기후변화협약. 파주: 도서출판 한울.
이용호 (2006). 핵실험통제의 한계. 「국제법학회논총」, 51(3): 193-217.
이은경 (2011). 제17차 기후변화협약 당사국총회(COP 17) 결과의 주요 내용. 보험연구원 *KiRi Weekly*, 161(2): 27-28.
이은수 (2008). 기후변화협약에 따른 교토의정서 체제에 관한 연구. 연세대학교 대학원 법학과 석사학위 논문.
이준복 (2008). 자연생태계 보호를 위한 법적 연구: 멸종위기 야생동·식물 보호를 중심으로. 「환경정책연구」, 7(4): 75-101.
이진행 (2001). 기후변화협약에 따른 교토의정서 체제. 고려대학교 대학원 법학과 박사학위 논문.
이태윤 (2009). 초국가적 위협 국제테러리즘에 관한 연구. 「국가위기관리연구」, 3(2): 1-35.
인천광역시의회 (2013). UN녹색기후기금(GCF) 유치 동의안. 인천광역시의회 홈페이지 http://www.icouncil.go.kr/open_content/main, 2013.05.15. 검색
임성용 (2006). 「몬트리올의정서 성과 및 최근 논의 동향」. TEN 전문가분석 리포트.
장익창 (2012.10.10). 환경부, 국제멸종위기종(CITES) 보호 방관. 「세계일보」. http://economysegyesegye.com/articles/view.html?aid=20121010000016&cid=7113010000000
장호민 (2011). 우리나라 나고야의정서(ABS) 대응전략과 과제. 한국정책학회 과학기술정책연구회 학술세미나 나고야의정서 범정부대책 세부이행계획.
_____ (2012). 「바이오 분야 국제협약과 ABS 나고야의정서」, 과학기술정책연구원.
정서용 (2005). 「동북아시아 환경협력: 황해와 황사」. 서울: 집문당.
정성춘 (2007). 발리 로드맵의 주요 내용과 향후 전망, 「KIEP 오늘의 세계 경제」, 7(52): 1-15.
정원엽 (2013.6.5). 미국 '핵비확산' 원칙 강조 한미 원자력 협상 또 헛바퀴. 「중앙일보」. http://article.joinsmsn.com/news/article/article.asp?total_id=11718345
정장훈 (2012). 국제환경 협력 참여의 결정 요인: 생태계 보호를 위한 람사협약을 중심으로. 「한국정책학회보」, 21(1): 155-189.
정지원·박수경 (2012). Rio+20의 주요 결과와 정책적 시사점. 「KIEP 오늘의 세계경제」, 12(13): 1-13.
정지원·서정민 (2012). 도하 기후변화 당사국총회 결과와 GCF 유치 시사점, 「KIEP 오늘의 세계경제」, 12(29): 1-11.
정지원·임소영 (2012), 「녹색기후기금 평가체제 논의 동향과 대응 방안」, 20(2): 97-125. 한국환경정책학회.
정회성·변병설 (2003). 「환경정책의 이해」. 서울: 박영사.
조동준 (2011). 핵확산의 추세 vs 비확산의 방책. 「한국과 국제정치」, 27(1): 47-81.
주기재·도윤호 (2006). 람사르협약의 이해와 우리나라의 대응. 한국환경생태학회 학술대회발

표문, 3-16.
진상현 (2007). 사회생태자본에 기반한 대안적 지역발전모델: 독일 바이오 에너지 마을에 대한 사례연구. 「한국정책학회보」, 16(4): 201-222.
진태종 (2011). 한-미, 미-일 원자력협정 협상전략 비교 연구. 경기대학교 정치전문대학원 박사학위 논문.
채여라 외 (2012). 「우리나라 기후변화 경제학적 분석 Ⅲ」. 한국환경정책 · 평가연구원 연구보고서.
최금란 (2004). 멸종위기 야생동물 보호와 국제거래에 관한 연구. 강릉대학교 대학원 석사학위 논문.
최봉석 · 구지선 (2011). 방사성 물질에 의한 해양오염에 대한 국가책임: 후쿠시마 원자력발전소 사고에 대한 일본의 국가책임을 중심으로. 「환경법연구」, 33(1): 2-17.
최연진 (2013.5.29). 국가 간 산업 폐기물 떠넘기기 아쉬워 한국 기업에 재활용 동참 호소할 것. 「한국일보」. http://news.hankooki.com/lpage/economy/201305/h2013052903343021540.htm 검색.
최지영 · 홍기훈 · 신창훈 (2012). 런던의정서 가입 시 중국이 제출한 통지(선언)에 대한 검토. 「대한환경공학회지」, 34(2): 126-135.
추장민 외 (2003). 동북아지역의 황사 피해분석 및 피해 저감을 위한 지역 협력 방안, 한국환경정책 · 평가연구원 연구보고서(KEI Research Report) RE-01. 서울: KEI.
한국바이오안전성정보센터 (2011). 바이오산업과 나고야의정서.
______(2012). 기업이 알아야 할 ABS 가이드북.
한국에너지기술연구원: www.energium.kier.re.kr
한국환경정책 · 평가연구원 (2004). 「국제환경협약 편람」.
______(2012). 「UNEP/OECD 녹색성장 · 경제 분야 의제 및 대응방안 연구」. 한국환경정책 · 평가연구원 보고서.
해양경찰청 정보마당: http://www.kcg.go.kr/main/user/cms/content.jsp?menuSeq=501
해양투기종합관리시스템: http://www.oceandumping.re.kr/web/web/?p_name=london_over-view
현상호 (2006). 로테르담협약에 관한 국제법적 연구. 충남대학교 법학과 석사학위 논문.
호주 환경부: www.environment.gov.au
홍기훈 (1995). 동해, 오호츠크, 캄챠카 해역 러시아 핵폐기물 투기에 따른 우리나라 주변 및 국익 해역 방사능 오염, 「해양정책연구」, 10(2): 445-475.
______(2011). '기후지구공학적 사업의 관리 규범 제정에 관한 국제 동향: 런던의 정서를 중심으로'. 홍기훈 편. 「기후지구공학적 사업 관리 규범 개발 동향 분석」. 서울: 오름.
환경부 (2009). 「스톡홀름협약 이행을 위한 국가이행계획서」.
______(2011a). 「2012 환경백서」. 발간 자료.

______ (2011b). 살아있는 국제적 멸종위기 동물 사육 관리 기준에 관한 연구.
______ (2011c). 야생동식물보호 기본계획(2011~2015).
______ (2011d). 환경보전시책 추진 상황 보고서.
______ (2011e). 나고야 의정서 채택에 따른 산업계 파급효과 연구.
______ (2012a). 나고야 의정서 범정부대책 세부이행계획.
______ (2012b). 다이옥신 측정 · 분석 확대 등 배출시설 관리 강화. 환경부 보도자료.
______ (2012c). 한국의 생물다양성보고서.
______ (2012b). 「2012 환경백서」. 발간 자료.
환경부 홈페이지: http://me.go.kr
환경부 환경종합정보서비스: http://etips.me.go.kr/
arti/society/environment/174672.html 검색.
owth.go.kr/?p=8395, 2013.5.15 검색.
society/environment/174604.html 검색.
2012 서울 핵안보정상회의, http://www.seoulnss.go.kr/info/easy_3.jsp, 2013.6.22 검색.

국외 문헌

Alley, F. C. & C. D. Cooper (2008). 「대기오염방지공학」. 김동술 · 김태오(옮김). 경기: 동화기술.

Barrios, P. (2004, Summer). Rotterdam Convention on Hazardous Chemicals: A Meaningful Step toward Environmental Protection?. *Georgetown International Environmental Law Review*, 681-762.

Batjargal, Zambyn, Desertification in Mongolia, *RALA Report,* No. 200.

Benedick, Richard Elliot (1988.1.4). The Ozone Treaty: Acting Before Disaster. *Washington Post.* http://www.highbeam.com/doc/1P2-1231849.html

Bollyki, Thomas (2012). Overcoming Rio+20's 'Summit Fatigue'. www.cfr.org

Bose, Indrajit (2012). Climate of Irrationality. www.downtoearth.org

Boyer, B., J. Velasques, & U. Piest (2002), Inter-linkages Policy Brief 3-National and Regional Approaches in Asia and the Pacific, *UNU Report.*

Briassoulis, H. (2011), *Governing Desertification in Mediterranean Europe*, vol. 22, 313-325.

Brown, Lester, Deserts invading China. http://www.earth-policy.org/Books/Epr/Epr1_-ssi.htmaccessed10October2005.

Chapman, Sydney (1930). A Theory of Upper-Atmospheric Ozone. *Memoirs of the*

Royal Meteorological Society, 3(26): 103-125.

Chasek, P. S., D. L. Downie, & J. W. Brown (2010). *Global Environmental Politics*. Philadelphia, PA: Westview Press.

Charney J. G. (1975). Dynamics of Desserts and Drought in the Sahel. *Journal of the Royal Meteorological Society*, 101: 193-202.

Cho, Eunjeong (2012). EURATOM: Nuclear Norm Competition between Allies, 1955-1957. Ph.D. Thesis, University of Warwick.

CITES 공식 홈페이지: http://www.cites.org

Cusack, M. M. (1990). International Law and the Transboundary Shipment of Hazardous Waste to the Third World: Will the Basel Convention Make a Difference?. *American University International Law Review*, 5(2): 393-423.

DeSombre, Elizabeth R. (2005). The Evolution of International Environmental Cooperation. *Journal of International Law & International Relations*, 1(1-2): 75-87.

Downie, Davis Loenard (2011). Global Environmental Policy: Governance through Regimes. *The Golbal Environment: Institutions, Laws, and Policy*, 3rd ed. edited by Regina S. Axelord, Stacy D. Van Deveer, & David Leonard Downie. Washington DC: CQ Press, 70-91.

EIA (2012). HFCs, the Montreal Protocol and the UNFCCC: Eliminating 1 of the 6 Kyoto gases. www.eia-international.org

EPA (2010). Ozone Science: The Facts Behind the Phaseout. www.epa.gov

______ (2012). Benefits of Addressing HFCs under the Montreal Protocol.

______ (2013). Wetlands Fact Sheet: Economic Benefits of Wetlands. <http://water.epa.gov/type/wetlands/ outreach/facts_contents.cfm>

Futrell, W. Chad (2007). Choking on Sand: Regional Cooperation to Mitigate Desertification in China, *China Environmental Series*, 9: 57-60.

Guzy, Gary (2012.9.17). Celebrating the 25th Anniversary of the Montreal Protocol. Council on Environmental Quality blog. http://www.whitehouse.gov/blog/2012/09/-17/celebrating-25th-anniversary-montreal-protocol

Hartley, W. N. (1981). On the absorption of solar rays by atmospheric ozone, *Journal of the Chemical Society*, 39: 111-128.

Hildteth, R. G., D. R., Hodas, N. A. Robinson, & J. G. Speth (2009). *Climate Change Law: Mitigation and Adaptation*, Minnesota: WEST Thomson Reuters 146-151.

Homeyer, I. (2006). EPI and modes of governance, EPIGOV state of art Report, *EPIGOV Paper,* No. 2, Ecologic Institute for International and European Environmental

Policy, Berlin.

Hunter, D., J. Salzman, & D. Zaelke (2011). *International Environmental Law and Policy: Treaty Supplement 2011 Edition*. New York: Foundation Press.

IAEA (2010). Convention on Nuclear Safety(CNS) Brochure: Introduction to the CNS and Its Associated Rules of Procedure and Guidelines. http://www-ns.iaea.org/downloads/ni/safety_convention/cns_2010_March.pdf, 2013.5.20 검색.

IGSD (2012). Why Phase Down HFCs Under the Montreal Protocol?. www.igsd.org

InfoResources Focus (2005). Global Conventions and Environmental Governance. *InfoResources Focus,* No 3/05.

IPCC (2001). Third Assessment Report: Climate Change 2001.

James, E. J. (2007). Management of river basins relation to the wetlands: case studies from the Indian Subcontinent. Proceedings of Taal 2007, 12th World Lake Conference, Keynote Lecture 27, Jaipur, India.

Johnson, P. M., K. Mayrand, & M. Paquin (eds.)(2006). *Governing Global Desertification: Linking Environmental Degradation, Poverty and Participation*, Ashgate: Aldershot.

Kanie, Norichika (2007). Governance with Multilateral Environmental Agreements: A Healthy or Ill-Equiped Fragmentation?. *Global Environmental Governance: Perspectives on the Current Debate*, edited by Walter Hoffman & Lydia Swart. 67-86. www.centerforunreform.org

Kemp, R., J. Rotmans, & D. Loorbach (2007). Assessing the Dutch Energy Transition Policy: How Does it Deal with Dilemmas of Managing Transition?. *Journal of Environmental Policy and Planning*, 9.

Kohlmeyer C. & R. Wyrwinski (2007). The Convention to Combat Desertification: Relevant or Relict? *Agriculture & Rural Development*, 1: 26-28.

Kruchek, B. L. (2003). Expanding Wetlands Protection under the Ramsar Treaty's Wise Use Obligation. *Arizona Journal of International and Comparative Law*, 20(2): 409-442.

Krutzen, Paul J. (1970). The influence of nitrogen oxides on the atmospheric ozone content. *Quart. J. R. Met. Soc.* 96: 320-325.

Lang, Winfried (1999). *UN-Principles and International Environmental Law*. Max Planck UNYB, 3: 157-172.

Lean, J. & D. A. Warrilow (1989). Simulation of the Regional Climate Impact of Amazon Deforestation. *Nature,* 342: 411-413.

Mäder, J. A., J. Staehelin, T. Peter, D. Brunner, H. E. Rieder, & W. A. Stahel (2010).

Evidence for the effectiveness of the Montreal Protocol to protect the ozone layer. *Atmospheric Chemistry and Physics*, 10: 12161-12171.

Maltais, A. (2008). EPI in International Governance-A Literature Review, *EPIGOV Paper*, No. 28, Ecologic Institute for International and European Environmental Policy, Berlin.

Martello, M. L. (2004). Expert Advice and Desertification Policy: Past Experience and Current Challenge, & *Global Environmental Politics*, 4 : 3: 85-106.

Medugu, I. N., M. Majid, & M. Choji (2003). A comprehensive approach to drought and desertification in Nigeria: A brief evaluation of government policies, *Management of Environmental Quality: An International Journal*, 16: 690-704.

Middleton, N. J., A. S. Goodies, & G. L. Wells (1986). *Aeolian Geomorphology*. W. G. Nicking (ed.). Boston: Allen and Unwin.

Millennium Ecosystem Assessment (2005). 'Ecosystems and Human Well-Being: Desertification Synthesis,' World Resources Institute, Washington, DC, p. 7, www.maweb.org//proxy/document.355.aspx

Molina, Mario J. & F. S. Rowland (1974). Stratospheric Sink for Chlorofluoromethanes: Chlorine atom-catalysed destruction of ozone, *Nature*, 249: 810-812.

Molina, Mario J. & Durwood Zaelke (2012.9.24). The Montreal Protocol: 25 years and still going strong. *The Hill's Congress Blog.* http://thehill.com/blogs/congress-blog/-foreign-policy/251227-the-montreal-protocol-25-years-and-still-going-strong

Najam, Adil (2006). Negotiating Desertification, in P. M, Johnson K. Mayrand, & M. Paquin (eds). *Governing Global Desertification: Linking Environmental Degradation, Poverty and Participation*, Ashgate: Aldershot.

Navid, D. (1989). The International Law of Migratory Species: The Ramsar Convention. *Natural Resources Journal*, 29(4): 1001-1016.

Ninth Conference of the Parties (2005). *A Conceptual Framework for the wise use of wetlands and the maintenance of their ecological character.* Resolution IX.1 Annex A.

Okuro, Toshiya (2010). The Current Status of Desertification Issues with Special Reference to Sustainable Provision of Ecosystem Services in Northeast Asia, *Global Environmental Research*, 14: 1-10.

Paranti, Christian (2012). *Tropics of Chaos: Climate Change and the New Geography of Violence*, New York: Nation Books.

PBL Netherlands Environmental Assessment Agency & European Commission's Joint Research Centre(2012). *Trends in global CO_2 emissions: 2012 report.* Sydney:

PBL Publishers.
Pye, K. (1987). *Aeolian Dust and Dust Deposits*. New York: Academic Press.
Raven, R. Jolivetc, R. Mourikb, & Y. Feenstrab (2009). ESTEEM: Managing Societal Acceptance in New Energy Projects: A toolbox method for project managers. *Technological Forecasting and Social Change*, 76(7).
Rummel-Bulska, I. (1996). Compliance with and Enforcement of the Basel Convention on Control Transboundary Movements of Hazardous Wastes and Their Disposal. Fifth International Conference on Environmental Compliance and Enforcement.
Sang Weon Bang, Sun Young Ahn, Ju Hyeon Park (2006). *Development of Wetland Conservation Policy*. KEI
Schönbein, C. F. (1840). On the Odour Accompanying Electricity and on the Probability of its Dependence on the Presence of a New Substance. *Philosophical Magazine*, 17: 293-294.
Simon, Nils (2011). International Environmental Governance for the 21th Century: Challenges, Reform Processes and Options for Action on the Way to Rio 2012. SWP.
Sivakumar, M. V. K. (2007). Interactions between climate and desertification, *Agricultural and Forest Meteorology*, 142: 143-155.
Slade, G. (2007). *Made to Break: Technology and Obsolescence in America*. Cambridge. MA: Harvard University Press.
Soret, Jacques-Louis (1865). Recherches sur la densité de l'ozone. *Comptes rendus de l'Académie des sciences*, 61: 941.
Stirling, A. (2006). From Science and Society to Science in Society: Towards a Framework for 'Co-operating Research,' European Commission.
Takies, India (2011). Global meets in China to discuss desertification, India Takies, June 14 (available at http://www.indiatalkies.com/2011/06/global-meet-chinadiscuss-desertification.html)
UNEP (1987). World Map of Desertification, FAO/UNEP/WMO. Nairobi.
_____ (2006). Training Manual on International Environmental Law. www.unep.org
_____ (2009). The Belgrade Process: Developing a set of options for improving International Environmental Governance. www.unep.org
_____ (2010a). Annotated table of broader IEG reform in a standard format: Information note from the Executive Director of UNEP. www.unep.org
_____ (2010b). Nairobi-Helsinki Outcome. www.unep.org
_____ (2011). *HFCs: A Critical Link in Protecting Climate and the Ozone Layer.*

______ (2012a). *Handbook for the Montreal Protocol on Substances that Deplete the Ozone Layer*(9th ed).

______ (2012b). *Handbook for the Vienna Convention for the Protection of the Ozone Layer*(9th ed).

______ (2012c). *The Montreal Protocol and the Green Economy: Assessing the contributions and co-benefits of a Multilateral Environmental Agreement.*

United Nations (2012). The Future We Want.

Van der Leeuw (2000). Some potential problems with the implementation of Annex IV of the convention to combat desertification, in *Desertification in Europe: Mitigation Strategies, Land-use Planning*, G. Enne, C. Zanolla., D. Peter,(eds.), Luxembourg: Office of the Official Publications of the European Communities.

Velders, Guus J. M., A. R. Ravishankara, Melanie K. Miller, Mario J. Molina, Joseph Alcamo, John S. Daniel, Stephen A. Montzka, & Stefan Reimann (2012). Preserving Montreal Protocol Climate Benefits by Limiting HFCs. *Science*, 335: 922-923, www.sciencemag.org

Vorlat, Katrien (1993). The International Ozone Regime: Concessions and Loopholes?. *The Fletcher Forum*, 17(1): 135-156.

Wang Tao & Wu Wei (2005). Sandy Desertification in Northern China, in Kristen Day (ed.), *China's Environment and the Challenge ofS ustainable Development*, New York: M. E. Sharpe.

Wang, X., Fahu Chen, Eerdn Hasi, & Jinchang Li. (2008). Desertification in China: An Assessment, *Earth Science Reviews*, 88, 188-206.

Warren, Andrew. (1993). Desertification as a Global Environmental Issue, *Geo Journal*, 31(1).

Way, Sally-Anne (2006). Examining the Links between Poverty and Land Degradation: From Blaming the Poor toward Recognizing the Rights of the Poor, in Pierre Marc.

Weiss, Edith Brown (2008). Vienna Convention for the Protection of the Ozone Layer/Montreal Protocol on Substances that Deplete the Ozone Layer. www.untreaty.un.org/cod/avl/ha/vcpol/vcpol.html

Welkening, Ken (2006). Dragon Dust: Atmospheric Science and Cooperation on Desertification in the Asia and Pacific Region, *Journal of East Asian Studies* 6, 438-9.

World Bank (2003). Mongolia Environmental Monitor 2003-Land Resources and Their Management, Ulaanbaatar, Mongolia.

_____ (2006). Mongolia: Lessons from Tree Planning Initiatives, 4.

World Ecology Report (2009). *Desertification: Its Effects on People and Land*, Vol. XXI, No. 1.

WRI (World Resource Institute) (2005). Millennium Ecosystem Assessment, 'Ecosystems and Human Well-Being: Desertification Synthesis,' World Resources Institute, Washington, DC, p. 7. (Available at www.maweb.org//proxy/document.355.aspx)

Yang, Tseming & Robert V. Percival (2009). The Emergency of Global Environmental Law. *Ecology Law Quarterly*, 36: 615-664.

Yoon, Esook (2013). Combating Desertification and DSS in Northeast Asia. *Journal of Environmental Policy and Administration*, vol. 21, no. 3: 85~113 (in Korean).

Yoshikawa, Ken (2010). New Restoration Engineering in Northeast Asia. *Global Environmental Research*, vol.14: 44.

Zhao, X., Y. Luo, S. Wang, W. Huang, & J. Lian (2010). Is Desertification Reversion Sustainable in Northern China?. *Global Environmental Research*, vol. 14: 63.

찾아보기

저자 약력

나태준

Indiana University Bloomington (행정학 박사)
연세대학교 행정학과 교수

- Social Conflicts and Policy-Making in Korea: Interpretation of Policy Failures through a Public Discourse Perspective(*International Review of Administrative Science*, 공동, 2009)
- The Huge Success of Cheonggyecheon Restoration Project: What's Left?(*Citizen Participations: Innovative and Alternative Modes for Engaging Citizens*, 2011)
- 그린캠퍼스 조성사업 평가지표에 관한 연구(「현대사회와 행정」, 공동, 2012)

윤이숙

University of Maryland (정치학 박사)
광운대학교 국제학부 교수

- 후쿠시마사태 이후 일본 환경정책 변화: 기후변화정책을 중심으로(「아세아연구」, 2012)
- Environmental Governance in Korea: The Case of Air Pollution Management(「법과 정책연구」, 공동, 2013)
- Combating Desertification and DSS in Northeast Asia(「환경정책」, 2013)

윤경준

연세대학교 (행정학 박사)
한성대학교 행정학과 교수

- 기후변화정책 조정체계의 대안 모색: 정책조정 체계의 국가 간 비교를 중심으로(「한국행정학보」, 공동, 2010)

• 지방자치단체 역량이 녹색성장정책 추진에 미치는 영향 연구(「한국지방자치학회보」, 공동, 2010)
• 저탄소 녹색성장정책 바로보기: 비판적 평가 및 전망(「한국정책학회보」, 2012)

구민교

UC Berkeley (정치학 박사)
서울대학교 행정대학원 교수

• *Island Disputes and Maritime Regime Building in East Asia: Between a Rock and a Hard Place*, New York: Springer(2009)
• Linking Domestic Decision-making and International Bargaining Results: Beef and Automobile Negotiations between South Korea and the United States, (*International Relations of the Asia-Pacific*, 공동, 2013)
• Securitizing Trade: The Case of the Korea-U.S. Free Trade Agreement, (*International Relations of the Asia-Pacific*, 공동, 2011)

조윤직

Indiana University Bloomington (행정학 박사)
연세대학교 사회과학대학 행정학과 교수

• Managerial Trustworthiness and Organizational Outcomes(*Journal Of Public Administration Research and Theory*, 2011)
• Intrinsic Motivation and Employee Attitudes: Role of Managerial Trustworthiness, Goal Directedness, and Extrinsic Reward Expectancy(*Review of Public Personnel Administration*, 2012)
• 환경 NGO에 대한 정부지원의 특성 분석: 노무현 정부와 이명박 정부의 비교 (「행정논총」, 2013)

정장훈

연세대학교 (행정학 박사)
과학기술정책연구원 부연구위원

- 싸구려 뷔페식탁?: 2000년대 중반 환경정책연구의 경향과 과제(「한국행정학보」, 공동, 2006)
- 사회통합의 다원적 가치와 영향 요인에 관한 탐색적 연구: 국가주의, 개인주의, 공동체주의, 세계시민주의를 중심으로(「한국사회학」, 공동, 2012)
- 국제환경협력 참여의 결정 요인: 생태계 보호를 위한 람사협약을 중심으로(「한국정책학회보」, 2012)

노성민

연세대학교 (행정학 박사)

연세대학교 공공문제연구소 전문연구원

- 사회적 합의 시스템으로서 위원회의 제도화에 관한 연구: 국민권익위원회를 중심으로(「현대사회와 행정」, 2010)
- 조직평판이 구성원의 행태에 미치는 영향에 관한 연구: 내부평판을 중심으로(「한국사회와 행정연구」, 2013)
- 시민사회 평판 요인과 그에 따른 효과성에 관한 연구: 환경정책 과정에서 CSO의 활동을 중심으로(「한국사회와 행정연구」, 2013)

국제환경협약의 이해

펴낸날 / 제1판 제1쇄 2013년 9월 15일

지은이 / 나태준 외

펴낸이 / 임춘환

펴낸곳 / 도서출판 대영문화사

주소 / 서울 용산구 청파동 1가 178-2 ㊄ 140-869

등록 / 1975년 12월 26일 제3-16호

전화 / (02)716-3883, (02)714-3062

FAX / (02)703-3839

홈페이지 / http://www.dymbook.co.kr

ISBN 978-89-7644-459-2

〔값 15,000원〕